Personalauswahl im Vertrieb

Lizenz zum Wissen.

Sichern Sie sich umfassendes Wirtschaftswissen mit Sofortzugriff auf tausende Fachbücher und Fachzeitschriften aus den Bereichen: Management, Finance & Controlling, Business IT, Marketing, Public Relations, Vertrieb und Banking.

Exklusiv für Leser von Springer-Fachbüchern: Testen Sie Springer für Professionals 30 Tage unverbindlich. Nutzen Sie dazu im Bestellverlauf Ihren persönlichen Aktionscode C0005407 auf www.springerprofessional.de/buchkunden/

Springer für Professionals.
Digitale Fachbibliothek. Themen-Scout. Knowledge-Manager.

- Zugriff auf tausende von Fachbüchern und Fachzeitschriften
- Selektion, Komprimierung und Verknüpfung relevanter Themen durch Fachredaktionen
- Tools zur persönlichen Wissensorganisation und Vernetzung

www.entschieden-intelligenter.de

Springer für Professionals

Steffen Strzygowski

Personalauswahl im Vertrieb

Wie Sie die passenden Top-Performer finden und gewinnen

Steffen Strzygowski
Kolbermoor, Deutschland

ISBN 978-3-8349-3344-7   ISBN 978-3-8349-3815-2 (eBook)
DOI 10.1007/978-3-8349-3815-2

Die Deutsche Nationalbibliothek verzeichnet diese Publikation in der Deutschen Nationalbibliografie; detaillierte bibliografische Daten sind im Internet über http://dnb.d-nb.de abrufbar.

Springer Gabler
© Springer Fachmedien Wiesbaden 2014
Das Werk einschließlich aller seiner Teile ist urheberrechtlich geschützt. Jede Verwertung, die nicht ausdrücklich vom Urheberrechtsgesetz zugelassen ist, bedarf der vorherigen Zustimmung des Verlags. Das gilt insbesondere für Vervielfältigungen, Bearbeitungen, Übersetzungen, Mikroverfilmungen und die Einspeicherung und Verarbeitung in elektronischen Systemen.

Die Wiedergabe von Gebrauchsnamen, Handelsnamen, Warenbezeichnungen usw. in diesem Werk berechtigt auch ohne besondere Kennzeichnung nicht zu der Annahme, dass solche Namen im Sinne der Warenzeichen- und Markenschutz-Gesetzgebung als frei zu betrachten wären und daher von jedermann benutzt werden dürften.

Lektorat: Manuela Eckstein

Gedruckt auf säurefreiem und chlorfrei gebleichtem Papier

Springer Gabler ist eine Marke von Springer DE. Springer DE ist Teil der Fachverlagsgruppe Springer Science+Business Media
www.springer-gabler.de

Danksagungen

Meiner Frau Marion für das fleißige Korrekturlesen, die Unterstützung mit widerspenstigen Grafiken sowie für die Geduld und Unterstützung während der Erstellung des Manuskriptes.

Axel Gruner für seine schönen Zeichnungen der Witze.

Heike Baumgärtner mit ihrem Büro für Gestaltung Hochweiss für die Weiterentwicklung und Erstellung von einigen Grafiken www.buerohochweiss.de

Profiles International für die gute Zusammenarbeit und die Druckgenehmigung für zahlreiche Grafiken, Auswertungen etc.: www.profilesinternational.de

Ottmar Achenbach für die Kurse Biostrukturanalyse I, II und III, die ich bei ihm besuchte, und für seine unnachahmliche Weise, mit viel Humor einen guten Einblick in dieses interessante Instrument zu gewähren: www.ottmar-achenbach.de

Prof. Dr. Martin Kersting, bei dem ich Seminare zu Interviewtechniken besuchen konnte. Dankenswerter Weise macht er sehr viele seiner Erkenntnisse der Allgemeinheit zugänglich. Wer sich für neue Erkenntnisse im Bereich Personalauswahl und Diagnostik interessiert, wird fündig bei www.kersting-internet.de

Ulrich Grannemann von Leadion, dessen Know-how bei Führungsfragen auch teilweise in dieses Buch einfließen durfte: www.leadion.de

Inhaltsverzeichnis

1 Einleitung 1

Teil I Grundsätzliche Überlegungen

2 **Probleme des Vertriebs** 5
   2.1 Bedeutung von Vertrieb 5
   2.2 Begriffsklärung Verkauf – Vertrieb 5
   2.3 Die Bandbreite von Vertriebsaufgaben 6
      2.3.1 Neukundengewinnung oder Bestandspflege 7
      2.3.2 Unternehmensgröße 7
      2.3.3 Dienstleistungen oder Produkt 8
      2.3.4 Investitionsgüter oder Konsumgüter 9
      2.3.5 Sales-Methoden und Ziele: Hardselling, Softselling und „Das neue Hardselling" 9
      2.3.6 Verkauf oder Beratung 11
      2.3.7 Unterschiedliche Vertriebsmethoden und -organisationen 11
      2.3.8 Unterschiedliche Unternehmenskultur 12
      2.3.9 Marktsegmente und Zielgruppen 13
      2.3.10 Qualitätsführer versus Preisführer 13
      2.3.11 Massenware für Hobby-User versus Profi-Equipment 13
      2.3.12 Kurzfristige Ziele versus langfristige Orientierung 14
   2.4 Imageprobleme des Vertriebs 15
   2.5 Kaum qualifizierte Ausbildung 16
   2.6 Überalterung und fehlende Nachwuchskräfte 17
   2.7 Kommunikation als Basis für Vertrauen 18

3 **Auswirkungen von Fehlbesetzungen** 21
   3.1 Arten von Fehlentscheidungen und die Auswirkungen auf Unternehmen 21
      3.1.1 Direkte Kosten 22
      3.1.2 Bindung von Managementressourcen 22

		3.1.3	Kosten von Ausbildung, Schulung, Training, Coaching	23
		3.1.4	Verluste durch falsches Verkaufen	23
		3.1.5	Opportunitätskosten	24
		3.1.6	Produktivität und Kundenbeziehungen/Lieferantenbeziehungen	24
		3.1.7	Betriebsklima	24
		3.1.8	Auswirkungen auf den Stellenmarkt und das Unternehmensimage	24
		3.1.9	Finanzieller Hebel am Beispiel eines Vertriebsleiters	25
	3.2	Unsere Verantwortung gegenüber Kandidaten		26
	3.3	Stärkenorientierter Personaleinsatz		27
		3.3.1	Was bedeutet stärkenorientierter Personaleinsatz?	28
		3.3.2	Der Umgang mit Schwächen	29
		3.3.3	Provokante Thesen zur Praxis im Vertrieb	30
	3.4	Flexibilität oder Stabilität der Person – Recruiting oder Personalentwicklung als größerer Hebel?		33
		3.4.1	Fehlbesetzungen sind schwerwiegend	34
	3.5	Wann und warum neue Mitarbeiter?		35
		3.5.1	Antizyklisches Hiring	35
		3.5.2	Prospecting (Monitoring des Kandidatenmarkts)	35
		3.5.3	Bedarfsplanung mittelfristig und langfristig	36
		3.5.4	Gute Mitarbeiter halten	36
		3.5.5	Interne versus externe Stellenbesetzung	36
4	**Hintergründe zum Recruiting**			39
	4.1	Die Meta-Vereinbarung zwischen Arbeitgeber und Kandidat – der psychologische Vertrag		39
		4.1.1	Werben und Selektieren – was macht Menschen glücklich und wie interpretieren sie die Welt?	39
		4.1.2	Ein kleiner Ausflug zum Thema „Glücksforschung in der Ökonomie"	41
		4.1.3	Welche Faktoren sind entscheidend bei der Zufriedenheit mit einer Position?	42
	4.2	Kriterien für den Erfolg auf neuen Positionen		44
	4.3	Häufigkeit der verschiedenen Gründe des Scheiterns		44
		4.3.1	Fachkenntnisse	44
		4.3.2	Ressourcen	45
		4.3.3	Kognitive Fähigkeiten (**Kann** jemand die Aufgaben intelligenzmäßig erfüllen?)	46
		4.3.4	Interessen (**Will** jemand die Aufgaben dann auch machen?)	48
		4.3.5	Persönlichkeit (**Wie** wird jemand die Aufgaben durchführen?)	48
	4.4	Recruiting ist ein größerer Hebel als Personalentwicklung		50
		4.4.1	Persönlichkeit und Persönlichkeitsstile	50
		4.4.2	Werte wie Ehrlichkeit und Loyalität	52

	4.4.3	Realitätserleben: Wir alle leben in der gleichen Wirklichkeit, aber nicht in der gleichen Realität	53
	4.4.4	Zu dumm, um es selbst zu merken – der Dunning-Kruger-Effekt ...	56
	4.4.5	Der charismatische Mitarbeiter – das zweischneidige Schwert ...	58
4.5	Führung und seniore Positionen		60
	4.5.1	Was bedeutet Führung?	60
	4.5.2	Die Effizienzklassen der Führung – Klassifikation von Führungskräften	63
	4.5.3	Aufgabenbereiche der Vertriebsleitung	67
	4.5.4	Der Erfolg hat viele Väter – der Misserfolg auch	70
	4.5.5	Physische und mentale sowie psychische Gesundheit	71
	4.5.6	Wen man nicht zum Manager machen sollte	75
4.6	Der Beste – oder der Passende?		76
	4.6.1	Der Beste kann auch nicht passen ...	77
	4.6.2	DIN 33430 – Hilfe oder Alptraum?	79

Teil II Prozesse bei der Suche und Auswahl

5	Vorgehen bei der Stellenbesetzung – Make or buy		83
	5.1	Buy: Beauftragung einer Personalberatung	84
		5.1.1 Begriffsdefinitionen im Bereich Personalberatung	84
		5.1.2 Geschäftsmodelle von Personalberatungen	86
		5.1.3 Die Kosten im Vergleich – und die Erfahrungen im Unternehmen ...	88
		5.1.4 Kriterien zur Auswahl von passenden Personalberatungen	89
	5.2	MAKE: Inhouse-Recruiting und Auswahl	95
		5.2.1 Die Stellenbeschreibung	95
		5.2.2 Das Anforderungsprofil	97
		5.2.3 Wie erreicht man die Zielkandidaten?	97
6	Suche – Recruiting-Wege		101
	6.1	Anzeigen in Printmedien	102
	6.2	Anzeigen in Jobbörsen	103
	6.3	Firmen-Homepages	104
	6.4	Active Sourcing und Employer Branding mit Social Media	104
		6.4.1 Was ist der Unterschied zwischen Recruiter 1.0 und dem Recruiter 2.0?	106
		6.4.2 Nutzung, Verbreitung und Erfahrungen mit Active Sourcing	107
		6.4.3 Wirkung auf Kandidaten	111
		6.4.4 Zusammenfassung und Bewertung von Active Sourcing	111
	6.5	Empfehlungen von Mitarbeitern	112
	6.6	Jobmessen	112
	6.7	Personalmarketing	112
	6.8	Direktansprache	113

Teil III Praxis der Personalauswahl

7 Auswahl von Kandidaten 117
  7.1 Der Prozess der fundierten Personalauswahl 119
      7.1.1 Die Anforderungsanalyse 119
      7.1.2 Fehlendes Know-how der Entscheider in Eignungsdiagnostik ... 121
      7.1.3 Fälschen und Täuschen 121
      7.1.4 Profi im Job oder Bewerbungsprofi? 123
      7.1.5 Das berühmte Bauchgefühl 123
      7.1.6 Über falsche Entscheidungssicherheit 124
  7.2 Validität einzelner Tools sowie in Kombination 125
      7.2.1 Welche Kombination von Methoden und Tools
            sind empfehlenswert? 125
      7.2.2 Lebenslaufanalyse 127
      7.2.3 Zeugnisse 132
      7.2.4 „Optimierte" Dokumente 135
      7.2.5 Recherchen 135
  7.3 Interviews 135
      7.3.1 Das erste Gespräch zur groben Klärung der Eignung
            und einiger Rahmendaten 135
      7.3.2 Persönliche Interviews 136
      7.3.3 Hausaufgaben 136
      7.3.4 Probearbeitstag – der Kandidat auf Besuch 137
      7.3.5 Critical Incidents 137
  7.4 Tätigkeitsanalyse 137
  7.5 Bewertungsmaßstäbe für die Personalauswahl 140
      7.5.1 Kriterienorientierte Bewertung – der Vergleich
            mit Anforderungen 140
      7.5.2 Ipsative Bewertungen – die Betrachtung einer Person 140
      7.5.3 Normorientierte Bewertung (Benchmark) – der Vergleich mit
            anderen: normative Tests 143

8 Das Interview – die Durchführung 145
  8.1 Der Aufbau des Multimodalen Interviews 146
      8.1.1 Durchführung der Interviews 147
      8.1.2 Critical Incident Technique (CIT) 149
  8.2 Interview–Modelle 150
      8.2.1 Biografischer Ansatz 150
      8.2.2 Situativer Ansatz 152
  8.3 Interviewtechniken 152
      8.3.1 Arten von Fragen 153
      8.3.2 Dilemmata-Technik 154
      8.3.3 These-Antithese 155

		8.3.4	Sokratischer Dialog	155
		8.3.5	Schwächenanalyse	157
		8.3.6	Systematisches Nachfragen (STAR-Ansatz)	158
		8.3.7	Rollenspiel	159
		8.3.8	Weitere Techniken	160
		8.3.9	Das standardisierte oder (teil-)strukturierte Interview	160
		8.3.10	Rechtlich unzulässige Fragen	161
		8.3.11	Die Hauptfehler bei Interviews	162
	8.4	Referenz-Check		162
	8.5	Beurteilungsfehler beim Beurteiler		165

9 Testverfahren/Diagnostik ... 167

9.1 Testverfahren – Argumente dafür und dagegen, Tatsachen und Mythen 169
    9.1.1 Wesentliche Argumente für Tests 170
    9.1.2 Die Referenzrahmen von Testverfahren 170

9.2 Kriterien für die Ermittlung der Qualität von diagnostischen Methoden und Tests 172
    9.2.1 Reliabilität (Zuverlässigkeit oder Reproduzierbarkeit) 172
    9.2.2 Validität (Gültigkeit) 173
    9.2.3 Objektivität oder Beobachterübereinstimmung 173

9.3 Test-Arten 173
    9.3.1 Persönlichkeitstests 174
    9.3.2 Leistungstest 175
    9.3.3 Kognitive Tests (spezieller Leistungstest) 176
    9.3.4 Assessments in verschiedenen Varianten 177
    9.3.5 Arbeitsproben 179
    9.3.6 Sonstige Methoden wie Graphologische Gutachten, Sternenbefragung, Physiognomie-Diagnose ... 180

9.4 Online-Assessment am Beispiel von ProfileXT® 181
    9.4.1 Erste Dimension: kognitive Fähigkeiten, Intelligenz, Denkmuster 183
    9.4.2 Zweite Dimension: Verhaltenstendenzen 185
    9.4.3 Dritte Dimension: Berufsinteressen 188
    9.4.4 Aussagen bei Kombination von mehreren Faktoren 189

9.5 Anwendungsvorteile 190
    9.5.1 Anforderungsprofile erstellen 190
    9.5.2 Durchführung 193
    9.5.3 Berichte 193
    9.5.4 Überblick über die verschiedenen Auswertungen und Berichte 197
    9.5.5 Sonstige Anwendungen 201

9.6 Entscheidungsfindung 203
    9.6.1 Vorgesetzter will keine zu guten oder starken Mitarbeiter 203
    9.6.2 Subjektivität und die Verzerrung der Maßstäbe 204

9.7 Der Arbeitsvertrag – notwendig und häufig übel 204
9.8 Onboarding – der oft unterschätzte Start 205

Teil IV Weitere Aspekte

10 Vorsicht Falle!? 209
  10.1 Diskriminierung durch Alter, Geschlecht etc. (AGG) – Gesetz
       und Realität 209
       10.1.1 Gerechtfertigte Ungleichbehandlung 210
       10.1.2 Welche Folgen drohen bei unerlaubter Ungleichbehandlung? 211
  10.2 Typische Fehler beim Rekruiting 212
       10.2.1 Behandlung von „Bewerbern" – Imageschaden 212
       10.2.2 Sabotage! Effektive Strategien zur Vermeidung von Erfolg! 214
       10.2.3 Der „Beste" so schnell und so billig wie möglich 214
       10.2.4 Zuweisungen von Verantwortung zwischen Personal- und
               Fachabteilung 215
       10.2.5 Bisherige Erfolge weiterrechnen – bis zur Erreichung der
               persönlichen Unfähigkeit (Peter-Prinzip) 215
       10.2.6 Nicht klären, welche Kompetenzen für die Vakanz
               notwendig sind 215
       10.2.7 Konkrete Anforderungen an die Aufgaben nicht gegenseitig
               ausreichend klären 216
       10.2.8 Interview zur Firmenpräsentation nutzen 216
       10.2.9 Beurteilungsgrundlagen in den Bauch verlagern 216
       10.2.10 Mit Stärken und Schwächen falsch umgehen 216
       10.2.11 Verzögerungen und mangelnde Transparenz 217

11 Gute Mitarbeiter halten 219
  11.1 Die Einarbeitung – eine kritische Phase 219
  11.2 Hauptgründe für das Wechseln von Arbeitgebern 220

Anhang 225

Glossar 227

Quellenverzeichnis 231

Über den Autor

Steffen Strzygowski 1962 geboren in München, arbeitete nach Studien in Politologie, Psychologie, Philosophie und Marketing zunächst als Texter und Konzeptioner in einer größeren Werbeagentur. Um im gesamten Marketingspektrum beraten zu können, arbeitete er danach als Marketingberater. Sein Beratungsspektrum weiter ausbauend, wechselte er in eine der großen Managementberatungen, wurde anschließend Partner in einem Unternehmen im Bereich Personaldienstleistungen.

1999 gründete er die „Consens Consult Unternehmens- und Personalberatung", die vor allem in den Bereichen Executive Search, Specialist Search und Management Diagnostik tätig ist. Weitere Angebote sind die Optimierung des Bewerbungsprozesses, Vertriebsoptimierung sowie Nachfolgeplanung. Die unabhängige Beratung ist für namhafte Unternehmen tätig, vom Weltkonzern über mittelständische Unternehmen bis hin zu kleineren Hidden Champions. Auf der Kundenliste befinden sich kleine und große Managementberatungen wie z. B. Capgemini Consulting, eine deutsche Großbank, weltbekannte Hersteller aus dem Bereich Sportartikel wie z. B. Klepper AG sowie viele weitere Unternehmen aus den unterschiedlichsten Branchen. Seit 2006 ist Consens Consult auch zertifizierter Partner von Profiles International.

Neben den vielseitigen Aufgaben bei der Betreuung von Mandanten spielt Steffen Strzygowski in seiner Freizeit gerne Golf und interessiert sich für Gott und die Welt.

Einleitung 1

Die Performance der einzelnen Unternehmen bewegt sich zunehmend auseinander. Der Abstand zwischen High- und Low-Performern wird größer.
(Untersuchung der Managementberatung EY – „Growing Beyond- Wachstum: Was erfolgreiche Unternehmen besser machen" www.ey.com.de)

Liebe Leserin, lieber Leser,

Der Bereich Vertrieb ist essentiell für Unternehmen – denn sie leben nicht von dem, was sie produzieren, sondern von dem, was sie verkaufen. Trotzdem wird der Vertrieb in manchen Unternehmen etwas „schräg" angesehen.

Die Bedeutung der richtigen Mitarbeiter im Vertrieb wird noch größer, wenn man sich bewusst macht, dass kaum ein Bereich in Unternehmen so stark vom Engagement der dort beschäftigten Mitarbeiter abhängt, von der Firmenrepräsentation auf dem Markt über Akquise bis Aftersales-Maßnahmen und Service. Ein professionelleres Recruiting, insbesondere im Bereich Vertrieb, rechnet sich schnell und eindeutig im Return on Investment (ROI).

Die Suche und Auswahl von Vertriebsmitarbeitern ist eine Gemeinschaftsaufgabe von Vertrieb und Personalabteilung. Eine sinnvolle Ergänzung kann auch eine beauftragte Personalberatung darstellen. Das Know-how sowie das gegenseitige Verständnis der Beteiligten bezüglich der Aufgaben, Kenntnisse, Anforderungen, Ziele und Prozesse soll durch dieses Buch verbessert werden. Die Einstellung neuer Mitarbeiter ist eine der wichtigsten Aufgaben eines Unternehmens und des Managements. Allerdings existiert bei solchen Personalentscheidungen keine absolute Sicherheit. Man kann „nur" die Wahrscheinlichkeiten der richtigen Entscheidungen erhöhen. Weniger Fehlbesetzungen, weniger Low-Performer, mehr Top-Performer im Unternehmen zu haben, kann eine ungeahnte Verbesserung der Firmenergebnisse bewirken. Die „Trefferwahrscheinlichkeit" können Sie bei Anwendung der in diesem Buch beschriebenen Verfahren deutlich steigern, und das wird sich gerade im Vertrieb direkt auf die Umsätze und Deckungsbeiträge auswirken – vielleicht noch positiver, als Sie zu hoffen wagen.

Um Fehleinschätzungen zu vermeiden: hier finden Sie kein einfaches Kochrezept, mit dem Sie in 15 min perfekt passende Mitarbeiter suchen und auswählen können. So einfach funktioniert das (solchen „Ratgebern" zum Trotz) nicht, schließlich haben wir es mit der spannendsten, aber auch komplexesten Materie zu tun, nämlich Menschen. Durch die Anwendung der beschriebenen Verfahren werden Sie jedoch fundierte Erkenntnisse über die Kandidaten gewinnen und die Auswahlentscheidungen deutlich verbessern.

Neben den Hauptaspekten Suche und Auswahl der richtigen Mitarbeiter im Vertrieb finden Sie auch Hinweise, wie Sie diese wertvolle Spezies bei sich im Unternehmen halten können.

Diese Buch soll Ihnen sowohl einen Überblick geben über unterschiedlichste Aspekte der Personalsuche und -auswahl für den Schwerpunkt „Vertrieb" als auch ein praktischer Ratgeber sein für die tägliche/wöchentliche/monatliche Arbeit in diesem Bereich. Ein weiterer Zweck ist das bessere gegenseitige Verständnis von Personalern und Vertriebsmitarbeitern, um beim gemeinsamen Ziel „richtige Mitarbeiter einstellen" effektiv zusammen arbeiten zu können. Es soll Ihnen wertvolle Informationen, Denkanstöße, Praxistipps und Einblicke in den Stand der Forschung vermitteln und gleichzeitig Spaß beim Lesen bieten. Das Ziel ist also ein Zwitter zwischen leicht lesbaren „How to"-Ratgebern (die oft simplifizieren und kochrezeptartig Standardlösungen anbieten) und wissenschaftlichen Werken (die für Praktiker meist kaum lesbar sind, sich in wissenschaftlichen Elfenbeintürmen verlieren und teils zu wenig umsetzbaren Bezug für die tägliche Praxis des Personalentscheiders bieten).

Zu guter Letzt: Ein Buch nutzt nur, wenn es gelesen wird – und um Ihnen dies nicht zur Mühsal werden zu lassen, formuliere ich nach Möglichkeit lesbar und manchmal auch mit einem Augenzwinkern. Ich bemühe mich um die notwendige Seriosität und wissenschaftliche Fundierung der unterschiedlichen Themen, und versuche gleichzeitig, einen gut lesbaren und vielleicht sogar ab und an humorvollen Ton zu treffen. Damit Sie als Leser nicht nur das Buch von vorne bis hinten durchlesen können, sondern auch mal nur das aktuell wichtigste Kapitel nutzen können, werden gelegentlich Hinweise, Informationen und wichtige Aspekte in unterschiedlichen Kapiteln wiederholt.

Noch eine Randbemerkung: Neben dem großen Respekt für die holde Weiblichkeit möchte ich in diesem Buch auch den Respekt vor der deutschen Sprache und vor allem Ihnen gegenüber – dem/der Leser/in bekunden. Die deutsche Grammatik kennt kein Geschlecht im Plural – unter „die Kollegen" (Plural) fallen also sowohl männliche Kollegen als auch weibliche Kolleginnen. Daher werde ich auf alle Fälle von Doppelnennungen für männliche/weibliche Sprachvarianten im Sinne einer besseren Lesbarkeit verzichten, ebenso wie auf einige Auswüchse der „neuen deutschen Rechtschreibung". Sämtliche „männlichen" Versionen von Anreden oder Bezeichnungen gelten daher selbstverständlich ebenso für weibliche Menschen. Wer dies als politisch nicht ganz korrekt ansieht, mag Recht haben.

Die Website zum Buch: auf www.personal-vertrieb.de bietet Ihnen weitere Informationen, darunter auch eine Auswahl an Interviewfragen, die Sie sich je nach Anforderung individuell zu einem (teil-) strukturierten Interviewbogen zusammenstellen können.

Und nun wünsche ich Ihnen viel Freude beim Lesen.

Ihr

Steffen Strzygowski

Teil I
Grundsätzliche Überlegungen

Erfolg beginnt mit der richtigen Einstellung.
  Steffen Strzygowski, Personalberater

Probleme des Vertriebs

Fragt man Menschen, was ihnen zum Begriff Vertrieb einfällt, stehen zwei Antworten ganz weit oben: „Drückerkolonnen" und „Klinkenputzer". In Umfragen geben Unternehmen regelmäßig an, dass sie im Außendienst die größten Schwierigkeiten hätten, Führungspersonal zu finden. Auch auf den Ebenen darunter sieht es nicht besser aus.
(Julia Löhr, „Gestatten, Verkäufer", Frankfurter Allgemeine Zeitung, www.faz.net, 2010)

2.1 Bedeutung von Vertrieb

Die Verkaufsabteilung ist nicht die ganze Firma, aber die ganze Firma sollte eine Verkaufsabteilung sein.
Peter Jessen

Einhergehend mit dem teilweise schlechten Image von Vertrieb und Vertriebsmitarbeitern wird von manchen Menschen auch nicht realisiert, dass ein Unternehmen nicht von den Produkten (oder Dienstleistungen) lebt, die es herstellt und anbietet, sondern nur von denen, die es auch verkauft. Dass in praktisch jedem Unternehmen daher der Vertrieb eine der zentralen Rollen einnimmt oder einnehmen muss, ist für viele selbstverständlich, aber längst nicht für alle.

2.2 Begriffsklärung Verkauf – Vertrieb

Auch in den Bereichen Vertrieb und Personal herrscht eine Vielfalt an Interpretationen von Begrifflichkeiten. Selbst Fachleute auf ihrem Gebiet geben völlig unterschiedliche Definitionen zum gleichen Begriff ab. Um sicherzustellen, dass wir inhaltlich von den gleichen Dingen sprechen, definiere ich an einigen Kapitelanfängen Begriffe, damit wir wirklich eine saubere inhaltliche Übereinstimmung erzielen. Starten wir mit der Abgrenzung von Verkauf und Vertrieb:

> - **Vertrieb**: In diesem Buch wird Vertrieb als die dem Marketingmix eingegliederte Aufgabe (personell oder strukturell beziehungsweise organisatorisch) verstanden, die sich mit dem Absatz von Waren oder Dienstleistungen an Kunden beschäftigt.
> - **Verkauf:** Der persönliche Verkauf ist eine Sonderform des Vertriebs (sowie Bestandteil des Kommunikationsmixes und der Distributionspolitik). Definieren wir Verkauf als Situation, in der ein potenzieller Kunde mit zumindest latent vorhandenem Interesse an Produkt oder Dienstleistung zu einem Verkäufer kommt. Dieser eigene Antrieb des besuchenden Kunden erleichtert dem Verkäufer das Leben sehr, da er nicht die gesamte Phase der Kundenkaltakquise oder Neukundengewinnung durchlaufen muss.

> ▶ Im normalen Vertrieb muss eine Selektion von Interessenten zu Nichtinteressenten bei der anvisierten Zielgruppe durchgeführt werden. Der klassische Vertriebsmitarbeiter greift zum Telefon, besucht gegebenenfalls kalt potenzielle Kunden oder nutzt die Methoden des Direktmarketing. Direktmarketing ist übrigens keine weitere Form der Werbung, sondern ersetzt die ersten Schritte im Dialog zwischen Vertreter/Vertriebsmitarbeiter und potenziellen Kunden.

> ▶ Kurz zusammengefasst: der Vertriebsmitarbeiter muss auch die Selektion, Qualifizierung und Gewinnung von Neukunden durchführen, zum Verkäufer kommen dagegen interessierte potenzielle Kunden, die er "nur" noch ggf. beraten muss und denen er das passende Produkt oder die passende Dienstleistung verkauft. Anders formuliert: Ein Verkäufer kennt eventuell wichtige Bereiche des Vertriebs nicht.

2.3 Die Bandbreite von Vertriebsaufgaben

Betrachten wir den Bereich Vertrieb etwas genauer. Beim Wort „Vertriebler" oder Vertriebsmitarbeiter haben viele Menschen sofort ein Bild im Kopf – schlimmstenfalls den extrovertierten Versicherungsvertreter, der auch 80-Jährigen noch eine Ausbildungsversicherung verkaufen würde, den leicht schmierigen Handlungsreisenden an der Hotelbar, der jeden Rock angräbt, oder einen penetranten Staubsaugervertreter, den man nicht mehr aus dem Haus bekommt. Jeder denkt erstmal an die ihm bekannteste Variante und hat damit nur wenige Mosaiksteine des gesamten bunten Bildes vor Augen. Ich möchte Sie etwas sensibilisieren dafür, dass es „**den** Vertrieb" und damit auch „**den** Vertriebsmitarbeiter" nicht gibt. Gliedern wir das Thema nach einzelnen Aspekten auf:

2.3.1 Neukundengewinnung oder Bestandspflege

Die Hauptaufgabe von Vertriebsmitarbeiter Hans Dampf besteht in der Gewinnung von neuen Kunden. Er macht sich Gedanken über neue Zieladressen in seinem Bereich, telefoniert wie ein Weltmeister und schafft massenhafte Termine. Sogar bei Adressen, die weder das Produkt noch die Marke noch das Unternehmen kennen, schafft er in kurzer Zeit mit Fleiß, Geschick, Glück und Überredungskunst beeindruckende Terminquoten. Auch in den Terminen selbst überzeugt er in kurzer Zeit, so dass die Neukunden zumindest (kleine) Erstaufträge erteilen. Doch nach der Jagd – diese Art von Vertriebsmitarbeiter nennt man daher auch „Hunter" – mangelt es ihm an der Ausdauer, eine langfristig vertrauensvolle Beziehung zu den Kunden aufzubauen. Für viele Aufgaben ist eher der Hunter, der Jäger gefragt, der „Aufreißer", kontaktfreudig, manchmal jovial, aktiv, oftmals eher redselig (zumindest wirkt der Prototyp auf viele Menschen so), der schnell eine Verbindung zum potenziellen Kunden schafft. Doch hat er auch die Ausdauer, die Projekte dauerhaft mit allen Detailproblemen zu lösen?

Vertriebsmitarbeiter B. Ständig hat gerade im Auf- und Ausbau von Beziehungen seine Stärken. Er setzt sich für seine Kunden ein, ist auch am Samstagabend noch erreichbar, wenn es im Projekt brennt, besucht seine Kunden regelmäßig und kennt sie ganz genau bis hin zum Golf-Handicap ihres Hundes. Er ist der Farmer, der seine Kunden hegt und pflegt, dem die lang anhaltende Beziehungspflege wirklich wichtig ist. Aber am Telefon wildfremde Menschen anrufen, um ihnen etwas zu verkaufen – das möchte er nicht. Eine Absage frustriert ihn, zwei ärgerliche Menschen am Telefon, die er gestört hat, verderben ihm den Tag – zum dritten Telefonanruf kommt es heute nicht mehr. Er tut sich schwer, offen auf völlig unbekannte Menschen zuzugehen, um ihnen „etwas zu verkaufen" – er sieht sich auch eher als Berater oder Problemlöser denn als „Vertriebsmitarbeiter".

2.3.2 Unternehmensgröße

Vertriebsmitarbeiter K. Onzern arbeitet in einem internationalen Großkonzern. Seine Kollegen im Marketing erarbeiten exakte Zielgruppenanalysen, erstellen umfangreiche Marktforschungen sowie aussagekräftige Werbematerialien und unterschiedliche Präsentationsunterlagen für den Vertrieb, die Ingenieure stehen bereits im Vorfeld dem Vertrieb zur Seite. Zum Kontaktaufbau werden von der Marketingabteilung Messen und Roadshows organisiert, professionelle Callcenter-Mitarbeiter (oder der Vertriebsinnendienst) telefonieren Kaltkontakte und planen Besuchstermine. Die Aufgaben von K. Onzern sind anspruchsvoll, exakt definiert, genau abgegrenzt zu anderen Aufgaben, und verlangen – oder erlauben – wenig Improvisation, Eigeninitiative und teils auch nur begrenztes Eingehen auf individuelle Kundenwünsche. Teilweise wurden ihm sogar Routenplanungen vorgegeben, wann und in welcher Reihenfolge er welche Kunden und Interessenten besuchen soll. Seine Ziele sind differenziert nach Absatz, Umsatz, Deckungsbeitrag sowie weiteren Kennzahlen aus dem Vertriebscontrolling.

M. Ittelstand vertreibt die Produkte eines kleineren Unternehmens. Seine Aufgaben kann er mit großen Freiräumen selbst organisieren, sein Vertriebsleiter überlässt ihm die Einteilung seiner Aufgaben, ist eigentlich nur an den monatlichen Ergebnissen interessiert. Herrn Ittelstands Ergebnisse werden vor allem an der Zielgröße Umsatz gemessen, Deckungsbeitrag, Stornoquoten und Kundenzufriedenheit, Kundenentwicklung, Marktforschung fallen meist unter den Tisch. Er ist einbezogen in die Marketingaufgaben, die in seinem Unternehmen sehr vertriebsunterstützend mehr von einer Werbe- als einer Marketingabteilung durchgeführt werden, bis hin zur Definition von neuen Zielgruppen.

Es macht einen großen Unterschied, ob man in einem Großkonzern oder in einem KMU (Klein- und Mittelständisches Unternehmen) arbeitet – sowohl was die Aufgabenverteilung als auch die Persönlichkeit betrifft. Ein etwas übertriebenes Beispiel: wird beim Konzern die IT-Abteilung angefordert, um eine leere Druckerpatrone auszutauschen, wird das im KMU selbstverständlich selbst erledigt.

Je größer das Unternehmen (wobei man auch auf die konkreten Organisationsgrößen achten muss, in denen jemand arbeitet– auch in Konzernen existieren kleine, überschaubare selbstständig agierende Einheiten), desto mehr spezialisiert und zergliedert ist meist die Aufgabenstellung. Die Entscheidungsbereiche sind kleiner, die Vorgaben für die Aufgabenerledigung sowie der Umfang der Bürokratie umfangreicher.

Kleinere Unternehmen bieten meist eine größere Palette an Aufgaben an, fordern mehr Entscheidungen, größere Selbstständigkeit bis hin zu Improvisationsvermögen. Hier ist man eher an Bord eines Schnellbootes denn eines Containerschiffes.

Ob jemand besser auf einem gut organisierten Dampfer aufgehoben ist oder lieber auf einem kleinen wendigen Schnellboot arbeiten will, ist großteils auch eine Frage der Persönlichkeit.

2.3.3 Dienstleistungen oder Produkt

Vertriebsmitarbeiterin T. Upperware kann blendend Produkte vertreiben, die sie präsentiert und vorführt. Sie preist die Qualität, kann sie vielleicht sogar vorführen oder anhand von Unterlagen, Tests etc. belegen. Wettbewerbsprodukte lassen sich „objektiv" anhand wirklicher Unterschiede differenzieren. Sie lässt ihre Kunden die Produkte anfassen und testen, erklärt die Funktionsweisen am Gerät etc.

Produktvorteile, eventuell sogar echter Kundennutzen, können durch Testberichte belegt werden, Vorteile werden ansonsten durch Marketingphrasen („das Gerät hat auch DMCPSDV", „die einzigen Futterperlen mit Jod-S 11") ersetzt. Diese Vertriebsmitarbeiterin erzielt hervorragende Erfolge mit ihren Produkten – und scheitert beim Versuch, Dienstleistungen zu vertreiben. Vorteile zu argumentieren, die bei Dienstleistungen nicht greifbar sind (zumindest nicht in der Vertriebsphase), nicht demonstriert werden können, liegt ihr nicht. Produkte, die abgesehen von Worten im ersten Moment häufig austauschbar zum Wettbewerb sind, bringen sie bei der Vorteilsargumentation an den Rand der Verzweiflung.

Dem Vertriebsexperten Alli Anz geht es umgekehrt – er besticht im Vertrieb von Dienstleistungen und tut sich schwerer mit dem Vertrieb von physischen Produkten. Ihn werden wir später noch genauer kennen lernen.

2.3.4 Investitionsgüter oder Konsumgüter

Herr Sie-Mens, promovierter Maschinenbauer bei einem internationalen Konzern, ist weltweit zuständig für den Vertrieb und Verkauf von Gaskraftwerken. Er ist mit seinem Team für den gesamten Prozess von Aufspüren von potenziellen Interessenten über Beratung, Erstellen von Gutachten und Angeboten bis zum Verkauf, Mitarbeit bei der Vertragsgestaltung bis zu Garantiefragen verantwortlich. Ein derartiger Verkaufszyklus dauert etliche Jahre, eine permanente gute Kundenbeziehung ist deshalb sehr wichtig. Dazu gehört unter anderem auch interkulturelle Sensibilität und verhandlungssichere Mehrsprachigkeit. Mehrwöchige Auslandsaufenthalte sind regelmäßiger Bestandteil seiner Aufgaben.

Frau A. P. Ple verkauft in einem unternehmenseigenen Shop die neuesten Mobiltelefone und Tabletcomputer einer sehr angesagten Marke – wobei meist eher Ware an die Jünger verteilt wird denn verkauft werden muss, da die werbe- und trendgläubigen Konsumenten ihr die Ware aus der Hand reißen. Längere Lieferzeiten kommen immer wieder vor und bei Neuerscheinungen warten Käufer schon stundenlang vor der geschlossenen Ladentür.

Hat jemand die Geduld und Ausdauer sowie die nötige Tiefe im Detailwissen, um langfristige Investitionsentscheidungen zu begleiten, oder ist er eher für den „schnellen Deal"? Will sich jemand auch mit Ausschreibungen herumschlagen oder lieber potenzielle Kunden so begeistern, dass sie kurzfristig kaufen? Ist ein Vertriebsmitarbeiter seriös genug zum Verkauf von Großanlagen, so kann er zu wenig „hip" sein zum Vertrieb von Snowboards. Der Dreadlocks tragende Surfshop-Inhaber mit Spitzenumsätzen kann in der Medizintechnikbranche kläglich scheitern, da die Charaktere und Erwartungen zu unterschiedlich sind. Wobei es dazu auch interessante Untersuchungen gibt: selbst junge und flippige Kunden erwarten einen konservativen Bankberater und keinen ebenso trendig gestylten Menschen, wie sie es sind.

2.3.5 Sales-Methoden und Ziele: Hardselling, Softselling und „Das neue Hardselling"

K.O., ein namentlich bekannter Ex-Profi-Boxer, ist seit Jahren für einen Telekommunikationsdienstleister tätig. Dort verkaufte er früher selbst mit sehr guten Erfolgen Mobilfunkverträge, Handys, Festnetzverträge, Internet. Er stand mit seinem mobilen Verkaufsstand in Fußgängerzonen, Einkaufszentren und Elektronikmärkten, um potenzielle Kunden direkt anzusprechen. Sein Motto lautet: „Anhauen – umhauen – abhauen". Er setzte die Kunden auch mal unter Druck, damit sie einen Vertrag unterschrieben. Auch sein Vorgesetzter achtete deutlich mehr auf Abschlüsse als auf die Stornoquote. Einmal den Kunden gewonnen, das reicht. Unzufriedene Kunden sind ja auch eher wechselwillig, so dass hier sehr geschickt am Marktvolumen geschraubt wird. Mittlerweile ist Herr O. aufgrund seiner Umsatzzahlen, die er durch seine recht direkte Art erreichte, zum Landesvertriebsleiter aufgestiegen. Raten Sie mal, nach welchen Prinzipien seine Mitarbeiter arbeiten? Und wie weit wird der Bogen sein, den seine Kunden das nächste Mal um ihn machen?

Das andere Extrem betreibt Frau B. Raten, die sich ausschließlich auf die Wünsche ihrer Kunden einstellt, koste es das Unternehmen, was es wolle. Ein Abschluss muss ihr schon fast aufgedrängt werden, da sie nie und nimmer ihre geliebten und wertvollen Kunden mittels vermeintlich manipulativer Fragestellung zu einem Vertragsabschluss nötigen würde. Ihre Kunden mögen Frau Raten, doch leider sind sie nicht wirklich zufrieden, denn ihre Probleme und Wünsche wurden zwar ausgiebig besprochen und nach Lösungen gesucht, aber eine klare Entscheidungshilfe oder Lösung haben sie häufig nicht erhalten.

Ein klügeres Vorgehen praktiziert R. Folg, der den Vertrieb bei einem Versicherungskonzern leitet. Er legt Wert auf Kundenbeziehung durch Problemlösung, aber gleichzeitig hat er klar den Verkauf der Produkte im Fokus. Kundenzufriedenheit ja, aber die Wunscherfüllung muss in Relation stehen zu den Kosten. Eine Zusage zu einem Firmendarlehen binnen einer Stunde? Der Kunde würde sich vielleicht freuen. Ist dieser vermutlich nicht „kaufentscheidende" Vorteil aber den internen Aufwand wert, die Prüfungen derart zu beschleunigen? Klares Nein. Also bleibt das Angebot für die Kunden in einem vernünftigen Verhältnis von Aufwand (Kosten) und Nutzen. Herr R. Folg legt bei seinen Mitarbeitern Wert darauf, dass tatsächlich das Verkaufen als Ziel am Ende des Tages steht, über den Weg der Kundenzufriedenheit.

Ist der Vertrieb kurzfristig gesteuert, auf raschen Erfolg hin, wird eventuell sogar Umsatz auf Kosten von Deckungsbeitrag erzielt, damit die Quartalszahlen stimmen? Ist das alte Hardselling die Methode des Unternehmens oder eher die langfristige Kundenbeziehung?

Diese unterschiedlichen Methoden und Ziele liegen meist nicht in der freien Wahl des Vertriebsmitarbeiters, sondern werden in der Firmenkultur gelebt, sind von der Vertriebsleitung vorgegeben oder implizit in den Vorgaben und Zielvereinbarungen festgeschrieben. Dies wirkt sich dann auch auf die Arbeitsweise von Vertriebsmitarbeitern aus, im Positiven wie im Negativen. Ein langjähriger Vertriebsleiter eines Konzerns brachte es folgendermaßen auf den Punkt: „Zeige mir dein Provisionssystem und ich sage dir, wie dein Vertrieb manipuliert." (Vielleicht benutzte er auch statt „manipuliert" ein schärferes, nicht druckreifes Wort …)

D. Rücker, einer der netten Menschen, die an Haustüren und über Gartenzäune Abos für Zeitschriften verkaufen, erzählt seinen „Opfern" gerne, wie sehr doch der Abschluss dieses Abos ihm als Ex-Knacki helfen wird, wieder ein guter Mensch zu werden. Der Kunde wird also zum Wohltäter und bekommt obendrein auch noch eine tolle Zeitschrift. Außer seinem schauspielerischen Talent, der „dehnbaren" Wahrheitsliebe sowie den auswendig gelernten Phrasen braucht Herr Rücker kaum Ausbildung oder Fachwissen.

Der Vollständigkeit halber noch ein kurzer Ausflug in das Direkt- oder Dialogmarketing. Diese Variante des Vertriebes ist kein völlig unabhängiger neuer Vertriebsweg, sondern eine Variante des Verkaufens mittels Vertreter. Teile oder auch der gesamte Dialog zwischen Interessent/Kunde und Verkäufer/Vertreter werden nicht mehr persönlich im direkten Kontakt durchgeführt, sondern (zumindest teilweise) in Schriftform. Häufig werden z. B. zuerst Mailings verschickt, dann telefonisch ein Termin für den Vertreterbesuch vereinbart. Die schriftliche Kommunikation orientiert sich am Dialog und funktioniert dabei genauso wie bei einem persönlichen Gespräch, es werden die (unausgesprochenen) Fragen der potenziellen Kunden beantwortet (Wer sind Sie? Was wollen Sie? Welchen Vorteil habe ich davon? Was kostet das? etc.), der Gesprächspartner wird immer mal wieder mit dem Namen angesprochen, Vorteile und Nutzen werden aufgezeigt und ggf. bewiesen. Dialogmarketing ist also ein sinnvoller (Teil-) Schritt im Verkauf, bei dem bestimmte „Gespräche" schriftlich abgewickelt werden, um Zeit und Ressourcen (Vertreter) in vernünftigen Rahmen zu halten. Beim Vertrieb nur per Brief und Telefon ist dieses Verfahren auf die Spitze getrieben.

2.3.6 Verkauf oder Beratung

General I. arbeitet für und im Namen von einem großen Versicherungskonzern – er ist als Leiter einer Agentur aber selbstständiger Unternehmer. Er baut sein eigenes Unternehmen mit Hilfe des Konzerns auf und aus, handelt lieber aus eigenem Antrieb als auf äußere Veranlassung hin. Er hat viel Gestaltungsspielraum und ist für seinen Erfolg letztlich alleine verantwortlich – was sich auch in seiner Provision niederschlägt. Ausruhen auf dem Bestand ist nicht möglich, Neukunden-Akquise ist heutzutage auch für ihn ein Muss. Die Zentrale stellt ihm vereinzelt Leads zur Verfügung, das weitere Vorgehen liegt in seiner Hand. Neben den relativ großen Freiräumen trägt er aber auch die Verantwortung für seine Mitarbeiter.

Seine Kollegin R. Aiffeisen vertreibt ebenfalls Finanzprodukte und Versicherungen – allerdings kommen ihre Kunden meist aktiv auf sie zu, meist sogar zu ihr in die Bank. Sie ist eingebunden in einen ausgearbeiteten Arbeitsprozess, der ihr sowohl Leitfaden und Richtlinien an die Hand gibt, auf der anderen Seite aber wenig Gestaltungsspielräume bietet. Sie kann aufgrund ihrer großen Kommunikationsfähigkeit und ihrer individueller Beratung in kurzer Zeit eine hervorragende Vertrauensbasis herstellen. Dies schafft sie aber nur bei Kunden, die ihren Rat wollen – sie würde sich nie als „Verkäuferin" sehen, sondern als „Beraterin", zu der Kunden mit einem Problem kommen.

2.3.7 Unterschiedliche Vertriebsmethoden und -organisationen

Frau K. Raft arbeitet im Vertrieb eines bekannten Lebensmittelherstellers. Sie reist viel zum Lebensmitteleinzelhandel durch ihr Gebiet. Sie hat keinen Kontakt zu Endkunden oder Konsumenten, ihre Ansprechpartner sind Filialleiter und Disponenten. Sie argumentiert beim Verkauf nicht mit den Produktvorteilen für den Verbraucher, sondern kehrt die Vorteile für den Handel hervor, argumentiert mit Umschlaggeschwindigkeit, Stellflächenproduktivität und Vorverkauf durch den Hersteller mittels TV-Werbung. Der mehrstufige Handel kann auch noch mehr Stufen enthalten, wenn Großhandel, Einkaufsverbünde, Distributoren oder sonstige Marktteilnehmer mitspielen.

Frau C. Allcenter wiederum hat viel Kundenkontakt – ruft sie doch potenzielle Kunden aufgrund von Gewinnspieladressen privat an und versucht, im Direktvertrieb ihre Ware an den Endkunden zu verkaufen. Hier sind natürlich wieder andere Argumentationsstile notwendig als bei persönlichem Kundenkontakt – und vermutlich ein dickes Fell und eine hohe Frustrationstoleranz.

Ihr Kollege X.Y. (er möchte gerne anonym bleiben), genannt „Strucki", vertreibt auch seit vielen Jahren Haushaltswaren – direkt an den Endkunden. Zuerst nannte sich seine Vertriebsmethode Strukturvertrieb, dann MLM (Multi-Level-Marketing), mittlerweile meistens Network-Marketing oder Empfehlungsmarketing. Diese Organisationsform ist nicht per se abzulehnen, doch leider agieren in diesem Bereich anscheinend nur eine Handvoll seriöse Unternehmen. Strucki ist es völlig egal, was er verkauft, er ist einzig getrieben von der Provision und würde morgen mit seinen Mitarbeitern zur Konkurrenz wechseln, wenn dort höhere Provisionen gezahlt werden.

2.3.8 Unterschiedliche Unternehmenskultur

Alli Anz arbeitet bei einem der Big Player im Bereich Versicherungen und Vermögensverwaltungen. Obwohl dieses Unternehmen weltweit zu den erfolgreichsten Akteuren im Markt gehört, findet man durchgängig, vom Vorstand bis zu den Mitarbeitern auf unteren Ebenen, eine Ablehnung von Arroganz und Überheblichkeit. Hier prägen eine gewisse Zurückhaltung und Bescheidenheit die Unternehmenskultur.

O. Racle ist regionaler Vertriebsleiter einer großen Softwareschmiede. Wie im Unternehmen üblich, tritt er sehr selbstbewusst auf, ein bisschen „Hoppla-hier-komm-ich" und im Vertrieb auch durchaus mal aggressiv gegenüber dem Wettbewerb. Hier wird von der Zentrale ein Schwarz-Weiß-Denken, ein Freund-Feind-Bild vorgelebt. Ideal wäre es, nicht nur eine Ausschreibung zu gewinnen, sondern den „Gegner" (Wettbewerber) am Boden zu zermalmen.

Würden die beiden in ihren Bereichen erfolgreichen Vertriebsmitarbeiter im jeweils anderen Unternehmen ebenfalls erfolgreich sein, oder besteht die große Gefahr, dass die nicht kompatible Unternehmenskultur einen längerfristigen Erfolg verhindert?

2.3.9 Marktsegmente und Zielgruppen

Herr I. Veco hat sich als LKW-Verkäufer einen treuen Stammkundenkreis aufgebaut, der seine Fachkompetenz als ehemaliger Mechaniker schätzt, ebenso die „hemdsärmelige" Art seines kumpelhaften Auftretens. In seinem Bereich LKW-Vertrieb an kleine und mittelständische Unternehmen ist er gut aufgehoben – würde er aber das Flottengeschäft bei Konzernen versuchen, würde er sich aufgrund der anderen Zielgruppe (akademisch ausgebildete Einkäufer) deutlich schwerer tun. Können Sie ihn sich im Automobilhandel vorstellen als Vertriebsmitarbeiter für die Edelmarke Maybach? Dort wäre er trotz aller Fachkenntnis eine glatte Fehlbesetzung, er würde von den Kunden als Verkäufer nicht anerkannt – hier sind ein ganz anderes Auftreten und Verhalten notwendig.

Auch in folgenden Aspekten können sich unterschiedliche Unternehmensausrichtungen auf die Anforderungen und Persönlichkeiten von Vertriebsmitarbeitern auswirken:

2.3.10 Qualitätsführer versus Preisführer

L. Ada und sein Kollege P. Orsche verkaufen beide erfolgreich PKWs. Ist deshalb ihr Job der Gleiche und beide könnten ohne Risiko den Arbeitgeber tauschen? Eventuell, wenn sie sich sehr gut auf unterschiedliche Menschen und Bedürfnisse sowie Kommunikationslevel einstellen können – ansonsten wäre das Experiment „Jobtausch" eher gefährlich. Im gleichen Markt können auch hochpreisige Qualitätsführer andere Anforderungen an Vertriebsmitarbeiter haben als der Preisführer für das Massengeschäft – ein Bang & Olufsen-Shop verkauft anders als Media-Markt (ob die Qualitäts- wie auch die Preisführerschaft in diesen Beispielen wirklich den Tatsachen entspricht oder dies nur die breite Bevölkerung Glauben gemacht wird, müssen wir hier nicht diskutieren).

2.3.11 Massenware für Hobby-User versus Profi-Equipment

Herr Hil-Ti vertreibt ebenso wie sein Kollege B. Aumarkt vor allem Bohrhämmer sowie Schraub- und Trennwerkzeuge. Während die Waren des einen in den Regalen von Obi und Co. liegen, bietet Herr Hil-Ti seine sehr hochwertigen Artikel den Professionals an, nämlich Handwerk und Industrie. Die unverwüstliche Qualität der Werkzeuge in Kombination mit einem umfassenden Serviceangebot bringt seit Jahrzehnten auch in diesen konjunkturabhängigen Bereichen permanentes Wachstum. Das Vertriebsprinzip lautet: „Verkaufe die Werkzeuge dort, wo sie gebraucht werden" – zum Beispiel auf der Baustelle. Herr Hil-Ti ist täglich draußen bei seinen Kunden, führt Geräte vor und berät in kniffligen Anwendungssituationen. Gleichzeitig hört er auch seinen Kunden zu – was Herr B. Aumarkt nicht leisten kann. So erfährt man schnell, was vom Kunden benötigt wird, welche Probleme es mit Werkzeug oder Anwendungen gibt, was Kunden nervt – und so kann Herr Hil-Ti Lösungen anbieten. Seine Firma stellt ihm mit Hilfe eines ausgeklügelten Flottenmanagements einen für die Bedürfnisse seines aktuell zu besuchenden Kunden perfekt abgestimmten Gerätepark zusammen. Bei Bedarf werden den Kunden umgehend Ersatzgeräte bereitgestellt. Dies schafft mittels der Vertriebsmitarbeiter eine enge Kundenbeziehung, die zwar kostenintensiv ist, aber die Basis für den großen wirtschaftlichen Erfolg darstellt.

2.3.12 Kurzfristige Ziele versus langfristige Orientierung

Herr Klein-Weich arbeitet für eine US-Firma, Marktführer im Bereich Betriebssystem-Software, und denkt in Quartalen. Es wird sogar wichtig, wann ein Kunde seinen Auftrag platziert – manchmal versucht Herr Klein-Weich, eine Auftragserteilung um einige Wochen zu verschieben. Klingt seltsam, ist aber so. Denn es ist der US-Börsenorientierung geschuldet (dem sogenannten Shareholder Value, einem oft falsch angewendeten Prinzip der Managementlehre), dass viele Manager nur bis zum nächsten Quartalsende denken, wenn wieder die Ergebnisse berichtet werden und diese kurzfristigen Ergebnisse direkt den Börsenkurs beeinflussen. Dementsprechend versuchen Vertriebsmitarbeiter unter Umständen, einen lukrativen Auftrag in das nächste Quartal zu verschieben, wenn das aktuelle Quartal bereits recht zufriedenstellend lief.

Frau M. Ittelstand ist als Vertriebsrepräsentantin für ein alteingesessenes Familienunternehmen unterwegs. Sie käme nicht auf die Idee, einem Kunden für den Kauf in diesem Quartal statt im nächsten etwas mehr Rabatt anzubieten, denn ihr Vertriebsleiter ist nicht von kurzfristigen Erfolgen getrieben – das Jahresergebnis zählt, aber auch das ist nur ein Meilenstein in der langfristigen Ausrichtung des gesamten Unternehmens. Der Vertriebsleiter denkt nicht in Umsatz, sondern in Deckungsbeiträgen, die Unternehmensleitung in Gewinn statt in Umsatz, in Kundenzufriedenheit und Sicherung des Unternehmens statt in Aktienkursen.

In einem amerikanischen Konzern, der zentral getrieben ist durch kurzfristiges Denken mit Quartalszahlen und falsch verstandenem Shareholder-Value, wird der Vertriebsleiter seine Vertriebsmitarbeiter oftmals drängen, kurz vor Abschluss stehende Geschäfte noch unbedingt im aktuellen Quartal zum Abschluss zu bringen, statt sich auch auf die Kundenbedürfnisse einzustellen – lieber das schnelle Geschäft dieses Quartal als das ertragreichere in einigen Monaten. Die kurzfristige Denke wird eher eine Hire-and-Fire-Mentalität in der Personalplanung begünstigen als eine langfristig ausgerichtete HR-Strategie. Im Vergleich dazu kann ein inhabergeführtes mittelständisches Unternehmen durchaus in langen Zeiträumen planen und agieren. Ein schönes Beispiel dafür war die Aussage eines mittelständischen Unternehmers zur Wirtschaftskrise: „Krise? Welche Krise? Wir denken in Generationen."

> **Fazit**
> *Den* Vertriebsmitarbeiter gibt es genauso wenig wie *DIE* Vertriebsaufgabe – das Spektrum der Aufgaben und Anforderungen ist sehr breit, daher ist das Spektrum der jeweils passenden Vertriebsmitarbeiter ebenfalls sehr breit.

2.4 Imageprobleme des Vertriebs

Der gesamte Bereich „Vertrieb" hat ein Imageproblem – sowohl extern als auch intern. Extern werden Vertriebsmitarbeiter oft schief angesehen, weil die ja „nur" verkaufen – was häufig weder gut angesehen ist noch selbst gern gemacht würde – aber auch intern.

Fragen Sie mal z20 Vertriebsmitarbeiter nach ihrem Beruf: Sie werden alles hören wie Consultant, Berater, Key Account Manager, Regionalleiter etc., aber keiner wird „Vertriebsmitarbeiter" oder „Verkäufer" sagen. Hier zeigt sich teilweise schon das Imageproblem des Vertriebes. Jedes Unternehmen braucht ihn – schließlich lebt das Unternehmen nicht von dem, was es produziert, sondern von dem, was es verkauft – aber gut angesehen ist der Beruf nicht. Fragt man eine Gruppe von frischen Ingenieursabsolventen, wer gutes Geld verdienen will, mit Menschen verhandeln und ihnen Lösungen für ihre Probleme bieten will, klingt das für viele Berufseinsteiger interessant. Doch fällt das Wort Vertrieb, wird die Begeisterung sich in engen Grenzen halten, obwohl gerade Fachleute mit naturwissenschaftlichem Hintergrund (bei sonstiger Eignung) hervorragende Karrieren im Vertrieb machen könnten. Aber für die meisten Ingenieure ist das Thema einfach nicht attraktiv.

Über dem Thema Vertrieb hängen auch etliche Vorurteile, die die Wahl dieses Berufsfeldes erschweren: „Ein Verkäufer tut für Geld alles", „Vertriebsmitarbeiter verkaufen sogar ihre eigene Großmutter", „Der Vertrieb arbeitet mit manipulativen Techniken, das ist unmoralisch und man sollte sich von solchen Leuten vorsichtshalber fernhalten", „Vertriebsmitarbeiter verdienen unglaublich gut für wenig Arbeit" „Ein Key Account Manager spielt hauptsächlich Golf mit seinen Kunden ..." – solche und weitere Vorurteile verzerren das Bild von „Vertriebsarbeitern" in den Augen mancher Mitmenschen. Einem Mitmenschen zu unterstellen, er benehme sich wie ein Verkäufer, kann schon einen gewaltigen Streit auslösen. Dabei sind wir alle Verkäufer, spätestens wenn wir uns oder unsere Arbeitsergebnisse „verkaufen" müssen – also zum Beispiel in einem Bewerbungsgespräch.

Da das Ansehen des Berufsbildes auch eine wichtige Komponente bei der Berufswahl ist, scheint die mangelnde Attraktivität in den Augen manch geeigneter Kandidaten nachvollziehbar. Hier besteht Bedarf an Imagepflege für den gesamten Berufsstand.

2.5 Kaum qualifizierte Ausbildung

Für fast jede noch so verzwickte anspruchsvolle Spezialaufgabe gibt es eine akademische Ausbildung, zumindest eine fundierte Grundausbildung, auf der weiteres Spezial-Knowhow aufgebaut werden kann – nicht so im Bereich Vertrieb. So wie noch vor einigen Jahrzehnten „Marketing" die ehemalige Werbeabteilung mit neuem Schild an der Tür war, wird Vertrieb immer noch nicht als eigenständige Aufgabe gewertet, in der eine akademische Ausbildung von Vorteil ist – und zwar nicht BWL, das sich dazu verhält wie ein Studium Generale zu Medizin.

Einer der wenigen Lichtblicke in diesem Bereich ist die **Hochschule der Wirtschaft für Management** in Mannheim, die einen Studiengang „Beratung und Vertriebsmanagement" anbietet. Auszüge aus der Hochschul-Website www.hdwm.eu:

> Neben einer fundierten betriebswirtschaftlichen Grundausbildung liegt der Schwerpunkt dieses Bachelor-Studiengangs beim Auf- und Ausbau kommunikativer und persönlicher Kompetenzen für Vertriebstätigkeiten. Die Studierenden durchlaufen ein zehn Module umfassendes Beratungs- und Vertriebscurriculum, dessen übergeordnete Ziele sind:
> - Auf- und Ausbau einer verhandlungssicheren kommunikativen Kompetenz für beratende Tätigkeiten in der Wirtschaft, insbesondere für den Vertrieb,
> - Vermittlung von Kenntnissen über unterschiedliche Beratungstheorien und -methoden,
> - Entwicklung einer Vertriebsführungs- und Vertriebssteuerungskompetenz
> - Kenntnis der psychologischen und wirtschaftlichen Hintergründe von Beratung und Vertrieb
> - Reflexion und Weiterentwicklung des eigenen Kommunikations- und Beratungsstils.
>
> Praktische Beratungskompetenz setzt sich aus einem „Was" und einem „Wie" von Beratung zusammen. Beraterinnen und Berater müssen zum einen über Fachkenntnisse, arbeitsfeldspezifisches Wissen und Erfahrung im jeweiligen Handlungsfeld verfügen. Dies umfasst insbesondere Kenntnisse über typische Problemsituationen (Anliegen/Bedarfe) und deren Entstehung, Problemlösungsstrategien und gesetzliche Grundlagen. Zum anderen muss sich die spezifische Fachkompetenz (das „Was") mit der Fähigkeit verbinden, Beratungsprozesse verstehen und steuern zu können (das „Wie"). Hierzu bedarf es Wissen über Beratungskonzepte und -methoden, insbesondere Kenntnisse über Kommunikationsmodelle und Gesprächsführungstechniken. Der Studiengang konzentriert sich auf das „Wie" von Beratung, d. h. auf Beratungsprozesse. Dabei werden Ansätze über Beratung und Beratungsprozesse aus der Wirtschaft einerseits, sowie aus den Beratungswissenschaften im psychosozialen Bereich andererseits zusammengeführt. Die Ausbildung für Beratung und Vertriebstätigkeiten integriert gleichermaßen theoretische Modelle, ihre praktische Anwendung sowie die Arbeit an der eigenen Persönlichkeit und persönlichen Handlungskompetenz. In dem Beratungscurriculum finden sich die drei in der Ausbildung von Handlungskompetenz für Beratungstätigkeiten entscheidenden Elemente wieder:
> - Theoretische Ansätze
> - Praktische Fertigkeiten/Anwendungen (Einüben von Beratungstechniken)
> - Selbstreflexion/Arbeit an sich selbst (Schulung der Selbst- und Fremdwahrnehmung, realistische Einschätzung der eigenen Leistungen und deren Grenzen, Persönlichkeitsbildung, Entwicklung beratungs- und vertriebsrelevanter Einstellungen)
> - In allen drei Bereichen fließen insbesondere Beiträge und Sichtweisen der Beratungs- und Wirtschaftspsychologie ein.

Berufsperspektiven

- Vertriebsmanagement: Planung und Organisation des Verkaufs von Produkten und Dienstleistungen, Kundenakquisition und -betreuung, Preisgestaltung, Ausarbeitung von Vertriebswegen, Führung von Vertriebsmitarbeitern (Innendienst)
- Vertriebsleitung: Eigenverantwortliche Leitung von Verkaufsabteilungen, z. B. regionale Niederlassungen, Führung von Vertriebsmitarbeitern (Außendienst)
- Key Account Management: Akquisition und Betreuung von Schlüssel- bzw. Großkunde
- ...

Eine weitere Ausbildungsmöglichkeit bietet seit kurzem die **Bayerische Akademie der Werbung (BAW)** an – ein praxisnahes Studium zum Thema Vertrieb. Auch hier wieder einige Informationen von der Website baw-online.de

Sales-Fachwirt BAW Studieninhalte
Alle Instrumente und Methoden für den erfolgreichen Vertrieb.
Unsere Schwerpunkte
Im Studiengang Sales vermitteln wir Ihnen von der Analyse bis zur Umsetzung alle wichtigen Vertriebskenntnisse. Sie erarbeiten Instrumente und Methoden für Ihre erfolgreiche Sales-Tätigkeit von der Marketinganalyse über Sales-Management, Customer-Life-Cycle, Kundengewinnung und Kundenbindung, Verkaufsförderung bis hin zu Preisgestaltung und Verkaufspsychologie.
Ihre Kompetenzen
Sie erhalten wichtige Fähigkeiten, um selbständig Sales-Aufträge zu bearbeiten, passgenaue Vertriebskonzepte zu erstellen und diese selbstbewusst zu präsentieren sowie Vertriebsprozesse zu steuern. Unsere Absolventen sind in der Lage, auf Basis fachlicher Überlegungen sowohl eigenverantwortlich als auch im Team komplexe Themen zu erarbeiten und deren Machbarkeit zu überprüfen.
Unsere Lernmethode – Praxis!
In zahlreichen Projektarbeiten lernen Sie anhand realer Aufgabenstellungen und Aufträge Ihr Wissen in der Praxis anzuwenden. Immer an Ihrer Seite sind dabei unsere erfahrenen Coaches aus Wirtschaft und Wissenschaft.
An der BAW trainieren Sie erfolgreiche Verkaufstechniken und treffsichere Argumentation. Bereits während Ihrer Studienzeit an der BAW beginnen Sie damit, karrierebegleitend das neu erworbene Know-how in der Praxis anzuwenden.
Zum Verlauf Ihres Studiums gehören die Entwicklung eines Vertriebskonzeptes zu einem selbst gewählten Thema sowie die Bearbeitung eines realen Kundenauftrags in kleinen Teams. Immer im Blick haben Sie dabei die systematische Vorgehensweise unseres BAW Marketing-Management-Prozess®.
Ihre Dozenten – Experten aus der Praxis
Zu Ihren Dozenten gehören erfahrene Vertriebsleiter und Sales-Profis, die sich selbst täglich im Beruf behaupten. Sie vermitteln Ihnen sofort anwendbare Techniken und in der Praxis erprobte Methoden aus erster Hand, die Sie direkt in Ihrem Berufsfeld umsetzen können.

2.6 Überalterung und fehlende Nachwuchskräfte

Uber die demografische Entwicklung mit immer mehr älteren Arbeitnehmern und fehlendem Nachwuchs, der Pyramidenbasis, ist landauf landab genug geschrieben worden und sie dürfte allgemein bekannt sein. Fachleute werden immer mehr zur Mangel"ware". Das ändert allerdings nichts an den auch für den Vertrieb dramatischen Folgen, dass Fachleute nicht mehr in ausreichender Anzahl zur Verfügung stehen werden – hier wird sich ein „War for talents" abzeichnen, da Unternehmen ohne erforderliche Vertriebspower nicht mehr wettbewerbsfähig sind. Der Ausweg der Arbeitsplatzverlagerung ins Ausland lässt sich auch nur in sehr begrenzten Bereichen (z. B. Callcenter) als Problemlösung etablieren.

▶ Die unternehmensseitige Einschätzung von erfahrenen Arbeitnehmern wird sich mehr von „altes Eisen" in Richtung „alter Fuchs" wandeln. In der Zukunft werden alte Füchse wieder mehr geschätzt und nachgefragt werden.

Ein weiteres großes Problem im Bereich Vertrieb ist die Überalterung vieler Vertriebe – zum Beispiel ist das Durchschnittsalter der meisten Versicherungsvertriebe bei deutlich über 50 Jahren. Die definitiv benötigte Personalerneuerung wird zusätzlich erschwert durch die demografische Entwicklung, so dass der Markt die absehbar nötigen Fachleute nicht liefern kann – auch ohne hier in das verbreitete Klagelied der immer schlechteren Qualität von Nachwuchskräften einzustimmen, ist dies eine dramatische Entwicklung, da die Attraktivität von Vertriebspositionen auch in den jüngeren Generationen nicht wesentlich besser geworden ist. Folglich ist ein Mangel an Vertriebsfachleuten absehbar, ähnlich wie im Ingenieursbereich, wo er aber seit langem bekannt ist.

2.7 Kommunikation als Basis für Vertrauen

Ein Unternehmen, das sich engagiert dem Kundenservice zuwendet, wird nur eine Sorge bezüglich seiner Gewinne haben: Sie werden peinlich groß sein.
Henry Ford (1863–1947, Gründer des Automobilherstellers Ford Motor Company)

Vertrauen ist die Grundlage für Verkauf und Vertrieb – nur wer seinen Kunden richtig einschätzen kann und dann dessen Bedürfnissen entsprechend kommuniziert, argumentiert und handelt, wird Vertrauen im Verkaufsgespräch aufbauen.

▶ **Erkenne dich selbst, erkenne andere, kommuniziere richtig!** So unterschiedlich wie die Kunden sind auch die Vertriebspersönlichkeiten. Kunden zu „erkennen", welche Argumentation zum Kauf animiert und was zur Kaufdemotivation führt, sind die entscheidenden Erfolgsfaktoren im Gespräch. Allerdings gibt es weitere Bedürfnisse zu berücksichtigen, denn Kunden wollen individuell behandelt werden, dazu benötigt man viel Menschenkenntnis. Diese Fähigkeit, nach kürzester Zeit sein Gegenüber in den Grundzügen beurteilen zu können, lässt sich erlernen.

2.7 Kommunikation als Basis für Vertrauen

Abb. 2.1 Der Außendienstbesuch. (Zeichnung: Axel Gruner)

Ein meiner Meinung nach sehr gutes System für die rasche und pragmatische Menschenkenntnis (und Selbstkenntnis, die dazu ebenfalls notwendig ist), ist die Bio-Struktur-Analyse (BSA) bzw. das sogenannte Structogram-Trainings-System. In diesem System lernen Vertriebsmitarbeiter, wie sie selbst „ticken", also was für Verhaltensformen zu ihnen gehören und welche anderen Strukturen bei Bedürfnissen und Wünschen ihre Mitmenschen haben können. In Seminaren lassen sich die Grundstrukturen der Persönlichkeit (nicht in akademischer Tiefe, sondern als täglich nutzbares Instrumentarium) sowie deren rasche Erfassung erlernen. Durch Selbsterkenntnis und das Bewusstmachen der eigenen Chancen und Begrenzungen verstehen die Teilnehmer andere Menschen besser und stärken ihre Sozialkompetenz. Darauf aufbauend lernt der Vertriebsmitarbeiter, die Motive und Bedürfnisse von unterschiedlichen Kunden (und Mitarbeitern) schon in den ersten Minuten zu erfassen und sie individuell zu erfüllen.

Braucht der eine Kunde Zahlen/Daten/Fakten, um zu kaufen, so will der andere begeistert werden und möchte das Neueste oder Beste schnell besitzen, ein weiterer Kunde benötigt Referenzen und der Sympathiefaktor zum Verkäufer muss passen. Genauso unterschiedlich ist das Verhalten wiederum im Abschlussgespräch: der eine Interessent benötigt Zeit, bevor der Abschluss getätigt werden kann, den anderen muss man sofort zum Abschluss bewegen und den dritten kann man ohne Auftrag verlassen, da er auch bei einer guten Beratung in jedem Fall bei „seinem Berater" kaufen wird.

Manche Vertriebsmitarbeiter kommen nur mit einem bestimmten Typ von Kunden gut zurecht, in der Regel mit dem, der zu seiner Persönlichkeitsstruktur am besten passt. Andere (potenzielle) Kunden versteht er oft nicht, findet sie „seltsam". Die Biostrukturanalyse lässt Vertriebsmitarbeiter erkennen, dass es nicht am „seltsamen Kunden" liegt, dass der nicht kauft, sondern dass der Verkäufer entscheidende Fehler bei ihm begangen hat. Die Biostrukturanalyse schult Vertriebsmitarbeiter, sich wirklich auf Kunden einzustellen. So vermeiden sie viele Fehler und erzielen deutlich bessere Vertriebsergebnisse (vgl. hierzu Abb. 2.1).

Vom Sinn der Biostruktur-Analyse für den Vertrieb überzeugt, habe ich für meine Leser besonders qualifizierte Trainer für BSA ausgewählt. Sie finden geeignete Trainer auf www.personal-vertrieb.de. Sehr gute Seminare kenne ich z. B. von Ottmar Achenbach, www.ottmar-achenbach.de.

3 Auswirkungen von Fehlbesetzungen

Keine andere Entscheidung wirkt sich derart langfristig aus und ist derart schwer rückgängig zu machen wie eine Personalentscheidung.
Peter F. Drucker (1909–2005), Managementvordenker, -lehrer, -berater und –publizist

3.1 Arten von Fehlentscheidungen und die Auswirkungen auf Unternehmen

Wir unterschieden zwei Arten von Fehlern: Fehler erster und Fehler zweiter Art. Als Alpha-Fehler (Fehler erster Art oder erster Ordnung) bezeichnet man irrtümlich positive Ergebnisse, ein falscher (für diese Position nicht geeigneter) Kandidat wird ausgewählt. Als Beta-Fehler (Fehler zweiter Art) bezeichnet man irrtümlich negative Ergebnisse, ein eigentlich passender Kandidat wird abgelehnt.

In der Praxis bewirkt ersteres eine sichere Fehlbesetzung, letzteres vergrößert die Gefahr einer Fehlbesetzung (falls weitere ähnlich geeignete Kandidaten vorhanden sind) bis hin zur Fehlbesetzung (der Kandidat mit der besten Passung wurde abgelehnt). Beides führt zu erheblichen Auswirkungen für das Unternehmen, die wir jetzt genauer beleuchten.

Noch lange nicht allen Personalabteilungen, Vertriebsabteilungen oder Firmenleitungen ist der gesamte Schaden, den Fehlbesetzungen anrichten, in vollem Umfang bewusst (vgl. hierzu Tab. 3.1). Der mittel- und langfristige Schaden kann finanziell unerwartet groß sein, von nicht-bezifferbaren Schäden wie Imageschaden oder belasteten Kundenbeziehungen abgesehen. Wenn Ihre Sensibilität in diesem Bereich geschärft ist, fällt Ihnen ein Überblick nach dem Motto: „Gefahr erkannt" – das richtige Verhalten zur „Gefahr gebannt" mit den später vorgeschlagenen Maßnahmen dann deutlich leichter als bisher.

Als Faustregel kann man die Kosten für eine Fehlbesetzung, die innerhalb der ersten sechs Monate festgestellt und korrigiert (Neubesetzung) wird, grob veranschlagen mit der Höhe eines Jahresbruttogehaltes. Je nach Situation kann der Schaden aber auch erheblich

Tab. 3.1 Kosten der Personalsuche und Auswahl bei Durchführung durch das Unternehmen

Anzeigenschaltung FAZ, 1/8 Seite s/w*		7.849 €
Bearbeitung von 50 Bewerbungen durch Personalabteilung	a 7 Min. a 0,75 €	263 €
10 Unterlagen geeigneter Kandidaten aà 2 × 15 min. Studium durch Führungskräfte (1,30 €/min)		390 €
49 Rücksendung inkl. Begleitschreiben à 5 min à 0,75 €	3,75 €	184 €
Porto Rücksendung Unterlagen	1,44 €	71 €
10 Interviews Telefon à 15 Min (Führungskraft a 1,30 €/min)		195 €
8 Erstinterviews à 90 min. plus Nachbereitung (gesamt 120 min) durch leitenden Mitarbeiter (1,30 €/min)+Personalabteilung (0,75 €/min)		1.968 €
4 Zweitgespräche à 120 min, 2 leitende Mitarbeiter (1,30 €/min)		1.248 €
Summe der vermeidbaren Kosten durch notwendige Nachbesetzung		*12.167 €*
Vorbereitungsaufwand für Anforderungsprofil und Interview nicht einberechnet		

Anzeigengröße 1/8 Seite, 184 × 128 mm, Kosten netto, Stand Februar 2013
Bezug ist die Preisliste Stand Dez Febr 2013

höher liegen, wie wir anhand des finanziellen Hebels sehen werden, den z. B. ein Vertriebsleiter bewegt.

3.1.1 Direkte Kosten

Eine (sicher) diagnostizierte Fehlbesetzung muss so rasch wie möglich neu besetzt werden – und hier sind wir bei den dafür entstehenden Kosten, die bei der damals richtigen Besetzung nicht erneut anfallen würden!

Personalanzeigen bzw. Personalberater/Headhunter
Die Kosten für die Zeit der Personalabteilung sowie der sonstigen Beteiligten (Vorgesetzte) beim Auswahlprozess (idealerweise sind zwei Firmenmitarbeiter bei jedem Interview anwesend, zzgl. Vorbereitung (Studium der Unterlagen, Vorbereitung auf (teil-)strukturiertes Interview) und Nachbesprechung ergeben einen Zeitaufwand von 6 h „Führungskraft".

3.1.2 Bindung von Managementressourcen

Eine der wichtigsten Funktionen von Führungskräften ist die Führung von Mitarbeitern (Surprise, Surprise), was auch üblicherweise entsprechend zeitintensiv ist. Dieser Aufwand am „falschen" Mitarbeiter ist teuer und verhindert einen nutzbringenderen Zeiteinsatz (Opportunitätskosten). Somit leidet die gesamte Vertriebsabteilung, und damit oft die gesamte Firma, an den Folgen von Fehlbesetzungen – und um es noch mal zu betonen: auch Mitarbeiter, die die Erwartungen nicht erfüllen und „nur Mittelmaß" auf dieser Position sind, sind streng genommen eine Fehlbesetzung.

3.1.3 Kosten von Ausbildung, Schulung, Training, Coaching

Der Einarbeitungsaufwand ist je nach Aufgabe und Vorwissen der Vertriebsmitarbeiter teilweise gewaltig, insbesondere bei komplexen erklärungsbedürftigen Produkten. Bis zum produktiven Einsatz eines Vertriebsmitarbeiters vergehen schnell etliche Monate. In gewissen Bereichen können Neuzugänge erst nach zehn Monaten produktiven Einsatz leisten. Kosten für Schulungen, Einarbeitungsaufwand von Kollegen, Trainingsmaßnahmen etc. entstehen zusätzlich, ohne dass ein zeitnaher Return of Investment (ROI) vorausgesetzt werden kann.

3.1.4 Verluste durch falsches Verkaufen

Topverkäufer verkaufen über Kundennutzen – nicht so gute gerne über den Preis, sie gewähren schnell Preisnachlässe nach dem Motto: „Besser ein paar Prozent Rabatt gewähren als den Auftrag verlieren". Diese Nachgiebigkeit wird sogar noch größer bei Nebenleistungen, Zahlungszielen etc. Diese in Sondersituationen einmal gewährten Rabatte ufern gerne in generelle, dauerhaft gewährte Rabatte aus, die nicht durch Mehrumsatz kompensiert werden können.

Hier ein Beispiel, um den großen Hebel von (falschen) Zahlungsvereinbarungen zu verdeutlichen:

> **Beispiel**
>
> Ein Vertriebsmitarbeiter gewährt bei einem „schwierigen Kunden" 10% Rabatt. Der Deckungsbeitrag wurde vom Unternehmen auf 20% kalkuliert. Der Vertriebsmitarbeiter muss, um den gleichen absoluten Deckungsbeitrag (also Summe in Euro) für diesen Auftrag zu erreichen, die doppelte Absatzmenge verkaufen. Vermutlich wird er das nicht schaffen. Bei geringerem Deckungsbeitrag wird die Rechnung sehr schnell sehr kritisch. Auch lange Zahlungsziele und Skonti werden manchmal leichtfertig gewährt – umgerechnet auf ein Jahr bedeuten 2% Skonto auf 30 Tage Zahlungsziel summiert 24% per anno. (Fragen Sie doch mal Ihre Bank nach solchen Guthabenzinsen …)

Ein systemischer Fehler der Firmen ist die Provisionszahlung nach Umsatz als zusätzlicher Anreiz für Vertriebsmitarbeiter – hier wird nicht das für das Unternehmen lohnende Produkt vorrangig verkauft (das mit hohem Deckungsbeitrag), sondern das für den Vertriebsmitarbeiter lohnende – oft das teuerste, da er hier am meisten Provision erhält.

Die Umstellung des Provisionssystems auf „Nutzen" als Basis (also Deckungsbeitrag statt Umsatz) ist in vielen Fällen sinnvoll.

3.1.5 Opportunitätskosten

Wie hat sich diese Fehlbesetzung auf unsere Aufträge ausgewirkt? Hätte ein passender Mitarbeiter in der gleichen Zeit mehr Aufträge akquiriert? Neue Kunden gewonnen? Eine geringere Stornoquote bewirkt? Hat der „Mitarbeiter am falschen Platz" das Verhältnis zu unseren Kunden belastet? Haben wir sogar Kunden und/oder Aufträge verloren? „Person am falschen Platz" bedeutet nichts anderes ist eine Fehlbesetzung. Es muss nicht an der Person an sich liegen, meist ist sie nur nicht an der Position, an der sie ihre Stärken richtig einbringen kann. Ausnahmen existieren natürlich auch, z. B. schwerwiegende Charakterfehler einer Person.

Die finanziellen Auswirkungen, die eine verbesserte Einstellungspraxis bewirken kann, sind im nächsten Kapitel aufgeführt, etwa wie nur eine einzige, etwas bessere Einstellung (Middle-Performer statt Low-Performer) in unserem Fallbeispiel den Umsatz um 4 % steigert, ein High-Performer statt eines Low-Performers sogar 8 % (oder über eine halbe Million Euro) mehr Umsatz.

3.1.6 Produktivität und Kundenbeziehungen/Lieferantenbeziehungen

Hat dieser Mitarbeiter die Beziehungen zu unseren Kunden und/oder Lieferanten verbessert oder verschlechtert? Oder zu sonstigen Personen oder Gruppen, die direkt oder indirekt die Firma beeinflussen (Behörden, Öffentlichkeit durch schlechte Presse, Wettbewerber etc.)?

3.1.7 Betriebsklima

Wirkt(e) sich die Einstellung des Mitarbeiters und/oder seine notwendige Entlassung negativ auf das Betriebsklima aus? Wirkt sich der Fall negativ aus auf die Stimmung in Aspekten „Jobsicherheit", Loyalität, Qualität der Einarbeitung, Treue des Unternehmens zu seinen Mitarbeitern etc.?

3.1.8 Auswirkungen auf den Stellenmarkt und das Unternehmensimage

Wie wirkt es auf den Markt (Kunden, Zulieferer, Wettbewerber), wenn wir diese Position schon wieder neu besetzen müssen? Die Hintergründe dieser Entscheidung liegen ja für die meisten anderen Personen im Dunkeln. Wie werten potenzielle neue Mitarbeiter diesen Schritt, wenn sie die neuerliche Anzeige lesen? (Wenigstens kann zumindest ein Personalberater bei der Direktansprache ggf. die Umstände erläutern). Handelt es sich vielleicht um einen Schleudersitz? War der Mitarbeiter so unzufrieden, dass er gegangen ist? Hat das Unternehmen eine Fehlbesetzung gewählt? Alles keine Punkte zur Steigerung der Arbeitgeber-Attraktivität für potenzielle neue Mitarbeiter.

Dann zu einem weiteren Aspekt: Wie ist der Eindruck, den Bewerber oder Kandidaten vom Unternehmen erhalten? Wie professionell arbeitet die Personalabteilung bei Bewerbungen, wie geschult sind die Interviewer? Wie gut behandelt ein ggf. eingeschalteter Personalberater die Kandidaten, die nicht zu seinen Favoriten zählen? Hier sollte auch darauf geachtet werden, dass sich Kandidaten „ernst genommen" fühlen – ein 28-jähriger Personalassistent als Interviewer hat es da sicher schwerer, bei einem lebens- und berufserfahrenen 50-Jährigen auf Augenhöhe zu sprechen, als ein 40-jähriger Abteilungsleiter.

Vertriebsmitarbeiter sind häufig die Unternehmensrepräsentanten, die das Bild eines Unternehmens für eine Vielzahl von Menschen (mit)prägen (Vertrieb als Öffentlichkeitsarbeit).

3.1.9 Finanzieller Hebel am Beispiel eines Vertriebsleiters

Betrachten wir auch die möglichen finanziellen Auswirkungen einer Personalentscheidung im mittleren Management, den Hebel, den zum Beispiel ein Vertriebsleiter beeinflusst. Welche Bereiche wird eine Stellenbesetzung tangieren und entweder positiv (richtige Besetzung) oder negativ (Fehlbesetzung) beeinflussen beispielhaft an einem nationalen Vertriebsleiter:

Gehalt inkl. Arbeitgeberanteile pro Jahr:	160 T€
10 Mitarbeiter in direkter Verantwortung und Führung à 70 T€	700 T€
Zwischensumme	**860 T€**
Angenommene Verweildauer des Vertriebsleiters:	5 Jahre
Summe:	4,3 Mio. €

Bisher außer Acht gelassen sind Umsatz- und Ergebnisverantwortung und die betroffenen Budgets. In Summe kommen hier schnell zweistellige Millionenbeträge zusammen.

Und wovon hängt die Personalentscheidung ab? Oft vom Bauchgefühl der Geschäftsleitung sowie dem mehr oder weniger fundierten Know-how der Personalabteilung in Sachen Personalsuche, -auswahl und -diagnostik. (Immer wieder decken Studien auf, dass die meisten Unternehmen sowohl bei Diagnostik als auch bei Einstellungsentscheidungen leider dem möglichen Standard hinterher hinken. Es gibt sowohl erfolgversprechende Methoden auf dem Markt als auch mittlerweile wissenschaftlich fundierte und gleichzeitig praktikable Tools.)

Für eine Entscheidung dieser Tragweite werden in der Praxis leider immer noch wenig fundierte Hilfsmittel und Methoden angewendet bzw. die notwendigen Methoden und Tools nicht eingesetzt. Die Erstauswahl wird teilweise von der Sekretärin erledigt, es werden unstrukturierte Interviews geführt, Entscheidungen teils nur aus dem eigenen Empfinden gefällt, wissenschaftliche Diagnostik findet nicht statt. Backgroundchecks und Einholung von Referenzen sind selten und oft nicht erfolgversprechend angelegt. Eine beliebte Ausrede ist „Dafür fehlt uns die Zeit."

Die Suche und Auswahl einer Führungskraft im mittleren Management entspricht dem finanziellen Volumen einer Maschinenanlage für mehrere Millionen Euro. Trotzdem ist die Auswahl häufig unprofessionell und der Wichtigkeit und dem finanziellen Hebel nicht angemessen – die teilweise amateurhafte Suche von entsprechenden Führungskräften noch gar nicht einbezogen.

Betrachten wir dagegen den Beschaffungsprozess einer Produktionsanlage für 4 Mio. €: diese Entscheidung wird durch Einkaufsabteilung, Fachabteilung und Geschäftsführung mittels Lasten-/Pflichtenheft durchgeführt, es gibt Prüfungen und Vergleiche von unterschiedlichen Lieferanten, Gutachten und Normen, etliche Verhandlungsrunden mit mehreren Anbietern, Break-even- und sonstige Kalkulationen, eventuell eine Teststellung, usw. Bei Entscheidungen im „Betriebsmittel" wird dem finanziellen Umfang entsprechend strukturiert ein angemessener Aufwand betrieben (vielleicht manchmal schon zu viel, aber da steht ja auch das Controlling dahinter).

Erklären Sie das mal dem Geschäftsführer, dass Sie seine Unterschrift brauchen für eine Maschine, die 1.000.000 € kostet und Sie diese nicht intensiv und strukturiert ausgewählt haben. Warum ist dann für eine Stellenbesetzung in ähnlicher Tragweite oft „das Bauchgefühl" das entscheidende Kriterium statt eine professionelle Suche und Auswahl?

> **Fazit**
>
> Suche und Auswahl von Fach- und Führungskräften sind Kernaufgaben für den Unternehmenserfolg, ob selbst im Unternehmen durchgeführt oder durch externe Spezialisten.

3.2 Unsere Verantwortung gegenüber Kandidaten

In Abschn. 3.2 betrachteten wir die Auswirkungen von Fehlbesetzungen auf das Unternehmen – aber das ist nur eine Seite der Medaille. Neben der Verantwortung der Firma gegenüber haben Personalentscheider auch eine Verantwortung gegenüber Mitarbeitern (leicht einsichtig), genau wie auch gegenüber Kandidaten. Eine Fehlentscheidung bei einer Besetzung kann auch für einen Kandidaten eine sehr große Auswirkung haben, die sich eventuell auf seine gesamte weitere Berufslaufbahn auswirken kann. Und dies bei beiden Arten von Fehlentscheidungen, also wenn zum Beispiel ein passender Kandidat abgelehnt wird (weil seine Passung nicht richtig erkannt wurde). Dies kann insbesondere bei Einsteigern oder Quereinsteigern dazu führen, dass sie den Bereich Vertrieb nicht weiter als zukünftiges Arbeitsfeld betrachten – was den Vertriebsmitarbeiter-Mangel weiter verstärkt.

Schlimmer aber noch, wenn ein Kandidat ausgewählt wurde für eine Aufgabe, auf die er nicht richtig passt. Ist zum Beispiel ein nächster Karrierelevel (noch schlimmer bei mehreren schnellen Karriereschritten) zu rasch erfolgt, kann ein Mitarbeiter überfordert werden – auch wenn er einer Führungsaufgabe zum Beispiel von seiner Persönlichkeit her noch nicht gewachsen ist. Darunter leiden zuerst seine Mitarbeiter, dann das Unternehmen und letztlich auch er selbst, da vermutlich sein Selbstbild gehörig durcheinander gewirbelt wird, ein „großes" Scheitern auch psychologische Schäden hinterlassen kann, insbesondere bei Menschen, die sich noch selbstkritisch betrachten.

Auch dieser Verantwortung sollten sich Personalverantwortliche bewusst sein, wir entscheiden bei der Besetzung von Positionen auch über Menschen, ihre Karrieren und teils auch über ihre psychische Entwicklung – Depressionen oder Burnout als Volkskrankheiten zum Beispiel können auch durch hohe Frustration und Überforderung im Beruf entstehen. Beachten Sie daher bitte auch das Prinzip des stärkenorientierten Personaleinsatzes im nächsten Kapitel.

3.3 Stärkenorientierter Personaleinsatz

Betrachten wir wieder kurz einige **Begriffe**:

- **Top-Performer**: gehört mit seinen Leistungen zur Spitze der Pyramide. Entspricht oft den oberen 20 % der Leistungsträger.
- **Middle-Performer**: durchschnittliche Leistung, ohne Aussage zum Grund (Überforderung, Unterforderung, zwischenmenschliche Probleme, zu wenig Fleiß – gerade im Vertrieb auch ein wichtiger Aspekt), mangelnde Unterstützung oder fehlende Ressourcen, falsche Position. Diese Gruppe umfasst meist ca. 60 % der Mitarbeiter.
- **Low-Performer**: leistet im Vergleich zu anderen und zu den Vorgaben zu wenig – Gründe dafür können vielfältig sein – siehe Middle-Performer. Dieser Gruppe gehören oft bis zu 20 % der Mitarbeiter an. Ein Low-Performer ist nicht zu verwechseln oder in einen Topf zu werfen mit dem Under-Achiever.
- **Under-Achiever**: Jeder, der mehr erreichen könnte – unter anderen Umständen und/oder mit mehr Einsatz. Somit kann auch ein Top-Performer noch ein Under-Achiever sein, wenn er Potenzial für noch mehr Erfolg besitzt. Ein Under-Achiever kann auf Grund seiner Fähigkeiten mehr erreichen als die aktuellen Ergebnisse. Vielleicht will er dies aber nicht oder es fehlen Tools/Kenntnisse/Fähigkeiten, um das Potenzial auf den Boden zu bringen und richtig Gas zu geben – hier helfen manchmal Schulung, Training, Coaching, manchmal auch ein besser passender Job.

3.3.1 Was bedeutet stärkenorientierter Personaleinsatz?

Stärke ist das, was zu tun leicht fällt. In diesen Bereichen kann man auch am ehesten sehr gute Leistungen oder sogar Spitzenleistungen bringen, auch unter dem Aspekt, dass der dafür nötige Einsatz in gesunder Relation steht. Ansonsten würde es nicht leicht fallen.

Nehmen wir als eingängiges Beispiel den Sport. Die Teilnehmer einer beliebigen Gruppe, wie etwa einer Schulklasse, werden jeder vor verschiedene Aufgaben gestellt: 3000 m Lauf, 100-m-Sprint, Kugelstoßen, Stabhochsprung, Gewichtheben. Bei diesen Sportdisziplinen wird auch ein ungeschulter Beobachter leicht feststellen, dass jeder der Teilnehmer sich bei ein oder zwei Disziplinen leicht tut, einige mit Anstrengung noch passabel schafft und andere ihm einfach nicht liegen, so sehr er sich auch anstrengt. Der leichtfüßige Dauerläufer wird beim Gewichtheben keine wirklich guten Ergebnisse bringen können, während vielleicht der Gewichtheber beim Stabhochsprung nicht die notwendige Koordinationsleistung erbringen kann. Jeder Sportlehrer wird nach einer solchen Leistungsprüfung den Schülern die Sportart empfehlen, die ihm am besten liegt. Jeder der Sportler wird in „seiner" Disziplin gute bis sehr gute Ergebnisse erzielen, in den anderen Übungen aber trotz großer Anstrengungen und viel Training nie über das Mittelmaß hinaus kommen.

Warum ist das im Sport ganz selbstverständlich, in vielen Unternehmen aber nicht? Aber warum existieren in so vielen Unternehmen große Diskrepanzen zwischen dem, was ein Mitarbeiter (gut und leicht) kann, und den Aufgaben, die er erledigen soll? Sollte nicht eine möglichst große Deckung zwischen Stärken einer Person und ihren Aufgaben hergestellt werden? Hier soll jeder Vertriebsmitarbeiter in allen Disziplinen antreten, auch der „Gewichtheber" beim Mittelstreckenlauf und der „Marathonläufer" beim Sprint. Was wird der Erfolg sein? Muss das so sein? Muss der Vertriebsmitarbeiter, der hervorragend im „Hunting" von Neukunden ist, auch die Kunden betreuen, die seit Jahren alle paar Monate die gleiche Standardbestellung aufgeben? Oder könnte man das einen Kollegen erledigen lassen, der eher als „Farmer" seine Stärken hat? Oder eventuell den Vertriebsinnendienst, der ja auch aktiv Bestandskunden anrufen kann?

Die wenigen koordinativ hochbegabten Schüler sollten sich im Stabhochsprung versuchen statt im Dauerlauf. Nur bei der Übereinstimmung von Können und Aufgaben werden Spitzenleistungen möglich. Und im Wettbewerb, sowohl im Sport als auch in der Wirtschaft, zählen die (regelmäßigen) Spitzenleistungen, nicht eine umfassende Mittelmäßigkeit aller Teammitglieder. Ein zweiter Aspekt ist die Motivationssteigerung: wer in „seinem" Bereich eingesetzt, sehr gute Ergebnisse und Erfolge erzielt, wird durch diese Erfolge stärker intrinsisch motiviert als bei „jetzt habe ich mit größter Anstrengung eine mittelmäßig Weite im Kugelstoßen geschafft". Es geht also darum, die (bereits vorhandenen) Stärken zu nutzen.

Doch es bleibt nicht bei der suboptimalen Zuordnung in den Abteilungen;, weil bei diesem Zustand Schwächen schnell auffallen (wenn etwas nicht funktioniert, fällt es deutlich auf), Stärken aber schwieriger zu entdecken sind und verborgen bleiben, wird als Lösung in Personalentwicklung investiert. Übersetzt in unser Sportbeispiel heißt das:

Jeder Sportler erhält spezielles Training in den Bereichen, in denen er seine Schwächen hat: der langstreckengeeignete Mensch wird zum Stabhochsprungtraining eingeteilt, der Gewichtheber bekommt ein Coaching im Langstreckenlauf und der Kugelstoßer darf sprinten lernen. Das würde kein vernünftiger Trainer machen – in vielen Unternehmen ist solches Denken aber immer noch verbreitet. Wenn stattdessen der gleiche Trainingsaufwand betrieben wird, aber eben die Stärken gestärkt werden, dann wird das Ergebnis ganz anders aussehen: der Langstreckenläufer besucht ein Höhenlager und stößt zu den nationalen Top-Läufern auf. Beim Kraftsportler wird in die Verbesserung seiner Kniebeugetechnik investiert, er kann darauf hin 15 KG mehr auflegen. Stärken machen einen Menschen produktiv und ermöglichen dauerhaft überdurchschnittliche Leistungen, ohne dass sich der Mensch überanstrengt. Eine auch nur durchschnittliche Leistung über alle Bereiche hinweg, also auch in den Schwächen-Bereichen, ist weitaus anstrengender und führt oft zur Überanstrengung, Demotivation und schließlich zur (inneren) Kündigung.

Um Stärken herauszufinden, ist eine deutlich stärke Beschäftigung mit den Mitarbeitern notwendig: durch Fragen, was ihnen leicht fällt (das ist nicht immer deckungsgleich mit dem, was sie gerne tun), über sorgfältige Beobachtung oder den Einsatz von Profiling Tools wird das Stärkenprofil jedes Mitarbeiters erkennbar. Dementsprechend sollten dann auch die Jobs und Aufgaben entsprechend zugeteilt werden.

Eine konsequente Ausrichtung des Unternehmens auf einen stärkenorientierten Personaleinsatz hat Auswirkungen auf alle Bereiche, die mit Mitarbeitern verbunden sind: Personalauswahl, Ausbildung der Mitarbeiter, Stellendesign und Aufgabenzuordnung, Stellenbesetzung bis zur Leistungsbeurteilung und der Potenzialanalyse. Durch diese Orientierung an Stärken lassen sich die Kosten der Personalentwicklung deutlich senken und gleichzeitig die Ergebnisse verbessern. Die Stärken eines Mitarbeiters zu vergrößern, wird bei geringerem Aufwand deutlich mehr zur Erzielung von Spitzenleistung beitragen, als die Beseitigung von (nicht relevanten) Schwächen. Ein Training der Starttechnik bringt dem Sprinter wesentlich weiter und näher an seine möglichen Spitzenleistungen als ein Stabhochsprungtraining.

> **Fazit**
>
> Stärken nutzen und stärken! Organisatorisch die Nutzung von Stärken ermöglichen. Schwächen, soweit möglich, nicht beachten.

Tipp zum Weiterlesen Fredmund Malik: Führen, Leisten, Leben: Wirksames Management für eine neue Zeit, Frankfurt a. M. 2006, auch als Hörbuch erhältlich.

3.3.2 Der Umgang mit Schwächen

Die Stärken der einzelnen Mitarbeiter sind die Aspekte, auf die der Mitarbeiter, sein Vorgesetzter und die Aufgaben konzentrieren sollten, um die besten Ergebnisse für das Team und das Unternehmen zu erzielen. Ein weiterer Aspekt ist, dass durch die Stärkung der individuellen Stärken auch am schnellsten nachhaltige Erfolge zu erzielen sind – und diese wiederum den Mitarbeiter intrinsisch motivieren.

Wie soll man also mit Schwächen umgehen? Soweit sie erfolgskritische Bereiche treffen, muss man sie mindern – sofern diese Aufgaben nicht durch andere Teammitarbeiter übernommen werden können. Nicht jeder in der Abteilung muss perfekt bei Reklamationsgesprächen sein oder werden – wer die notwendige innere Gelassenheit und Ruhe nicht aufbringt, sollte sich statt dessen Aufgaben widmen, die seiner Stärke entsprechen, z. B. der Kaltakquise.

Schwächen, die nicht unmittelbar den (Team-)Erfolg beeinträchtigen, sollte man einfach akzeptieren. Ein Denkmodell, das dabei helfen kann, die (eigenen und Anderer) Schwächen gelassener hinzunehmen, ist folgendes Schema:

▶ Schwächen sind übertriebene Stärken. Man kann (fast) jede Schwäche ansehen als Stärke, die etwas übertrieben wird.

Beispiele

Bereich	Stärke	übertriebene Stärke
Umgang mit Geld	Sparsamkeit	Geiz
Vertrauen	Vertrauen	Blauäugigkeit
Genauigkeit	Sorgfalt	Pedanterie
Kommunikation	Kommunikationsstärke	Geschwätzigkeit
Aufbau von Nähe	Offenheit	Distanzlosigkeit

Wenn die Stärke der Sparsamkeit übertrieben wird, wird es Geiz. Wenn man die Schwäche Geiz etwas weniger übertreibt, wird daraus die Stärke Sparsamkeit.

Stärken und Schwächen sind keine Gegenpole, sondern liegen auf der gleichen Achse. Stärke und Schwäche sind demnach auf der gleichen Achse relativ nahe zusammen und keine Gegensätze auf gegenüberliegenden Plätzen. Dem Einzelnen fällt es oft leichter, seine Schwäche zu verringern, wenn er sie als Stärke erkennt, die er übertreibt – dann fällt es auch leichter, in Zukunft nicht mehr zu übertreiben, als eine „Schwäche" auf die andere Seite einer Skala zur Stärke zu machen.

3.3.3 Provokante Thesen zur Praxis im Vertrieb

Jetzt konkret zum Einsatz von Vertriebsmitarbeitern.

▶ **These 1** über 50 % der Vertriebsleute sitzen auf falschen Positionen

Wie im Kapitel über die unterschiedlichen Bereiche des Vertriebes gesagt, existieren viele Möglichkeiten, auch für den Vertrieb geeignete Mitarbeiter auf falschen Positionen einzusetzen. Die Ergebnisse des Einsatzes sind dann dementsprechend unter dem möglichen Niveau – also allenfalls mittelmäßig statt überdurchschnittlich. Die Praxis in der Vertriebslandschaft legt nahe, dass über 50 % der Mitarbeiter im Vertrieb nicht auf den richtigen Positionen eingesetzt werden – oder anders herum, über 50 % der Vertriebspositionen falsch besetzt sind.

Manche Schätzungen gehen sogar von 70 bis 80 % aus, was mit der Verteilung der Performer in den meisten Vertrieben parallel verlaufen würde.

▶ **These 2** Es existiert eine übliche Leistungsverteilung über Vertriebe: 15–20 % Top- oder High-Performer, 60–70 % Mid-Performer und 15–20 % Low-Performer.

Die meisten Vertriebsverantwortlichen stimmen zu, dass die Struktur ihrer Mannschaft sich aus ca. 20 % Top-Performern, ca. 60 % durchschnittlich leistungsstarken Mitarbeitern sowie ca. 20 % Low-Performern zusammensetzt.

▶ **These 3** 20 % High-Performer bringen oft 80 % des Umsatzes/Deckungsbeitrags

Befragungen von Vertriebsleitern ergeben oft ein sehr ähnliches Bild: wenige sehr Leistungsstarke erarbeiten den größten Teil des Umsatzes/Deckungsbeitrages, der größte Teil der Vertriebsmitarbeiter arbeitet mittelprächtig, und einige muss man zum Jagen tragen.

Oft leisten die oben erwähnten 20 % Top-Performer bis zu 80 % des Ergebnisses (in Umsatz oder Deckungsbeitrag gemessen).

▶ **These 4** Schon geringfügige Verbesserungen des Recruitings erzielen massive Auswirkungen auf das Betriebsergebnis.

Beispiel: Einstellung einiger Top-Performer statt Low-Performer

Daher ist es oberstes Ziel, diese geringe Quote von Top-Performern zu steigern und die Anzahl Low-Performer zu minimieren. Dies gelingt am effektivsten beim Recruiting, hier besteht das beste Aufwand/Nutzenverhältnis. Der Weg über Schulungen, Trainings, Coaching und sonstige Förderungen ist die zweite Wahl. Zum einen sind viele erfolgskritische Eigenschaften stabiler, als die meisten denken, die Erfolgsquote von dauerhaften Veränderungen geringer als erhofft, und der Aufwand an Zeit und Geld ungleich größer. (Siehe hierzu auch das Kapitel „Flexibilität oder Stabilität der Person".) Wie groß der Unterschied im Ergebnis sein kann, betrachten wir an einem Beispiel:

Eine Vertriebsmannschaft bestehend aus 10 Mann/Frau. Berechnen wir anhand messbarer Ergebnis (Umsatz, Ergebnisse, Output im Plan: Ist-Vergleich) eine Rangreihenfolge des Teams in absteigender Reihenfolge anhand der prozentualen Performance (vgl. Tab. 3.2).

Tab. 3.2 Beispiel für die Rangfolge innerhalb eines Teams

Name	PLAN	IST	% Performance
Michael	800.000 €	1.350.000 €	169 %
Tanja	800.000 €	1.225.000 €	153 %
Martin	400.000 €	500.000 €	125 %
Muriel	600.000 €	700.000 €	117 %
Susanne	900.000 €	950.000 €	106 %
Tony	600.000 €	600.000 €	100 %
Carin	600.000 €	500.000 €	83 %
Dennis	500.000 €	400.000 €	80 %
Xavier	600.000 €	400.000 €	67 %
Tim	600.000 €	300.000 €	50 %
SUMME	6.400.000 €	6.925.000 €	

Wie man sieht, ist das Gesamtergebnis sogar über Planzahlen, somit könnten Vertriebsleiter als auch Geschäftsführung zufrieden sein. Wenn wir uns aber die Ergebnisse genau anschauen, stellen wir folgendes fest:

Ein Großteil des Umsatzes wird durch zwei High-Performer erbracht. Dies zeigt, dass deutlich überdurchschnittliche Ergebnisse machbar sind – eine Detailanalyse kann eventuell zeigen, ob dies durch Großkunden, Lucky Punches, Old-Boys-Network oder ähnliches zustande gekommen ist. Falls es sich um längerfristig stabile Ergebnisse handelt, die auch unabhängig vom speziellen Vertriebsmitarbeiter erzielbar sind, könnten diese Ergebnisse durchaus auf andere Gebiete und Vertriebsmitarbeiter übertragbar sein. Solange nur zwei Mitarbeiter über ein Drittel des Umsatzes generieren, besteht eine große Abhängigkeit – denn was passiert, wenn der Mitarbeiter ausfällt oder kündigt? Es ist also unter vielen Aspekten sinnvoll und wahrscheinlich auch möglich, einige der Gebietsumsätze weiter zu steigern.

Bilden wir weitere Gruppen, die jeweils ca. ein Drittel des Umsatzes erarbeiten. Dann ergibt sich folgende Gruppeneinteilung:

2 Top-Performer
3 Middle-Performer
5 Low-Performer

Hier sehen wir die „Gruppenbildung" – Michael und Tanja bilden die Leistungsspitze (% Performance), Martin, Muriel und Susanne die Vertriebsgruppe mit durchschnittlichen Erfolgen, und darunter die fünf Mitarbeiter mit unterdurchschnittlichen Ergebnissen.

Betrachten wir einige Durchschnittswerte

Durchschnittliche Leistung des gesamten Teams	105 %
Durchschnittliche Leistung der High-Performer	161 %
Durchschnittliche Leistung der Middle-Performer	116 %

Durchschnittliche Leistung der Low-Performer	76%
Leistungsunterschied von High- zu Middle-Performer	45%
Leistungsunterschied von High- zu Low-Performer	85%

Da könnte es doch noch erhebliches Steigerungspotenzial bei den Middle- und Low-Performern geben. Spielen wir einige „Was wäre wenn"- Szenarien durch:
Folgende Umsatzsteigerungen werden erzielt bei folgenden Situationen

– ein Low-Performer schafft die Ergebnisse der Mittleren Gruppe:	231.296 €
– wenn ein Middle-Performer zum Top-Performer wird:	302.604 €
– wenn alle drei Middle-Performer zu Top-Performern werden:	3.375.034 €
– wenn alle Low-Performer wie Middle-Performer verkaufen:	8.081.481 €

Sie sehen, welch großes Potenzial in einem solchen Team steckt, wie schon wenig „Auftrieb" bei einzelnen große Umsatzergebnisse bewirken. Wenn Sie eine solche Mischung in Ihrer Vertriebsmannschaft haben, können Sie durch Schulung, Training, Verringerung von Demotivation einiges erreichen. Der größere Hebel ist aber sicherlich, bereits bei der Einstellung der Mitarbeiter die „Richtigen" für diese Positionen zu finden. Eine einzige Fehlentscheidung, die bewirkt, dass ein Vertriebsmitarbeiter nur eine Leistungsebene tiefer eingestellt wird, kann schnell große Umsatzverluste bedeuten – und das jährlich.

Rechnen Sie es doch mal für Ihr Unternehmen konkret aus, was eine qualitativ bessere Personalsuche und -Auswahl für positive finanzielle Konsequenzen ergibt. Hierfür finden Sie eine Kalkulationshilfe als Excel-Liste sowie eine Anleitung auf www.personal-vertrieb.de oder mailen Sie an info@personal-vertrieb.de.

Fazit
- Wir müssen mit den Menschen arbeiten, die es gibt.
- Schwächen können auch als übertriebene Stärken interpretiert werden.
- Eine Verbesserung des Recruitings kann durch eine höhere Top-Performer-Quote erhebliche Gewinnverbesserungen bewirken.
- Stärkenorientierter Personaleinsatz bedeutet, (vorhanden) Stärken erkennen und nutzen, den passenden Job „schneidern", Stärken stärken, Schwächen nur soweit als nötig zu verringern und soweit wie möglich zu ignorieren.

3.4 Flexibilität oder Stabilität der Person – Recruiting oder Personalentwicklung als größerer Hebel?

In einer Meta-Längsschnitt-Studie erforschte das Münchner Max-Plank-Institut die Fähigkeiten und Fertigkeiten des Menschen, und ab welchem Alter sie hinreichend definiert sind, sowie die Stabilität dieser Ausprägungen. Titel der Studie; „Longitudinalstudie zur Genese individueller Kompetenzen" (LOGIK-Studie). Das Ergebnis der über 20 Jahre beobachtenden Studie war, dass individuelle Kompetenz sowie Persönlichkeitsmerkmale bereits im Kindesalter relativ individuell ausgeprägt sind und auch in den folgenden Jahren stabil bleiben. Beispiele: wer bereits im Alter von drei oder vier Jahren besonders aggressiv oder schüchtern war, wird dies mit hoher Wahrscheinlichkeit auch noch 20 Jahre später sein. Dies trifft ebenso auf das Kriterium „Intelligenz" zu, auch dies ein langjährig stabiler Wert einer Person.

Wenn viele Merkmale der Persönlichkeit schon früh definiert und weitgehend stabil sind, sollten die Stärken gestärkt werden. Sofern Schwächen bei der betreffenden Person nicht im beruflichen oder privaten Umfeld hinderlich sind, kann man sie vernachlässigen.

Wenn die individuellen Ausprägungen (oftmals auch Stärken und Schwächen genannt) bereits früh festgelegt sind und später nur in geringem Umfang beeinflusst werden können, bedeutet das für das Personalwesen, dass Fehlbesetzungen nur sehr schwer durch Training, Coaching, Führung oder Erwerb von Fähigkeiten oder Fertigkeiten ausgeglichen werden können. Die richtige Entscheidung zum Zeitpunkt der Einstellung von Mitarbeitern verringert die ansonsten später notwendigen Kosten für Maßnahmen mit teils geringem Erfolg wie Persönlichkeitstrainings oder vergleichbare Personalentwicklungsmaßnahmen.

3.4.1 Fehlbesetzungen sind schwerwiegend

Die Schlussfolgerung zu dieser Studie ist, dass die Auswahlentscheidungen im RecruitingProzess einen wesentlich stärkeren Hebel darstellen als spätere Programme zur Personalentwicklung. Somit ist klar, dass Investitionen in den Bereich „Personalauswahl" deutlich besser angelegt sind als Maßnahmen zur Personalentwicklung. Hier wird viel Aufwand betrieben, um Aspekte wie Fähigkeiten und Fertigkeiten positiv zu beeinflussen, was aber dauerhaft nur in geringem Umfang gelingt.

Die „Deutsche Gesellschaft für Psychologie" geht davon aus, dass etwa ein Viertel der Positionen in Deutschland fehlbesetzt sind. Mitarbeiter werden häufig nicht ihren Begabungen und Fähigkeiten gemäß eingesetzt. Hier wird betriebswirtschaftlich viel Geld verschenkt, von der geringeren persönlichen Befriedigung der Mitarbeiter ganz abgesehen. Im Bereich Vertrieb, in dem Besetzungen selten anhand valider Kriterien erfolgen, ist der Anteil deutlich höher, meist werden über 50 % genannt, teilweise sogar 70 %.

In Grenzen variabel sind andere Aspekte, wie z. B. Motivation allgemein (wobei ich die These vertrete, dass die meisten Menschen von Haus aus für Aufgaben motiviert sind, viele aber im Laufe der Zeit durch Umstände, Führung etc. demotiviert werden) bzw. Interessen für spezielle Aufgabengebiete.

Bestimmte Kenntnisse und Fertigkeiten sind erlernbar – zum Beispiel das Fachwissen, das für den Vertriebsmitarbeiter notwendig ist oder auch Managementtechniken. Daher sollte bei B-Kandidaten eher derjenige bevorzugt werden, der „nur" die Fachkenntnisse erlernen muss, als derjenige, der das Fachwissen hat, aber wenig vertriebsgeeignete Persönlichkeitsaspekte aufweist.

> **Fazit**
> Im Bereich persönlicher Kompetenzen ist Recruiting ein effektiverer Hebel als Personalentwicklung. Viele Persönlichkeitsmerkmale, die auch im Vertrieb relevant sind, weisen eine sehr hohe Stabilität auf und können durch Personalentwicklung nur marginal bzw. temporär verändert werden. Durch eine geeignete Personalauswahl werden Folgekosten der Personalentwicklung verringert und gleichzeitig die Vertriebsergebnisse langfristig verbessert.

3.5 Wann und warum neue Mitarbeiter?

Kapital lässt sich beschaffen, Fabriken kann man bauen, Menschen muss man gewinnen.
Hans Christoph von Rohr

3.5.1 Antizyklisches Hiring

Fast jedes Unternehmen durchläuft Zyklen. Ob diese von außen oder intern verursacht werden, wodurch sie genau ausgelöst werden (z. B. Kaufkraftschwäche), wie häufig sie vorkommen (Schweinezyklus) und welche Möglichkeiten der Früherkennung sie haben mögen, lassen wir jetzt mal außen vor. Auf jeden Fall steigt bei vergleichbaren Unternehmen und häufig sogar für viele Branchen parallel der Bedarf an Fachkräften und Spezialisten an – und nimmt auch manchmal wieder parallel ab. Wenn der Branchenumsatz zurückgeht, bauen etliche Unternehmen Stellen auch im Vertrieb ab – um dann beim nächsten Aufschwung wieder händeringend diese Positionen besetzen zu müssen, was durch die dann große Nachfrage schwierig ist. Eine Lösung ist, dann gute Mitarbeiter zu suchen und einzustellen, wenn diese aufgrund der Flaute in der Branche eher auf dem Markt verfügbar sind. Man gewinnt in diesen Zeiten leichter gute Mitarbeiter – und das Signal an die eigenen Mitarbeiter (Treue auch in schwierigen Zeiten) als auch an den Markt (selbst in der Krise stellen sie Mitarbeiter ein) sind weitere Vorteile.

3.5.2 Prospecting (Monitoring des Kandidatenmarkts)

Eine Möglichkeit, das Recruiting zu vereinfachen, ist das permanente Beobachten (Monitoring) des Marktes. Manchmal liegen nur wenige Monate zwischen der Verfügbarkeit des perfekten Kandidaten und der eigenen Suche. Stößt man beim Beobachten des Personalmarktes auf sehr interessante Kandidaten, lohnt sich oft eine Rückfrage beim Verantwortlichen, ob nicht in absehbarer Zeit ein solcher Kandidat gewünscht wird. In manchen Fällen und manchen Unternehmen werden solche Opportunitäten auch außerplanmäßig genutzt, um wirklich gute Kandidaten für das eigene Unternehmen „zu sichern".

Wem das Monitoring des Kandidatenmarktes zu aufwendig ist, der kann auch mal bei Personalberatungen nachfragen, ob ein solcher Service vereinbart werden kann.

3.5.3 Bedarfsplanung mittelfristig und langfristig

Geht die Planung und der Aufbau eines Pools mit potenziellen Kandidaten in noch längere Zeiträume, spricht man von Talentmanagement. Hier sind dann die Maßnahmen des Personalmarketings mit dem Talentmanagement verzahnt. Eine Möglichkeit ist zum Beispiel die langfristige Information und emotionale Bindung von zukünftigen Mitarbeitern, auch z. B. von Jugendlichen, die in den nächsten Jahren eine Ausbildungsstelle suchen werden, über Social Media wie facebook. Dies funktioniert aber nur, wenn diese Aktivitäten ernst gemeint und gut gemacht sind, was einen erheblichen Arbeitsaufwand erfordert. Dieser kann z. B. bei einem Konzern durchaus ein Team von vier Mitarbeitern full time binden.

3.5.4 Gute Mitarbeiter halten

> Menschen sind definitiv das größte Kapital eines Unternehmens. Es macht keinen Unterschied, ob die Produkte beispielsweise Autos oder Kosmetik sind. Ein Unternehmen ist nur so gut wie die Menschen, die es hält.
> Mary Kay Ash, (1918–2001, amerikanische Unternehmerin und Gründerin von Mary Kay Cosmetics Inc)

Die beste Möglichkeit, den Recruiting-Aufwand möglichst gering zu halten, ist natürlich, die guten Mitarbeiter zu halten, eine zu hohe Fluktuation zu verhindern. Die wichtigsten Aspekte für eine langfristige Zufriedenheit im Job liegen in einer ausgewogenen Mischung aus anspruchsvollen Aufgaben ohne Überforderung.

Ein sehr wichtiger Punkt ist ein gutes Verhältnis zu Kollegen und ganz wichtig, ein gutes Verhältnis zum Vorgesetzten („People don't leave companies, people leave managers"). Bei Führungskräften, in deren Abteilung eine höhere Fluktuation herrscht, muss man genau ermitteln, woran dies liegt. Die Ergebnisse eines Trennungsgespräches der Mitarbeiter mit dieser Führungskraft sind natürlich nicht viel wert, da kaum ein Arbeitnehmer bei der Kündigung seinem Vorgesetzten die ganze Wahrheit und ggf. deftige Kritik mitgeben wird. Hier böte sich an, einen externen Personalberater bei einigen Ex-Mitarbeitern nachfragen zu lassen, um die Ergebnisse anonymisiert und zusammengefasst nutzen zu können.

Auf Dauer ebenso wichtig, natürlich auch beim Recruiting von Kandidaten, ist ein marktgerechtes Gehaltsniveau. Hier ist auch zu beachten, dass gerade Mitarbeiter, die dem Unternehmen jahrelang treu sind, nur durch die regelmäßigen Gehaltssteigerungen meist nach einigen Jahren deutlich unter dem Marktwert verdienen, da bei den meisten Wechseln ja ein gewisses Gehaltsplus dazu kommt. Daher sollten diese Mitarbeiter nicht dauerhaft schlechter bezahlt werden als die Kollegen, die in der gleichen Zeit einige Unternehmen gewechselt haben. Siehe hierzu auch das Kapitel „???".

3.5.5 Interne versus externe Stellenbesetzung

Prinzipiell können Vakanzen sowohl hausintern als auch extern besetzt werden. Tab. 3.3 zeigt eine kleine Übersicht über die Vorteile der jeweiligen Besetzungsart.

Tab. 3.3 Übersicht über interne und externe Personalbeschaffung

Interne Personalbeschaffung	Externe Personalbeschaffung
Vorteile	
– Anreizfaktor für Mitarbeiter Wer Karrierechancen im eigenen Unternehmen sieht (und ehrgeizig ist), kann sich durch diese Aufstiegsmöglichkeiten zusätzlich motiviert sein – sowohl in den täglichen Aufgaben als auch bei der Fortbildung und Persönlichkeitsentwicklung	– neue Ansichten und Impulse Einblicke aus anderen Unternehmen können neue, hilfreiche Ideen in ein Unternehmen bringen – und aus anderen Branchen kann man manchmal sogar noch interessantere Impulse gewinnen
– Kenntnis des Unternehmens Die Kenntnis von Personen, offiziellen Strukturen, Prozessen und „Kanälen" sowie informelle Kommunikation, Zugehörigkeit zu Lagern, Seilschaften etc. kann die Arbeit vor allem in der ersten Zeit produktiver und effektiver werden lassen	– profitieren von bisherigen Erfahrungen Kandidaten können natürlich ihr Know-how aus früheren Unternehmen einbringen, außerdem Kundenkontakte, Netzwerke und Kenntnisse über Prozesse und Organisationen – alles Impulse, die oftmals den Unterschied zwischen dem Branchenprimus und dem Rest der Branche ausmachen. Den Erfahrungsschatz eines Mitarbeiters aus einem Wettbewerbsunternehmen sollte man nicht unterbewerten
– kürzere Einarbeitungszeiten Wer als Vertriebsmitarbeiter bereits seine Abteilung, die Prozesse sowie die Kunden und Produkte oder Dienstleistungen kennt, kann in diesen Bereichen „warm" starten. Bei vielen neuen Positionen (z. B. Beförderung von Vertriebsmitarbeiter zum Vertriebsleiter) sind die Hauptaufgaben allerdings deutlich unterschiedlich, sodass immer noch mit einer Einarbeitungs- und Lernphase gerechnet werden muss	
– kostengünstige Variante Es entstehen meist keine Kosten für externe Berater (außer bei Management Assessments, Approvals oder ähnlichen Verfahren), Kosten für Stellenanzeigen fallen nicht an. Da oftmals dann in der ursprünglichen Abteilung des Kandidaten für Ersatz gesorgt werden muss, fällt ein Teil der Kosten trotzdem an	
Nachteile	
– Verfügbarkeit geeigneter Kandidaten Meist ist die Auswahl an geeigneten Kandidaten innerhalb des Unternehmens begrenzt – und oft existiert auch gar kein passender Aspirant oder er will die neue Position nicht	– kosten- und zeitintensive Variante Die Kosten, auch im Vergleich von make-or-buy, betrachteten wir bereits weiter vorne ausgiebig. Im Vergleich zu den Kosten einer Fehlbesetzung ist allerdings der zusätzliche Aufwand und Kostenblock einer professionellen Personalauswahl gering

Tab. 3.3 (Fortsetzung)

Interne Personalbeschaffung	Externe Personalbeschaffung
– Betriebsblindheit Betriebsblindheit ist ein nicht zu unterschätzender Nachteil für Kunden und Unternehmen – wer kennt nicht das „Das haben wir schon immer so gemacht"-„Argument" gegen Verbesserungen. Neben der Betriebsblindheit gibt es auch eine Branchenblindheit – was in der Branche bisher kein Unternehmen einführt, existiert praktisch nicht. Daher gibt es deutliche Branchenunterschiede bezüglich Kundenorientierung und Vertriebsmethoden. Ein Blick über den Branchenzaun kann zu überraschenden Impulsen führen („Wenn wir das Angebot auf unsere Branche übertragen würden …")	– längere Einarbeitungsphase Je nach Komplexität der Produkte und/oder Dienstleistungen, der Vorkenntnisse des Kandidaten sowie seiner Lernfähigkeit kann alleine die Einarbeitung in die Produktpalette geraume Zeit in Anspruch nehmen. Dazu kommen oftmals neue Prozesse, neue Kunden samt ihren Vorlieben und Eigen- und Besonderheiten, Aufbau eines Netzwerkes im Unternehmen – die Dauer der Einarbeitungsphase ist nicht zu unterschätzen und muss einem neuen Mitarbeiter auch gewährt werden
– Enttäuschung beim bisherigen Vorgesetzten Viele Führungskräfte lassen gute Mitarbeiter nur ungern ziehen – denn es schwächt ihren Bereich und bedeutet ggf. Mehraufwand für Neueinstellungen etc. Dies kann so weit gehen, dass fähige Mitarbeiter länger als sinnvoll in Positionen gehalten werden, statt sie weiter zu entwickeln und zu befördern	– Enttäuschung bei mangelnder Eignung Die Enttäuschung ist in solchen Fällen auf beiden Seiten – auch der Kandidat ist enttäuscht, dass er die Aufgabe nicht wie vorgestellt bewältigt. Bei den üblichen (oberflächlichen) Auswahlentscheidungen kommt es natürlich mit einer größeren Wahrscheinlichkeit zu solchen Fehlbesetzung als mit strukturierten und fundierten Methoden und Tools
– Fortloben von schlechten Mitarbeitern So ungern Führungskräfte gute Mitarbeiter ziehen lassen, so gerne trennen sie sich von schlechten Mitarbeitern. Dies kann im Sinne von alter Abteilung, Mitarbeiter und neuer Abteilung sein, wenn der Mitarbeiter in der neuen Abteilung eine bessere Leistungsfähigkeit hat – aber das ist keine zwangsläufige Entwicklung. Und wer schützt die suchende Abteilung vor einem weggelobten, für dieses Unternehmen schlecht passenden Mitarbeiter?	
– fehlende neue Impulse „Weiter wie bisher" – das ist oft das Resultat bei internen Besetzungen, zumindest wenn der Kandidat keine ausreichenden Impulse aus früheren Unternehmen oder Aus- und Fortbildungen einbringen kann	

Hintergründe zum Recruiting 4

Führungskräfte wenden mehr Zeit auf, um Menschen zu managen und Personalentscheidungen zu treffen – und das sollten sie auch tun. Keine anderen Entscheidungen sind so langfristig in ihren Konsequenzen oder so schwierig zu revidieren. Dennoch treffen Führungskräfte im Großen und Ganzen immer noch schlechte Beförderungs- und Einstellungsentscheidungen. Nach dem, was man hört, ist ihre Trefferquote nicht höher als ein Drittel. Ein Drittel der Entscheidungen erweist sich als richtig; ein Drittel bleibt unter den Erwartungen und ein Drittel ist vollkommen falsch. In keinem anderen Managementbereich würden wir uns mit einer so miserablen Leistung zufriedengeben. In der Tat müssen wir das nicht und wir sollten das auch nicht tun.
Peter F. Drucker (1909–2005), Managementvordenker, -lehrer, -berater und –publizist.

4.1 Die Meta-Vereinbarung zwischen Arbeitgeber und Kandidat – der psychologische Vertrag

Der Begriff Metavereinbarung oder auch **psychologischer Vertrag** beschreibt die gegenseitigen Erwartungen und Angebote von Arbeitnehmer und -geber, die als nichtschriftlicher Bestandteil der Arbeitsbeziehung vereinbart werden. Es handelt sich dabei um „mehr oder weniger implizite Erwartungen und Angebote", die über den (schriftlichen) Arbeitsvertrag hinausgehen.

4.1.1 Werben und Selektieren – was macht Menschen glücklich und wie interpretieren sie die Welt?

Als Bestandteile eines psychologischen Vertrages können z. B. aus Sicht des Arbeitnehmers die Vorstellungen über die Arbeitsbedingungen, über eigene Kompetenzen und Einflussmöglichkeiten auf das Unternehmen, Unterstützung durch den Arbeitgeber (etwa im

Hinblick auf Aufstiegsmöglichkeiten und Personalentwicklung), Schutz vor Über- und Unterforderung und Berechenbarkeit des Arbeitgeberverhaltens genannt werden.[1]

Ein wichtiger Punkt bei Auswahlverfahren ist der gegenseitige Informationsaustausch. Dies ist offensichtlich, wenn man an die klassischen Firmendarstellungen, Interviews, Anschreiben von Kandidaten etc. denkt. Doch ein weiterer sehr entscheidender Faktor sind die Infos, die später einmal nicht im Arbeitsvertrag gemeinsam unterschrieben werden – und die doch als Teil der gegenseitigen Vereinbarung gelten müssen.

Selbstverständlich sind das neben den Rahmenbedingungen (Zeiten, Fristen, Kompensationen, Aufgaben etc.) auch detaillierte Faktoren wie genaue Besprechung der Aufgaben und Kompetenzen. Ebenso wichtig sind aber auch die weicheren Faktoren, die nirgends schriftlich fixiert sind und doch über den (mittelfristigen) Erfolg der Besetzung entscheiden können.

Diese Informationen und häufig auch Zusagen und Versprechen wie Aufstiegschancen, Fortbildungsmöglichkeiten, Betriebsklima, Teamzusammensetzung, Entscheidungsspielräume etc. fassen wir jetzt unter dem Stichwort „Metavereinbarung" zusammen. Sie können, wenn sie nicht richtig geklärt sind, zur Ablehnung eines Vertrages durch den Arbeitnehmer führen, oder – noch viel schlimmer – Monate später zu tiefer Unzufriedenheit, wenn das zu Anfang vermittelte Bild der Position deutlich von der gelebten Wirklichkeit abweicht. Nicht selten sind neue Mitarbeiter oder auch das Unternehmen nach einiger Zeit der Zusammenarbeit überraschenderweise überrascht darüber, wie viele, vor allem auch emotionale Aspekte sowie Erwartungen etc. in der Vorvertragssituation nicht geklärt wurden. Eigentlich sollten diese Themen im Sinne des beiderseitigen Erfolges einer Zusammenarbeit frühzeitig angesprochen werden, ehe es zu Unklarheiten oder Fehleinschätzungen gekommen ist. Die Darstellung des Unternehmens im Vorstellungsgespräch ähnelt häufig eher den Aussagen in Hochglanzbroschüren als der Realität. Natürlich muss man nicht jedem Bewerber im ersten Gespräch das gesamte Verbesserungspotenzial der Firma darlegen, einem Kandidaten in der engeren Auswahl sollte aber ein realistisches Bild vermittelt werden. Diese Ehrlichkeit schätzen die späteren Mitarbeiter sehr, denn sie wussten, worauf sie sich mit ihrer Unterschrift einließen. So manche innere Kündigung und kurze Verweildauer von „getäuschten" Mitarbeitern ließe sich so vermeiden.

Falls den Kandidaten ein sehr geschöntes Bild von Unternehmen und Aufgaben gezeichnet wurde, führt dies manchmal zu innerer Kündigung und früher Suche nach neuen Herausforderungen. Abgesehen davon, dass es unmoralisch ist, Kandidaten mit falschen Versprechungen an Bord zu locken, trübt das auch den Ruf des Unternehmens, denn solche Umgangsweisen mit Mitarbeitern sprechen sich herum.

Die Verhandlungen über die Metavereinbarung sind nicht formgebunden und erfolgen normalerweise innerhalb der üblichen Gespräche sowie teilweise über Stellenausschreibung, Job Description und weitere Unterlagen. Eine Möglichkeit ist, die wesentlichen Aspekte, die sich auf das Arbeitsfeld beziehen, als Gesprächsnotizen zu formulieren und gegenseitig unterschrieben auszuhändigen. Das Commitment, also die Selbstverpflich-

---
[1] Brinkmann und Stapf (2005, S. 162).

tung, die dadurch fixiert wird, ist für die Beteiligten bindender als nur der instrumentelle Austausch im Arbeitsvertrag. Auch nach Arbeitsantritt ist diese Vereinbarung nicht vom Tisch – es wird in der nächsten Zeit von den Beteiligten geprüft, ob die Vereinbarungen fair sind, eingehalten oder ggf. nach verhandelt werden müssen.

Oft ist der Be„**werbung**"sprozess bei guten Vertriebsmitarbeitern ein gegenseitiges Werben – kaum ein nachweislich guter Vertriebsmitarbeiter ist gezwungen, einen konkreten Job anzunehmen. Er hat meist die Wahl zwischen mehreren Alternativen – somit ist das Werben auch von Seiten des Arbeitgebers notwendig. Werben heißt, auf die Bedürfnisse des gewünschten Kandidaten einzugehen, nicht ein unrealistisches, geschöntes Zerrbild eines Unternehmens zu präsentieren.

4.1.2 Ein kleiner Ausflug zum Thema „Glücksforschung in der Ökonomie"

Das letzte Ziel des Menschen ist das Glück. (Thomas von Aquin)
Das Vergleichen ist das Ende des Glücks und der Anfang der Unzufriedenheit. (Sören Kierkegaard)
Anteilnehmende Freundschaft macht das Glück strahlender und erleichtert das Unglück (Cicero)

▶ Je ganzheitlicher wir den Menschen verstehen, desto besser können wir uns auch auf Kandidaten einstellen und tieferliegende Wünsche und Ängste in der Gesprächsführung berücksichtigen.

Prof. Bruno S. Frey, "Glücksökonom" und Forschungsleiter des „Center for Research and Economics, Management and Arts" verrät Quelle: „Scobel", 3sat, Interview mit Bruno S. Frey. Der Zürcher Ökonom Bruno S. Frey gehört zu den international führenden Köpfen der Glücksforschung. Mit seinem Werk zählt Frey zu den forschungsstärksten Volkswirten im deutschsprachigen Raum und zur Gruppe der „Most Highly Cited Researchers".

Tiefe, lang anhaltende Zufriedenheit (Lebenszufriedenheit) ist abhängig von
- von den Genen (der persönliche Grundlevel an Glück ist ererbt),
- von sozio-ökonomischen Umständen (in reicheren Ländern sind die Leute zufriedener mit ihrem Leben als in ärmeren Ländern),
- vom Alter (junge Leute sind glücklich, ältere auch, zwischen 30 und 45 geht die Kurve nach unten),
- guten institutionellen Faktoren (Wirtschaftssystem, politisches System, Einbindung der Bürger in Entscheidungen, Gesundheitssystem, Bildung), funktionierender und gerechter Rechtsprechung,
- der Eheschließung (plus ca. ein Jahr danach). Insgesamt sind aber verheiratete Menschen glücklicher als Menschen ohne dauerhafte Partnerschaft (Partnerschaften ohne Trauschein wurden in der Studie nicht explizit erwähnt, dürften aber als Kontrapunkt zu „ohne dauerhafte Partnerschaft" in diesem Kontext unter Ehe subsumiert werden.)

- der Arbeit, die selbstbestimmt und erfüllend sein soll, was auch zu größerer Produktivität führt,
- Arbeitslosigkeit, eine der größten Ursachen für Unglück.

Tiefe, lang anhaltende Zufriedenheit (Lebenszufriedenheit) ist unabhängig von
- Geschlecht, es gibt keine Unterschiede zwischen Frauen und Männern,
- Kindern – viel Glück, aber auch viel Sorgen, in der Summe heben sie sich auf, „problematische" Kinder können auch einen großen Anteil am Unglück haben,
- Kultur, die meisten Faktoren sind kultur- und länderübergreifend gültig.

Einkommen hat unterschiedliche Wirkungen:
- Das Pro-Kopf-Einkommen ist stark gestiegen in den letzten Jahrzehnten, das Glück bliebt aber relativ konstant. Man gewöhnt sich schnell an höhere Einkommen. Man vergleicht sich mit anderen Leuten, die ein höheres Einkommen haben.
- Die Glücks-„Schere" ist zwischen Arbeitslosen und „Arbeitenden" größer als zwischen „arm" und „reich", das Gefühl der Nutzlosigkeit ist schlimmer als geringere finanzielle Möglichkeiten.
- Freundschaften und gute Kollegen sind mit am wichtigsten für den Glückslevel.
- Idealistische Menschen sind glücklicher als Menschen mit sehr materialistischer Ausrichtung.

Nach diesem umfassenden Überblick wenden wir uns der konkreteren Frage nach der Arbeitszufriedenheit zu.

4.1.3 Welche Faktoren sind entscheidend bei der Zufriedenheit mit einer Position?

Wichtig scheinen vor allem die Verantwortungsbereiche und Entscheidungsmöglichkeiten, die Aufgaben (weder Über- noch Unterforderung), die Achtung der Führungskräfte, der Umgangston bzw. das Betriebsklima allgemein, die Arbeitsplatzsicherheit, das Gehalt, Entwicklungsmöglichkeiten, der persönliche und unternehmerische Erfolg und das öffentlichen Ansehen des Unternehmens. Auch das Erleben der Sinnhaftigkeit der eigenen Arbeit trägt zur Arbeitszufriedenheit bei. Der Aspekt Gehalt rangiert dagegen hinter den Aspekten der Anerkennung, Verantwortung etc., und wird vor allem dann ein Thema, wenn sich ein Mitarbeiter finanziell ungerecht behandelt fühlt. Lutz von Rosenstiel[2] schreibt zum Thema:

> Ein Betrieb ist einerseits eine Leistungsorganisation, zum anderen — ob er sich nun als solche verstehen will oder nicht — eine soziale Organisation. Er sollte entsprechend zwei Ziele anstreben:
> - Leistung im Sinne der Aufgabenstellung
> - Zufriedenheit der Betriebsangehörigen.
>
> [...] so lassen sich die wichtigsten Aspekte einer guten und motivierenden Arbeitssituation so zusammenfassen:
> - Autonomie (Selbst- und Mitbestimmung, Entscheidungsfreiheit)
> - Komplexität und Lernchancen (Qualifizierungsangebote)

---
[2] von Rosenstiel (2003, S. 211–214).

- Variabilität und Aktivität (Reichhaltigkeit der Tätigkeit)
- Kooperationserfordernisse und soziale Unterstützung
- Kommunikationsmöglichkeiten (informelle Beziehungen)
- Ganzheitlichkeit und Sinnhaftigkeit (Transparenz)

Die Faktoren, die vom Unternehmen direkt und kurzfristig zu beeinflussen sind, sollten dann sowohl bei der Gestaltung von Positionen (Jobdesign, Job Assignment) als auch bei der konkreten Besetzung berücksichtigt werden.

Ob und wie die Arbeitszufriedenheit mit der Arbeitsleistung korreliert, ist in der Wissenschaft noch umstritten, für unseren Zweck aber auch eher unwichtig, denn es geht in diesem Zusammenhang um die subjektive Attraktivität einer Position und einer Firma für einen potenziellen neuen Mitarbeiter. Nochmals betonen will ich die Wichtigkeit der Führungskraft für die Zufriedenheit der jeweiligen Mitarbeiter. Denn:

▶ People don't leave companies, people leave managers.

Wichtig für die Entscheidungsfindung pro neues Unternehmen ist auch die Vollständigkeit von Informationen – aus Sicht des Entscheiders. Und das sind im Falle eines Vertrages eben beide Seiten, auch der Kandidat. Geben Sie einem Kandidaten, an dem Sie interessiert sind, alle Informationen, die er für seine Entscheidung benötigt – und das kann individuell unterschiedlich sein. Fragen Sie nach oder achten Sie darauf, dass es auch der Personalberater tut. Untersuchungen am Gehirn belegen, dass in nicht eindeutigen Situationen, in denen man mehr Informationen bräuchte, um eine Entscheidung zu fällen, ein Teil des Gehirns das Handeln hemmt (die Amygdala, die mit Angst, Erinnerungen, Emotionen und Lernen verknüpft ist). Muss das Gehirn in mehrdeutigen Situationen Optionen bewerten, sendet es Warnsignale an den orbito-frontalen Cortex. Der Gehirnbesitzer (der auch hoffentlich Gehirnbenutzer ist) wird dann eher das (vermeintlich) geringere Risiko wählen, nämlich den Status quo. Ein interessanter Kandidat wird dann eher bei seinem jetzigen Arbeitgeber bleiben („Da weiß ich, was ich habe") als in eine neue Position (unbekanntes Risiko) zu wechseln. Auch wenn dieses Entscheidungsverhalten von außen oft irrational wirkt, müssen wir es doch als Fakt berücksichtigen. (Interessant sind auch die Erkenntnisse der Neuro-Ökonomie sowie die Experimente zur moralischen Entscheidungsfindung.)

Welche Informationen für solche beruflich veranlassten Wechsel entscheidend sein können, ist vielen Führungskräften nicht bewusst. Selbst leitende Angestellte in gut dotierten Positionen entscheiden sich für das Angebot, in dem die Kinderbetreuung in der neuen Situation besser geregelt ist. Oder eben dagegen, wenn diese „Nebensächlichkeit" (in den Augen der Führungskraft) nicht ausreichend sichergestellt ist – oder einfach nicht entsprechend gewürdigt wurde. Hier ist auch mit anderen Einflussgrößen zu rechnen wie Ehefrau (Beruf), Immobilienbesitz, soziales Umfeld bis hin zu Hobbyausübung oder Vereinsaktivitäten, Planung für die Kinder (Aufwachsen auf dem Lande über Kleinstadt bis Großstadt, Schulangebot, Freizeitangebote etc.). Mancher berufliche Aufstieg wurde schon zugunsten außerberuflicher Aspekte (oder auf Druck des Partners) ausgeschlagen. Also sprechen

Tab. 4.1 Hauptaspekte für den Erfolg einer Position

Ressourcen	Hard-Skills, unternehmens- oder ausbildungsbezogen
Fachkenntnisse	
Kognitive Kapazität	Soft Skills, personenbezogen
Persönlichkeit	
Interessen	

Sie auch diese Aspekte an, ohne den Kandidaten in seiner Privatsphäre zu verletzen – dieser Punkt ist zugegebenermaßen für Personalberater einfacher zu handhaben als für Unternehmen, da der Berater als Mittler einen anderen Zugang zu Kandidaten hat.

4.2 Kriterien für den Erfolg auf neuen Positionen

> Ich messe den Erfolg nicht an meinen Siegen, sondern daran, ob ich jedes Jahr besser werde.
> Tiger Woods

Bereits im letzten Jahrhundert haben Untersuchungen der Arbeitspsychologen Schmidt und Hunter ergeben, dass folgende Hauptaspekte für den Erfolg in einer Position entscheidend sind (vgl. Tab. 4.1).

4.3 Häufigkeit der verschiedenen Gründe des Scheiterns

Um einen Eindruck davon zu erhalten, ob diese Aspekte in der Praxis relevant sind und wie häufig Unternehmen die unterschiedlichen Gründe für eine Fehlbesetzung nennen, betrachten wir folgende Umfrage (Tab. 4.2), durchgeführt von Profiles International („Strategische Personalauswahl im Vertrieb", 2011):

Es zeigt sich also, dass insbesondere die nicht passgenaue Persönlichkeit von eingestellten Mitarbeitern als Grund für eine Fehlbesetzung gesehen wird. Auch diese Umfrage ergibt, dass die „Soft Skills" insbesondere im Vertrieb eine besonders wichtige Rolle spielen.

4.3.1 Fachkenntnisse

> Too often we hire for skills and then fire for personality. I can teach skills; I want attitude. (Zu oft stellen wir aufgrund von Fertigkeiten ein und kündigen dann wegen der Persönlichkeit. Fertigkeiten kann ich schulen. Ich will die (richtige) Einstellung.)
> Jack Welsh, Präsident General Electric Company 1981–2001, gilt als erfolgreichster Manager Amerikas.

Die Fachkenntnisse eines Kandidaten können von einem Unternehmen relativ einfach ermittelt werden – zum Beispiel können im Interview einige Fachfragen gestellt werden, notfalls in einem separaten Interviewteil mit einem Fachmann, der ausschließlich für die Klärung der fachlichen Eignung zuständig ist.

Tab. 4.2 Gründe für eine Fehlbesetzung. (Quelle: Profiles International)

Gründe für die fehlende Passung von Mitarbeitern	1 Sehr selten	2	3	4	5 Sehr häufig	Mittelwert	Häufig
Fehlen von mentalen Fähigkeiten	1 %	7 %	25 %	40 %	25 %	3,74	
Fehlen von Persönlichkeitsmerkmalen	1 %	14 %	34 %	35 %	15 %	3,44	
Fehlen von Motivation	3 %	17 %	29 %	26 %	23 %	3,41	
Fehlen von Fachwissen und Kompetenzen	5 %	29 %	27 %	24 %	16 %	3,17	
Fehlen von Ressourcen wie Zeit, Geld und techn. Ausstattung	7 %	46 %	29 %	13 %	4 %	2,55	
							Selten

Fachwissen ist in diesem Ranking die Position neben den Ressourcen, die am einfachsten zu optimieren ist. Ein geeigneter Kandidat, bei dem die anderen Faktoren stimmen, kann sich am ehesten Fachwissen aneignen – eine höhere Intelligenz eher nicht. Seine Persönlichkeit kann er in Teilbereichen ein wenig verändern bzw. sich temporär verbiegen – dauerhafte wesentliche Veränderungen sind sehr selten.

> **Fazit**
> Bei fehlendem Fachwissen eines Kandidaten prüfen, ob es sinnvoll erwerbbar ist (Schulungen/Training/Einarbeitung/Training-on-the-Job bewerten bezüglich Zeit, Aufwand, Kosten, Ergebnis).

4.3.2 Ressourcen

Ein weiteres, eigentlich selbsterklärendes Kriterium für den Erfolg auf einer Position sind die vom Unternehmen zur Verfügung gestellten Ressourcen zum Lösen der Aufgaben. Hierbei handelt es sich um Mitarbeiter, Materialien, Budgets, Zeit, Technik etc.

Diese Dinge werden in der Regel von den Unternehmen in ausreichendem Maße zur Verfügung gestellt – allerdings nicht immer. Zum Beispiel werden immer wieder Geschäftsführer auf Positionen gesetzt, um nach sechs bis zwölf Monaten – einem Zeitraum, an dem viele Veränderungen noch gar keine Effekte zeigen können – wegen mangelnder Erfolge wieder abberufen zu werden. Hier zeigen nach meiner Beobachtung viele Unternehmen aus den USA und Skandinavien besonderen Einsatz im Verschleiß von Geschäftsführern von Auslandstochterunternehmen.

4.3.3 Kognitive Fähigkeiten (*Kann* jemand die Aufgaben intelligenzmäßig erfüllen?)

Der Nachteil der Intelligenz besteht darin, dass man pausenlos dazulernen muss.
George Bernard Shaw

Die Intelligenzleistungen sind in den letzten Jahrzehnten leider eher unbeachtet geblieben. Ich vermute, dass dies aus einer Kombination von Gleichmacherei und Vermeidung von Eliten herrührt. Tatsache aber ist, dass eine berufliche Aufgabe nur gelöst werden kann, wenn der Stelleninhaber die notwendigen intellektuellen Fähigkeiten hat – alle anderen Erfolge sind Zufallstreffer oder entstanden „trotz" und nicht „wegen" des Mitarbeiters.

Intelligenz ist ein anderes Wort für allgemeine „Aufgabenlösefähigkeit". Die Intelligenz wird dann in unterschiedlichen Untergruppen gemessen – von sprachlichem Verständnis über mathematisches Verständnis bis teilweise zu Merkfähigkeit oder räumlichem Vorstellungsvermögen.

Es gibt ausgiebige Diskussionen über die einzelnen Bestandteile von Intelligenz oder unterschiedliche Intelligenzbegriffe, die uns aber bei der Diagnostik und Auswahl von Mitarbeitern nicht weiterhelfen. Daher nehmen wir als Arbeitsgrundlage entweder den bekannten IQ oder die beruflich am meisten genutzten Bereiche Sprachliche Fähigkeiten (Ausdrucksweise und Denken) sowie mathematische Fähigkeiten (Verständnis und Rechenfähigkeit).

Der Intelligenzquotient wurde ursprünglich gemessen bei Kindern als Intelligenzalter durch Lebensalter. Dadurch entstand ein Quotient; wenn also z. B. ein 10-Jähriger Aufgaben löst, die normalerweise erst 12-Jährige lösen können, ergibt das 12/10 gleich 1,2. (Da ganze Zahlen leichter zu handhaben sind, wird dieser Faktor noch mit 100 multipliziert, so dass wir dann einen IQ von 120 erhalten.)

Heute wird, da dieses Thema auch bei Erwachsenen interessiert, anhand der Verteilung von Intelligenz über die Gaußsche Normalverteilung (die relativ gut zutrifft) definiert. Sie legt den Mittelwert auf den IQ von 100, ca. zwei Drittel der Bevölkerung liegen zwischen 85 und 115, nur jeweils ca. 2 % kleiner gleich 70 bzw. bei 130 und höher (vgl. Abb. 4.1)

Intelligenz ist als Einzelfaktor nach wie vor der beste Prädiktor (Vorhersageparameter) für beruflichen Erfolg – und nicht Schulnoten. Diese werden natürlich mit zunehmender Berufserfahrung immer unwichtiger.

Positiv ist, dass sich der Bereich Intelligenz mit qualifizierten Intelligenztests relativ genau und objektiv messen lässt. Dass hier, wie in vielen Bereichen, auch nicht in jedem „Test" das drin ist, was drauf steht, ist leider eine Tatsache. Ein wirklich umfassender, mehrere Bereiche der Intelligenz abgreifender Test ist sehr aufwändig in der Konzeption sowie langwierig in der Durchführung.

Für einen wissenschaftlich fundierten und aussagekräftigen Test über den „allgemeinen" Intelligenzquotienten (z. B. Fähigkeiten in bestimmten Bereichen der Mathematik, des räumlichen Vorstellungsvermögens und der Sprache, Merkfähigkeit, Konzentrationstest etc.) muss ein Testteilnehmer mindestens 90 min Zeit opfern. Dieser Aufwand ist für die meisten Stellenbesetzungen nicht mehr akzeptabel, da gerade Hochqualifizierte oft für

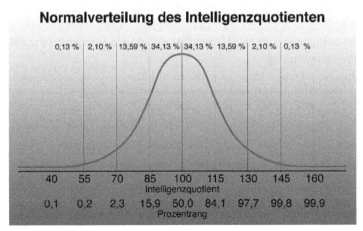

Abb. 4.1 Die Standard- oder Normalverteilung von Intelligenz

ein Bewerbungsverfahren nicht unbegrenzte Zeit aufbringen können oder wollen. Daher ist ein in der Bandbreite etwas eingeschränkter Test, der sich auf die in den meisten beruflichen Umfeldern notwendigen Aufgabenlösefähigkeiten beschränkt, eher angemessen und praktikabel.

Over-Achievement
Im Bereich der kognitiven Fähigkeiten kann man auf die Idee kommen, dass sich hier „besser" im Sinne einer höheren Fähigkeit auch „besser" in Bezug auf eine Besetzung einer Vakanz darstellt. Dies ist aber zu kurz gesprungen, auch hier ist eine „passende" Leistungsfähigkeit vorzuziehen. Ein Mitarbeiter, der intelligenter ist, als es die Aufgabe erfordert, wird mittelfristig frustriert, da er intelligenzmäßig unterfordert ist. Auf der anderen Seite wird er vielleicht seine Kollegen, Mitarbeiter und Kunden durch seine Gedankengänge, ihre Schnelligkeit und die verbale Ausdrucksweise überfordern, was zu beidseitiger Unzufriedenheit führt.

In den wenigsten Fällen sind tatsächlich intellektuell Hochbegabte[3] für die Erfüllung von Wirtschaftsaufgaben erforderlich. Eine den Anforderungen entsprechende Ausstattung im Kopf ist angemessen und langfristig befriedigender. (Unterforderung ist mindestens ebenso frustrierend wie Überforderung, und führt oft zu Kündigungen.)

Grenzen der Testverfahren
Ein Test der kognitiven Leistungsfähigkeit kann nicht die Kreativität oder schöpferische Begabung messen – bei diesem Bereich kommen alle Tests (kognitive wie Persönlichkeitstests) an ihre Grenzen. In solchen Fällen empfehlen sich dann Arbeitsproben (oder

---

[3] Hochbegabung wird üblicherweise definiert als die obersten 2% der Intelligenzverteilung. (Das entspricht auch dem Kriterium zur Aufnahme bei MENSA, der „Selbsthilfegruppe für Intelligenzgeschädigte" …)

auch bisherige Arbeiten) oder Testaufgaben aus dem konkreten Aufgabengebiet (Werbetexter texten z. B. eine Anzeige) als Präsenzaufgabe im Rahmen eines Interviews oder eines Probearbeitstages – oder als „Hausaufgabe". Für den Vertrieb ist der Faktor Kreativität aber selten sehr wichtig.

Untersuchungen ergaben, dass auch in hohen Führungspositionen manchmal ein erschreckender Mangel an Intelligenz zu finden ist. Ob dies ursächlich an Halo-Effekten (wenn z. B. eine hohe verbale Ausdruckskraft die nur durchschnittliche Intelligenz überstrahlt) oder am Peter-Prinzip (Aufstieg bis zur Position des persönlichen Versagens) liegt, ist schwer zu sagen – vermutlich ist es eine Kombination aus mehreren Faktoren. Siehe hierzu auch Kapitel „Zu dumm, um es selbst zu merken – der Dunning-Kruger-Effekt".

4.3.4 Interessen (*Will* jemand die Aufgaben dann auch machen?)

Ein wichtiger Aspekt bei der erfolgreichen Stellenbesetzung ist die Passung der Interessen von Kandidaten mit den tatsächlichen Arbeitsinhalten. Ein einfaches Beispiel: Ich könnte aufgrund meiner mathematischen Fähigkeiten gut in der Buchhaltung arbeiten – diese Arbeit dort wäre aber für mich persönlich ein Horror, weil sie nicht mit meinen Interessen zusammenpasst. Einige Aspekte können hier sein:

- **Unternehmergeist:** Will jemand führen, Verantwortung übernehmen, überzeugen, und, ja, auch verkaufen? Für einen Vertriebsmitarbeiter ist Interesse in diesem Bereich wichtig.
- **Kreativität:** Auch wenn sich dieser Bereich mit Standardinstrumenten nicht detailliert testen lässt, kann doch die individuelle Wichtigkeit erfasst werden, in wie weit bei Aufgaben kreative Lösungen möglich/machbar/erwünscht sind. Bei einem Buchhalter nur in Ausnahmefällen (frisierte Bilanzen) erwünscht, kann sie bei der Planung von neuen Aktionen für eine Zielgruppe im Vertrieb durchaus sinnvoll sein.
- **Mechanik:** In wie weit will jemand sich mit mechanischen Themen, durchaus auch im Sinne von „Auseinander- und Zusammenbauen von Geräten/Maschinen", beschäftigen – für einen Vertriebsmitarbeiter von Anbaugeräten für Traktoren kann das eine wichtige Größe sein, für einen Dienstleister für Software-Engineering eher nicht.

4.3.5 Persönlichkeit (*Wie* wird jemand die Aufgaben durchführen?)

> We hire people because of their knowledge and experience, but we fire them because of their personality.
> Zitat eines erfahrenen Personalleiters eines großen englischen Konzerns

„Wie" ein Mitarbeiter sich verhält und Aufgaben erledigt, ist gerade auch im Vertrieb ganz entscheidend. Wie gut arbeitet er unter Druck? Mancher Mensch bringt erst unter Druck und Stress seine besten Resultate, andere leisten mehr in entspannter Umgebung. Wie geht ein Vertriebsmitarbeiter mit Frustration um (Stichwort Kaltakquise), wie kompromissfähig ist er? Wie führt man ihn idealerweise – lange Leine oder wünscht er sich eine enge Anbindung? Entscheidet er eher aufgrund Daten und Fakten oder aus dem Bauch? Wie positiv oder negativ ist seine Grundeinstellung? Ist ein extrovertierter Mensch im Innendienst gut aufgehoben oder gehört er „an die Front"? All diese Faktoren wirken sich auch auf das Verhalten im Job aus, auf das WIE einer Jobdurchführung. Nachdem gerade das „WIE" im Kundenumgang häufig über Erfolg oder Misserfolg im Vertrieb entscheidet, sind diese Informationen schon bei der Einstellung sehr hilfreich. Diese Aspekte sind aber ebenso interessant für die Führungskraft (Führung des Mitarbeiters, Kommunikation, Entscheidungsprozesse des Mitarbeiters) sowie auch interessant für eine Teamzusammenstellung.

Teamfähigkeit
Teamfähigkeit ist heute eine in jeder Stellenausschreibung angeführte Anforderung (ob sie passt oder nicht). Prinzipiell bin ich der Überzeugung, dass nicht jeder Mitarbeiter in jeder Position im Team arbeiten muss, sondern dass bestimmte Menschen alleine effektiver und erfolgreicher arbeiten können – und bestimmte Positionen auch nicht nur Teamplayer benötigen. Denken wir z. B. an Entwickler und Forscher – oder im Vertrieb, hier wird ein gewisser Grad an Teamfähigkeit erwartet (z. B. Zusammenarbeit von Innen- und Außendienst, was wiederum viel Potenzial freisetzen kann, aber in der Realität von vielen Unternehmen arg vernachlässigt wird). Auf der anderen Seite kann (je nach konkreten Aufgaben) auch eine hohe Selbstständigkeit notwendig sein (tagelanger Außendienst).

Quintessenz für die Personalauswahl: Teamfähigkeit da, wo es sinnvoll ist, aber nicht unbedingt um jeden Preis.

Noch ein Nebenaspekt: Hochleistungsteams
Hochleistungsteams wie Rettungs- oder Ärzteteams im Krankenhaus, Sondereinsatzkommandos bei Behörden oder Militär, führen regelmäßige Übungen aus – teils, weil reale Einsätze selten sind, aber auch, um in einem simulierten Umfeld lernen zu können.

Das Besondere an Hochleistungsteams ist, dass sie regelmäßige Überprüfungen von durchgeführten Übungen oder Aufgaben durchführen. Hier steht das Lernen an erster Stelle – die Fehler werden (selbst-)kritisch betrachtet und diskutiert, es werden Wege gefunden, diese Fehler das nächste Mal zu vermeiden. (Es gibt außerdem genug unterschiedliche Fehler, immer die gleichen zu machen wird ja auch langweilig.)

Die im „Normalleben" übliche Laufbahn beginnt mit Lernen und wechselt dann in die Anwendung des Gelernten. Hochleistungsteams setzen eine weitere Schleife, sie lernen auch anhand der Anwendungen in regelmäßigen Feedbackschleifen. Diese Technik wird leider in der Wirtschaft bisher wenig angewendet, hier liegt noch eine Chance zur Steigerung von Teamleistungen, auch wenn hier nicht in Sekundenbruchteilen lebenswichtige Entscheidungen gefällt werden müssen.

4.4 Recruiting ist ein größerer Hebel als Personalentwicklung

In der bereits in Kapitel 3.5 erwähnten Meta-Längsschnitt-Studie des Münchner Max-Plank-Instituts wird aufgezeigt, dass viele, auch erfolgsrelevante Merkmale der Persönlichkeit bereits im Kindesalter erkennbar sind und auch bis ins Erwachsenenalter stabil bleiben. Daher hier nochmals der Hinweis, dass ein Unternehmen durch sorgfältiges Recruiting viel Geld einsparen kann, das später dann nicht in Maßnahmen investiert werden muss, deren Erfolge oft kurzlebig und überschaubar sind.

Wenn viele Merkmale der Persönlichkeit schon früh definiert und weitgehend stabil sind, sollten die Stärken gestärkt werden. Sofern Schwächen bei der betreffenden Person nicht im beruflichen oder privaten Umfeld behindern, kann man sie vernachlässigen.

Die Schlussfolgerung zu dieser Studie ist, dass die Auswahlentscheidungen im RecruitingProzess einen deutlich stärkeren Hebel darstellen als spätere Programme zur Personalentwicklung. Somit ist klar, dass Investitionen in den Bereich „Personalauswahl" deutlich besser angelegt sind als Maßnahmen zur Personalentwicklung. Hier wird viel Aufwand betrieben, um häufig Aspekte wie Fähigkeiten und Fertigkeiten positiv zu beeinflussen, was aber dauerhaft nur in geringem Umfang gelingt.

Die „Deutsche Gesellschaft für Psychologie" geht davon aus, dass etwa ein Viertel der Positionen in Deutschland fehlbesetzt sind. Mitarbeiter werden häufig nicht ihren Begabungen und Fähigkeiten gemäß eingesetzt. Hier wird betriebswirtschaftlich viel Geld verschenkt, von der geringeren persönlichen Befriedigung der Mitarbeiter ganz abgesehen. Im Bereich Vertrieb, in dem Besetzungen selten anhand valider Kriterien erfolgen, ist der Anteil deutlich höher, meist werden über 50 % genannt, teilweise sogar 70 %.

In Grenzen variabel sind andere Aspekte, wie z. B. Motivation allgemein (wobei ich die These vertrete, dass die meisten Menschen von Haus aus für Aufgaben motiviert sind, viele aber im Laufe der Zeit durch Umstände, Führung etc. demotiviert werden) bzw. Interessen für spezielle Aufgabengebiete.

Bestimmte Kenntnisse und Fertigkeiten sind erlernbar – zum Beispiel das Fachwissen, das für den Vertriebsmitarbeiter notwendig ist, oder auch Managementtechniken. Daher sollte bei B-Kandidaten eher derjenige bevorzugt werden, der „nur" die Fachkenntnisse erlernen muss, gegenüber dem, der das Fachwissen hat, aber wenig vertriebsgeeignete Persönlichkeitsaspekte aufweist.

4.4.1 Persönlichkeit und Persönlichkeitsstile

Definition, Auswirkungen, Diagnostik (Beispiel)

Früher ging man davon aus, dass die angeborene genetische Ausstattung im Laufe eines Lebens im Grunde unverändert bleibt. Was angeboren ist, bleibt ein Leben lang so. Mittlerweile ist allerdings die moderne Forschung weiter und kennt Modifikationen auch innerhalb der Lebensspanne von Menschen – und zwar außer den durch alterungsprozessuale Verluste von Telomer-Enden, die nach mancher Theorie das Phänomen des Alterns bewirkt.

Mittlerweile geht man davon aus, dass eine ganze Menge von Eigenschaften, auch psychische, angeboren oder zumindest genetisch angelegt ist. Ob sie dann tatsächlich zu Ausprägung kommen, kann von diversen Faktoren abhängen wie Umwelt, Erfahrungen, Alter etc. Bestimmte Gen-Sequenzen können im Organismus quasi an- oder abgeschaltet werden und sind dann entweder aktiviert oder eben deaktiviert. Manche dieser genetischen Schalterstellungen (Gen an/aus) werden auch vererbt – es gibt Studien, dass Kinder, sogar Enkel von Menschen, die im oder nach dem Zweiten Weltkrieg längere Hungerphasen durchlebten, noch vererbte genetische Merkmale durch dieses Erlebnis aufweisen.

Warum ist die Frage so interessant, in wie weit der Mensch genetisch determiniert ist oder (aufgrund von Umwelteinflüssen oder eigenen Entscheidungen) veränderbar ist? Je größer der stabile, unveränderliche Anteil der Persönlichkeit ist, desto weniger wirken Maßnahmen wie Schulungen, Trainings, Coachings etc. Und vice versa, desto mehr Sorgfalt ist auf die Auswahl von künftigen Mitarbeitern zu verwenden – so kann man viele Ausgaben sowie Frustrationen und (teilweise) nutzlosen Aufwand vermeiden. Anders gesagt: Personalauswahl ist der größere Hebel als nachträgliche Maßnahmen.

▶ Flexibilität oder Stabilität der Menschen entscheidet über den besseren Wirkungsgrad

Und was sagen Studien zu diesem Thema?
Eigenheiten einer Persönlichkeit sind erheblich früher angelegt und nur in geringerem Umfang später beeinflussbar, als früher angenommen wurde. Es stellt sich also die grundsätzliche Frage, ob ein Unternehmen in die Qualität der Personalauswahl investieren sollte oder lieber später in ein höheres Budget für die Entwicklung von Personen.

Um es vorwegzunehmen: Untersuchungen wie z. B. die LOGIK-Studie[4] belegen, dass grundlegende Merkmale bereits in der Kindheit diagnostiziert werden können und über lange Zeiträume stabil bleiben. Daher ist es sehr sinnvoll, in einer Phase, in der ausgewählt werden kann, welcher Kandidat mit welchen Fähigkeiten, Fertigkeiten, Kenntnissen und Persönlichkeit in das Unternehmen geholt werden soll, genau zu analysieren. Die richtige Entscheidung in dieser Phase verringert später ansonsten notwendige Maßnahmen mit teils zweifelhaften Erfolgen wie Persönlichkeitstrainings oder ähnliche Entwicklungs-

---

[4] „Longitudinalstudie zur Genese individueller Kompetenzen" (Logik-Studie) des Münchner Max-Plank-Institut. Nach einem Forschungszeitraum von über 20 Jahren kam die Studie zu dem Ergebnis, dass die Fähigkeiten und Fertigkeiten eines Menschen sowie seine Persönlichkeitsmerkmale bereits im Kindesalter hinreichend definiert sind – und sie auch im frühen Erwachsenenalter tendenziell stabil bleiben.

Diese Längsschnittstudie ist in ihrer Art einzigartig. Die Psychologen des Instituts und der beteiligten Universitäten beobachteten insgesamt 210 Kinder, die zu Beginn des Erhebungszeitraums in den Kindergarten kamen. Ihre erstaunlichen Erkenntnisse: Wer schon mit drei oder vier Jahren über besondere intellektuelle Fähigkeiten verfügt, hat diese auch noch im Alter von 24 Jahren, und wer frühkindlich intellektuell weniger gut ausgestattet ist, wird dies auch als Erwachsener bleiben. Ein aggressives Kind wird auch als Erwachsener aggressiv sein, ein schüchternes Kind wird schüchtern bleiben.

maßnahmen. Bei vielen Faktoren der Persönlichkeit, die insbesondere über den Erfolg im Vertrieb entscheiden, stoßen Personalentwicklungsmaßnahmen an ihre Grenzen, da diese Faktoren fast nicht (dauerhaft) beeinflussbar sind. Menschen, die sich entgegen ihrer inneren Haltung verbiegen, um nach einer Trainingsmaßnahme die Vorgaben zu erfüllen, erleben wir oft als „nicht authentisch", als aufgesetzt und unnatürlich. Diese Einschätzung verhindert aber meist eine Grundsympathie, ohne die die wenigsten Kaufentscheidungen positiv ausfallen.

Sollte sich ein Unternehmen trotzdem grundsätzlich oder situativ (aufgrund Bewerbermangel) für die Lösung über Personalentwicklung entscheiden, ist trotzdem eine Eignungsdiagnostik sinnvoll. Die Realität in deutschen Unternehmen bestätigt die Aussage der deutschen Gesellschaft für Psychologie, dass etwa 25 % der Positionen fehlbesetzt sind. Im Vertrieb dürfte diese Zahl nach Einschätzung von Experten sogar noch höher liegen. Auch hier werden Mitarbeiter nicht ihren Begabungen, Fähigkeiten und ihrer Persönlichkeit entsprechend eingesetzt.

Dies wird vielleicht plausibler, wenn wir einen Blick auf eine repräsentative Untersuchung des Bamberger Instituts für Psychologie-Transfer werfen: von 200 Verantwortlichen für Personalauswahl hatte nur eine Minderheit umfassendere Kenntnisse in Eignungsdiagnostik. 77,5 % der Befragten waren kaum oder nie mit eignungsdiagnostischem Basiswissen konfrontiert. Diese Zahl wird sich nach meiner Einschätzung auch seit 1997 (Zeitpunkt dieser Studie) nicht allzu deutlich reduziert haben.

4.4.2 Werte wie Ehrlichkeit und Loyalität

> Der beste Rat, den ich bekommen habe: Eine kleine Lüge wird immer größer.
> Michael Diekmann, Vorstandsvorsitzender Allianz

Ehrlichkeit ist eine Tugend, die leider im professionellen Umfeld immer seltener anzutreffen ist. Ohne das Klagelied vom Aussterben des redlichen Kaufmanns anzustimmen, ist doch erkennbar, dass Formen von Unehrlichkeit bis zum Betrug immer weiter um sich greifen:

Kandidaten beschönigen ihre Unterlagen nicht nur, sondern manipulieren sie massiv, bis hin zur Zeugnisfälschung. Das extremste Beispiel, das ich selbst erlebte: mir wurde von einem potenziellen Kandidaten ein Arbeitszeugnis vorgelegt, unterzeichnet vom damaligen Vorstandsvorsitzenden von VW. Dieses Zeugnis entlarvten wir später als Komplettfälschung –dass der Konzern rechtliche Schritte einleitete, ist nachvollziehbar.

Aber auch in den Unternehmen finden unrechtmäßige Handlungen statt, teils durch Individuen, teils durch Gruppen durchgeführt, oft von Strukturen und Systemen unterstützt. In den letzten Jahren findet man immer öfter Nachrichten wie diese:

- Bei Siemens wird ein groß angelegtes Bestechungssystem aufgedeckt, millionenschwere Strafen sind die Folge.
- VW und Hamburg-Mannheimer finanzieren Lustreisen.
- Diebstahl durch Mitarbeiter

- Manipulierte Spesenabrechnungen – bis in die Chefetagen (Warum riskiert ein Vorstand bei seinem Gehalt seinen Job und Strafverfolgung wegen ein paar Euro?)
- Bilanz- und Börsenmanipulationen
- Unterschlagung
- Bestechung und Bestechlichkeit (auch im Vertrieb immer wieder ein Thema, nicht nur bei Großprojekten von Siemens)
- Verrat von Betriebsgeheimnissen und Industriespionage

Die Schädigung von Unternehmen und Unternehmenseigentümern (Aktionären) durch die Selbstbedienungsmentalität per Vorstandsvergütungen mancher Vorstände der DAX-Unternehmen lassen wir hier mal als Grenzfall außer Acht Wie sich diese Vergütungen ausgehend von USA in einem System der gegenseitigen Unterstützung von Aufsichtsräten, Vorständen und Vergütungsberatern in den letzten 15 Jahren entwickelten, ist mehr als bedenklich und hat nach meiner Ansicht nicht mehr viel mit leistungsbezogener Vergütung zu tun.[5]

Untersuchungen zeigen, dass keineswegs die „neuen" Mitarbeiter hier besonders misstrauisch zu beobachten sind, sondern sich oftmals Mitarbeiter, die seit 10 Jahren im Unternehmen sind, sicher und unbeobachtet fühlen und ihre Position für ihren persönlichen Vorteil nutzen.

Leider existiert meines Wissens keine Diagnostik, um diese Eigenart der Persönlichkeit halbwegs sicher zu erkennen. Somit ist man hier auf ein gutes Betriebsklima sowie ein wachsames System interner Kontrollen (ohne Übertreibungen, was sich wieder negativ auf das Betriebsklima auswirken würde) angewiesen.

Die finanziellen Auswirkungen durch unredliche Mitarbeiter wachsen natürlich auch wieder mit dem Hebel, den sie bewegen können, also normalerweise auch mit der Hierarchie. Einige Aspekte, die vor allem in senioren Positionen gefährlich werden, sind in Kap. 4.4 „Führung und seniore Positionen" beschrieben.

4.4.3 Realitätserleben: Wir alle leben in der gleichen Wirklichkeit, aber nicht in der gleichen Realität

Die Wirklichkeit, also die Welt, in der wir leben, ist nicht objektiv wahrnehmbar. Jeder Mensch kann sie nur individuell wahrnehmen und interpretieren. Unsere begrenzten Sinne können bereits nur einen Teil der Umweltinformationen wahrnehmen (zum Beispiel können wir nur in sehr begrenzten Frequenzbereichen hören und sehen), die aber auch nur zu einem geringen Teil durch die Wahrnehmungsfilter des Unterbewusstseins zu unserem Bewusstsein durchdringen können. Dieser kleine Ausschnitt aus der tatsächlichen Informationsmenge kommt dann zwar im Bewusstsein an, wird aber noch ganz individuell interpretiert – und mittels dieser Interpretation entsteht die Welt, in der wir leben, dies ist dann unsere Realität. Und diese individuelle Realität ist von Mensch zu Mensch sehr

---

[5] Trotz des reißerischen Titels eine interessante Quelle: Dirk Schütz: Gierige Chefs – warum kein Manager zwanzig Millionen wert ist, Zürich 2005, auch als Hörbuch erhältlich

unterschiedlich. Erleben zwei Menschen den gleichen Vorgang, so kann die jeweilige Realität gänzlich unterschiedlich sein.

Illustrieren möchte ich das anhand der alten Frage „Warum überquerte das Huhn die Straße" – also einer einfachen, von jedermann beobachtbaren Situation, die doch durch die jeweilige subjektive Brille betrachtet völlig unterschiedliche Interpretationen der Welt (und des Huhnes) zulässt.

> **Warum überquerte das Huhn die Straße?**
> - *Kindergärtnerin:* Um auf die andere Straßenseite zu gelangen.
> - *Plato:* Für ein bedeutenderes Gut.
> - *Aristoteles*: Es ist die Natur von Hühnern, Straßen zu überqueren.
> - *Buddha:* Mit dieser Frage verleugnest Du Deine eigene Hühnernatur.
> - *Hippokrates:* Wegen eines Überschusses an Trägheit in seiner Bauchspeicheldrüse.
> - *Machiavelli:* Das Entscheidende ist, dass das Huhn die Straße überquert hat. Wer interessiert sich für den Grund? Die Überquerung der Straße recht-fertigt jegliche möglichen Motive.
> - *Galileo Galilei:* Das Huhn wollte die Unglaubwürdigkeit einer geraden Straße durch die Erdkrümmung beweisen, denn schon das Ei sagt uns: Und sie ist DOCH rund!
> - *Darwin:* Hühner wurden über eine große Zeitspanne von der Natur in der Art ausgewählt, so dass sie jetzt genetisch bereit sind, Straßen zu überqueren.
> - *Karl Marx*: Es war historisch unvermeidlich.
> - *Freud:* Die Tatsache, dass Sie sich überhaupt mit der Frage beschäftigen, dass das Huhn die Straße überquerte, offenbart Ihre unterschwellige sexuelle Unsicherheit.
> - *Einstein:* Ob das Huhn die Straße überquert hat oder die Straße sich unter dem Huhn bewegte, hängt von Ihrem Referenzrahmen ab.
> - *Martin Luther King Jr.:* Ich sehe eine Welt, in der alle Hühner frei sein werden, Straßen zu überqueren, ohne dass ihre Motive in Frage gestellt werden.
> - *Louis Farrakhan:* Sehen Sie, die Straße repräsentiert den schwarzen Mann. Das Huhn „überquerte" den schwarzen Mann, um auf ihm herum zu trampeln und ihn niedrig zu halten.
> - *Alice Schwarzer:* Die durch die männliche Perspektive stattfindende Ausblendung des weiblichen Geschlechts, sowohl im öffentlichen, politischen Bereich, als auch im privaten Raum, manifestiert sich auch in dieser einfachen Frage. Deswegen gilt es auch hier, ein neues Bewusstsein zu schaffen: Das Huhn kehrt dem patriarchalisch-chauvinistischen System in Gestalt des Hahnes den Rücken.
> - *BILD Zeitung:* GRAUSAM: 150 KM STAU!! Huhn überqurt Autobahn
> - *McKinsey:* Deregulierung auf der Straßenseite des Huhns bedrohte seine dominante Marktposition. Das Huhn sah sich signifikanten Herausforderungen gegenüber, die Kompetenzen zu entwickeln, die erforderlich sind, um in den neuen Wettbewerbsmärkten bestehen zu können.
> In einer partnerschaftlichen Zusammenarbeit mit dem Klienten hat McKinsey dem Huhn geholfen, eine physische Distributionsstrategie und Umsetzungsprozesse

zu überdenken. Unter Verwendung des Geflügel Integrationsmodells (GIM) hat McKinsey dem Huhn geholfen, seine Fähigkeiten, Methodologien, Wissen, Kapital und Erfahrung einzusetzen, um die Mitarbeiter, Prozesse und Technologien des Huhns für die Unterstützung seiner Gesamtstrategie innerhalb des Programm-Managementrahmens auszurichten.

McKinsey zog ein diverses Cross-Spektrum von Straßen-Analysten und besten Hühnern sowie McKinsey-Beratern mit breitgefächerten Erfahrungen in der Transportindustrie heran, die in 2-tägigen Besprechungen ihr persönliches Wissenskapital, sowohl stillschweigend als auch deutlich, auf ein gemeinsames Niveau brachten und die Synergien herstellten, um das unbedingte Ziel zu erreichen, nämlich die Erarbeitung und Umsetzung eines unternehmensweiten Werterahmens innerhalb des mittleren Geflügelprozesses.

Die Besprechungen fanden in einer parkähnlichen Umgebung statt, um eine wirkungsvolle Testatmosphäre zu erhalten, die auf Strategien basiert, auf die die Industrie fokussiert ist und die auf eine konsistente, klare und einzigartige Marktaussage hinausläuft.

McKinsey hat dem Huhn geholfen, sich zu verändern, um erfolgreicher zu werden.

Wenn also schon eine kurze und einfache Situation so viele unterschiedliche Interpretationen zulässt, kann man sich leicht vorstellen, wie unterschiedlich die Weltsicht und Interpretation von Situationen in einer immer komplexeren (Wirtschafts-)Welt sind. Eine enge Zusammenarbeit von Menschen mit völlig unterschiedlichen Weltinterpretationen kann durchaus interessant sein, aber auch leicht zu Missverständnissen und Reibungen führen.

Ein Witz zeigt die verschiedene Realitätsinterpretation am Beispiel Vertrieb: ein Schuhhersteller schickte in den 50er Jahren zwei Vertriebsmitarbeiter nach Afrika, um den Markt zu erkunden. Der eine telegrafierte: „Kein Markt hier, kein Mensch trägt Schuhe. Komme mit dem nächsten Flieger zurück." Sein Kollege meldete sich: „Riesenchance – ich verlängere meinen Aufenthalt. Bisher trägt kein Mensch hier in Afrika Schuhe – ein gigantischer Markt. Schickt mir sobald wie möglich einen Container mit Schuhen."

Ein tatsächlich wahres Beispiel für die gegenseitige Abhängigkeit und Beeinflussung von Gehirn, Wahrnehmung und Gefühl: Dr. Hilke Plassmann, Ökonomin am California Institut of Technology, Pasadena, hat mittels fMRT (funktioneller Magnet-Resonanz-Tomografie) herausgefunden, dass alleine bei Angabe eines höheren Preises durch die damit verbundene Qualitätsvermutung der gleiche billige Wein besser schmeckt – der Proband denkt nicht nur, dass er besser schmeckt, er fühlt es auch. Alleine das Bewusstsein, dass man einen teuren (und damit vermeintlich besseren) Wein trinkt, lässt den gleichen Wein besser schmecken als das Glas mit dem identischen Wein, den man für billig hält.

▶ **Tipp zum Weiterlesen** Gute Einführungen in das Thema des Konstruktivismus findet man bei Paul Watzlawick, zum Beispiel die „Anleitung zum Unglücklichsein", eine pointierte und kurzweilige Lektüre. Weitere Stichworte bei fortführender Lektüre können sein: Selbsterfüllende Prophezeiungen, Ursachendenken, ideologische Wirklichkeiten.

4.4.4 Zu dumm, um es selbst zu merken – der Dunning-Kruger-Effekt

.. the skills you need to produce a right answer are exactly the skills you need to recognize what a right answer is. In logical reasoning, in parenting, in management, problem solving, the skills you use to produce the right answer are exactly the same skills you use to evaluate the answer.
David Dunning, Interview in der New York Times, 20.06.2010

Inkompetente Menschen überschätzen regelmäßig ihr eigenes Können.

- Inkompetente Menschen unterschätzen die überlegenen Fähigkeiten von anderen.
- Inkompetente Menschen treffen falsche Entscheidungen.
- Inkompetente Menschen realisieren nicht, dass sie falsche Entscheidungen treffen.
- Inkompetente Menschen sind nicht in der Lage, das Ausmaß ihrer Inkompetenz zu erkennen.

Es gibt Menschen, die sind so inkompetent, dass sie es selbst nicht merken und sich selbst unglaublich überschätzen. Die Professoren Dunning und Kruger ließen ihre Studenten mehrere Tests zu Grammatik und Logik durchführen und anschließend auch einschätzen, wie gut ihre eigene Leistung im Vergleich zu den Kommilitonen sein dürfte (vgl. Abb. 4.2). Die Auswertung ergab, dass die schlechtesten 12 % sich selbst bei über 62 % Leistungsvermögen einschätzen. Die unfähigsten Teilnehmer schätzen sich als überdurchschnittlich fähig ein. Gleichzeitig schätzten sich Teilnehmer, die wirklich überdurchschnittlich abschnitten, deutlich niedriger ein, als sie in Wirklichkeit abschnitten – nach dem Motto: Wenn mir die Aufgaben leicht fallen, wird es anderen vermutlich auch so gehen.

Doch der Dummheit folgt nicht nur ein aufgeblasenes Selbstbild, sondern auch die Leistungen anderer können nicht richtig eingeschätzt werden. Daraus folgt, dass ein Dummkopf an der Macht sich ein Imperium der Idiotie schaffen wird. (Auch das Phänomen Beratungsresistenz erhält hier plötzlich eine neue Facette). Eine hohe Ausprägung funktionaler Inkompetenz verhindert oftmals die Erkenntnis ihrer selbst, eine kaum zu bewältigende Hürde – wenn auch oft mehr für die Umwelt als für den Betroffenen.

Die andere Seite der Medaille: Der Selbstüberschätzung von unterdurchschnittlich Leistungsfähigen steht auf der anderen Seite eine Unterschätzung von Spitzenkräften gegenüber. Wirklich überdurchschnittlich fähige Menschen bewerten ihre eigene Kompetenz in diesem Bereich oft als eher zu niedrig. Nehmen wir das Beispiel „Fähigkeit zum Aufgabenlösen", gerne auch Intelligenz genannt. Generell gilt, dass die Funktion der Selbsteinschätzung bei allen Kompetenzaspekten tendenziell sehr ähnlich verläuft.

Lesebeispiel: durchschnittlich schätzten sich Teilnehmer der Studie mit einem real vorhandenen Intelligenzquotienten von ca. 75 selbst als durchschnittlich intelligent ein (IQ von 100). Tatsächlich überdurchschnittliche Teilnehmer mit einem gemessenen IQ von 120 schätzten sich selbst eher unterhalb von IQ 120 ein.

Inkompetente Menschen überschätzen sich und erkennen die höhere Kompetenz von Leistungsstärkeren nicht. Top-Performer dagegen schätzen sich selbst als schwächer ein, als sie tatsächlich sind. Für diese Top-Performer sind ihre eigenen (weit überdurchschnitt-

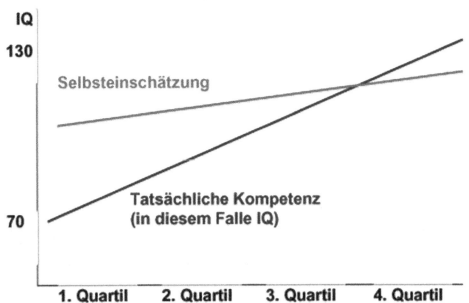

Abb. 4.2 Der Dunning-Kruger-Effekt: Je dümmer, desto falschere Selbsteinschätzung. (Quelle: eigene Darstellung mit Daten aus dem Artikel „Unskilled and Unaware of It: How Difficulties in Recognizing One's Own Incompetence Lead to Inflated Self-Assessments". Journal of Personality and Social Psychology 77 (1999), 6: 1121–34)

lichen) Fähigkeiten oft normal und selbstverständlich. Ich vermute, dass sie als eine Art Kompetenzvermutung anderen Mitmenschen eine höhere Leistungsfähigkeit zutrauen, als tatsächlich vorhanden ist. Damit rücken sie sich selbst zu sehr in Richtung Durchschnitt.

Ein weiteres Beispiel von DKE aus einem anderen Bereich, den viele Leser gut nachvollziehen können: Ca. 90 % aller Autofahrer schätzen ihre eigenen Fähigkeiten beim Autofahren besser als der Durchschnitt ein. Dabei wählt sich jeder die Beurteilungskriterien passend aus. Dass hier bei ca. 50 % der Befragten vermutlich eine mehr oder weniger große Selbstüberschätzung vorliegt, ist offensichtlich. *(Dies trifft natürlich nur auf unsere Mitmenschen zu, nicht auf Sie persönlich oder mich, wir sind Ausnahmen...)*

Die Selbstüberschätzung mancher Betroffener geht oft Hand in Hand mit der Schuldzuweisung an Dritte. Kommt es zu Misserfolgen, liegen die Ursachen nie beim Betroffenen, sondern immer bei Dritten. Der Kunde ist schuld (Haben Sie diese Ausrede schon mal im Vertrieb gehört?), die Lehrer haben ihn benachteiligt, die Kollegen mobben ihn, der Chef versteht ihn nicht. Diese Opferrolle mag subjektiv zwar ein gewisses „Wohlbefinden" erzeugen, verhindert allerdings ein Problembewusstsein und erst recht die Lösung der Probleme.

> **Zusammenfassend kann man sagen**
> - Inkompetente Menschen überschätzen regelmäßig ihr eigenes Können.
> - Inkompetente Menschen unterschätzen die überlegenen Fähigkeiten von anderen.
> - Inkompetente Menschen sind nicht in der Lage, das Ausmaß ihrer Inkompetenz zu erkennen.
> - Inkompetente Menschen können durch Bildung ihre Kompetenz teilweise steigern und lernen, sich und andere besser einzuschätzen.

(Diese Aussagen sind für jeden Kompetenzbereich einzeln richtig. Wahlweise lässt sich Inkompetenz auch ersetzen durch „niedrige Intelligenz" – vulgo: dumm.)

Abschließend sei Selbstverständliches trotzdem noch einmal erwähnt:

Natürlich kann nicht jeder Mensch jedes Ziel erreichen – das ist dummes Geschwätz von Motivationsgurus oder Esoterikfreaks und hat genauso schädliche Folgen wie DKE oder die Opferrolle. Aber eine realistische Selbstwahrnehmung und Selbsteinschätzung sind wichtig, um sich die richtigen Aufgaben zu suchen (beruflich und als Persönlichkeitsentwicklung).

„Wenn jemand inkompetent ist, dann kann er nicht wissen, dass er inkompetent ist. […] Die Fähigkeiten, die man braucht, um eine richtige Lösung zu finden, [sind] genau jene Fähigkeiten, um zu entscheiden, wann eine Lösung richtig ist." – *David Dunning*[6]

4.4.5 Der charismatische Mitarbeiter – das zweischneidige Schwert

Dieser schillernde Begriff bedeutet aus dem Griechischen übersetzt etwa „Gnadengabe" oder „von den Göttern geschenkte Gabe". Früher ging man also davon aus, dass die Fähigkeit mancher Menschen, ihre Mitmenschen zu begeistern, mitzureißen, zu motivieren und über sich selbst hinaus zu wachsen, nicht erlernbar sei, sondern eben ein in die Wiege gelegtes Geschenk. Heute werden Menschen als charismatisch bezeichnet, die eine Summe aus Selbstbewusstsein, Ausstrahlung, Energie, Überzeugungskraft, Charme, Offenheit, und überdurchschnittlichen Kommunikationsfähigkeiten aufweisen.

„Charisma ist persönliche Ausstrahlung, der andere freiwillig und respektvoll Gefolgschaft leisten. Dabei ist das Vertrauen eine Frage des sozialen Glaubens. Folglich müssen sich Manager heute die Frage stellen: Wer glaubt mir eigentlich noch? Wer hält bei mir wesentliche Dinge für wahr, ohne dass ich sie beweise oder belege, sondern nur aufgrund der Tatsache, dass ich sie sage? Diese Qualitäten sind in den vergangenen Jahren verwahrlost und verschludert worden, die müssen dringend wieder aufgebaut werden."[6]

Um den Begriff Charisma in unserem Zusammenhang etwas exakter zu beschreiben, verwende ich die Definition aus dem Buch „Leadership Charisma"[7]:

---

[6] Löhner (2009) Michael Löhner ist seit 1978 selbstständiger Unternehmensberater. Der Jesuitenschüler lernte von seinem Mentor Rupert Lay das Handwerk der Kulturberatung, absolvierte zudem eine Informatikausbildung und ein Psychologiestudium.

[7] Bud Haney, et al. (2011).

Charismatische Führungskräfte schaffen und unterstützen eine Arbeitsumgebung, in der sich Menschen emotional und intellektuell voll für die Unternehmensziele einsetzen. Sie bauen eine energiegeladene und positive Einstellung in Anderen und inspirieren sie, das Allerbeste zu geben. Dabei schaffen sie eine gemeinsame Zielvorstellung, so dass die Menschen geneigter sind, mehr eigene Energie und sogar etwas ihrer eigenen Zeit in ihre Arbeit zu investieren.

In Unternehmen kann Charisma, oder exakter gesagt, eine charismatische Führungskraft, einen enormen Unterschied bewirken: die Mitarbeiter dieser Führungskraft sind engagierter, sind emotional und intellektuell ganz bei der Sache (keine innere Kündigung oder Dienst nach Vorschrift) und wollen ihr Bestes geben für die gemeinsame Sache. Denken Sie an Unternehmen, die von charismatischen Persönlichkeiten geführt wurden oder werden, z. B. Steve Jobs, Gründer und Vorstand von Apple, Richard Branson, Gründer der Virgin Group oder Jack Welch, CEO von General Electric. Dass diese Personen auch oft starke Schattenseiten mitbringen, ist bei einigen dieser Stars auch deutlich sichtbar geworden.

Charisma ist erst einmal eine wertvolle Eigenschaft, weil sie die Wirksamkeit einer Person vergrößern, dadurch dass sie leichter Menschen begeistern und auf einen gemeinsamen Weg mitnehmen kann. Gleichzeitig ist Charisma eine wertneutrale Eigenschaft, betrachtet unter dem Aspekt der Ziele, die ein charismatischer Mensch anstrebt. Dies kann in historischem Kontext sichtbar werden an Mahatma Gandhi, der sein Charisma für den Frieden einsetze, oder auch an Adolf Hitler, der seine (inszenierte) Ausstrahlung für fürchterliche Ideen missbrauchte. Genauso wie jedes Werkzeug kann es sinnvoll und nutzbringend eingesetzt oder aber missbraucht werden.

Betrachten wir das Phänomen Charisma noch etwas genauer: Untersuchungen an über 40.000 Führungskräften belegen, dass das Phänomen Charisma mit eindeutig und klar beschreibbarem Verhalten einhergeht. International übereinstimmend wurden jene Führungskräfte als charismatisch bezeichnet, die

- besonders effektiv kommunizieren (vom Vieraugengespräch über Gruppen bis Präsentationen/Reden), von Rhetorik bis Körpersprache, vor allem aber auch gut zuhören können,
- eine Unternehmens-/Abteilungsvisionen haben und diese mit ihren Mitarbeitern teilen,
- energiegeladen sind,
- positiv denken,
- Andere anerkennen und deren Leistungen würdigen,
- Vorschläge anderer einbinden,
- Mitarbeitern vertrauen,
- eine hohe Produktivität aufweisen,
- ein Team bilden,
- Andere motivieren können,
- kritikfähig sind, in kritischen Situationen sogar aktiv Kritik suchen.

Charismatische Menschen geben ihrer Umgebung immer eine Antwort auf deren (implizite) Frage nach „Was habe ich davon?"

Die oben aufgeführten Aspekte sind alles Verhaltensweisen, die durch Aufmerksamkeit und Bewusstheit, Schulung und Training verbessert werden können. In diesen Bereichen bringt Personalentwicklung der Führungskräfte durchaus erkennbaren Nutzen.

Charisma ist vergleichbar mit einer Sekundärtugend, sie ist nicht per se immer gut, sondern es kommt auf den Kontext an, in dem sie wirkt. Wenn ein charismatischer Mensch die falschen Inhalte und Ziele vertritt, dann wird er Menschen in die falsche Richtung leiten. Das gilt in allen Bereichen, z. B. auch in der Politik, wo manche populistischen Politiker mittels ihres Charismas Wähler fangen trotz ihrer grob vereinfachenden Ideologien und Parolen. Charisma kann genauso missbraucht werden wie eine hohe Intelligenz.

Wer mit einwandfreiem Charakter in die „richtige Richtung" geht, dem ist Charisma bei Führungsaufgaben sehr behilflich. Achten Sie beim Recruiting vor allem bei charismatischen Führungskräften umso mehr auf die Richtung, in die er steuert.

> **Fazit**
> Charisma hat etwas mit Verhalten zu tun, kann erlernt oder verbessert werden und kann für Führungskräfte sehr hilfreich sein.
>
> Die Gefahr bei charismatischen Personen: sie können diese Eigenschaften sowohl positiv als auch negativ einsetzen. Je größer das Charisma, desto wichtiger ist die charakterliche Integrität sowie die Übereinstimmung der persönlichen beruflichen mit den Unternehmenszielen.

4.5 Führung und seniore Positionen

Wenn ein Manager sich nicht selbst führen kann, werden ihn keine Fähigkeit, Fertigkeit, Erfahrung und kein Wissen zu einem leistungsfähigen Manager machen." Peter F. Drucker (1909–2005), Managementvordenker, -lehrer, -berater und -publizist
Management bedeutet, die Dinge richtig zu tun. Leadership bedeutet, die richtigen Dinge zu tun. Peter F. Drucker (1909–2005)

4.5.1 Was bedeutet Führung?

Einige grundsätzliche Überlegung zu Führung: Führung ist eigentlich eine Hilfestellung, die sich Menschen gerne suchen. Führung hilft, die richtigen Entscheidungen zu treffen, und ist daher prinzipiell eine gute Angelegenheit – ABER.... nur bei guten Führungskräften, die auch von ihren Mitarbeitern als Führungskraft mit entsprechenden Kompetenzen akzeptiert werden. Das Problem ist also nicht die Führung an und für sich, sondern dass sehr oft Menschen auf Führungspositionen gesetzt werden, denen sie nicht gewachsen sind. Denn eine hohe fachliche Kompetenz bedeutet noch lange nicht, dass die gleiche Reife und Fachkunde beim Thema Führungskompetenz vorhanden ist – woher denn auch? Dabei wird gute Führung immer wichtiger – und gleichzeitig immer anspruchsvoller.

Wo wird der Begriff Führung überall verwendet? Man kann grob gesagt drei Bereiche mit Führung in Zusammenhang bringen:

- Unternehmensführung
- Funktionale Führung
- Mitarbeiterführung

4.5 Führung und seniore Positionen

Abb. 4.3 Drei Formen von Führung und deren Verknüpfungen

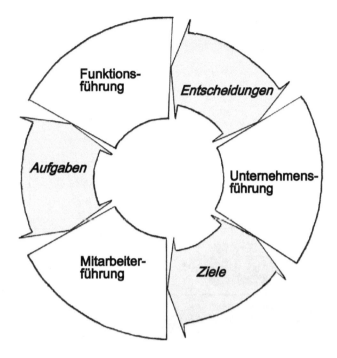

Wir betrachten in unserem Zusammenhang vor allem die Mitarbeiterführung, die aber wiederum direkt verknüpft ist mit den beiden anderen Bereichen – nämlich über Ziele und Aufgaben. Abb. 4.3 zeigt die Zusammenhänge. Für uns ist beim Recruiting das Thema Mitarbeiterführung natürlich am wichtigsten.

Die Veränderungsgeschwindigkeit steigt überall an und die Komplexität der Umwelt nimmt in allen Bereichen zu. Das erfordert in Unternehmen eine höhere Aufmerksamkeit, Flexibilität, Schnelligkeit und individuelle Problemlösung. Dies gilt auch für Führungsaufgaben, die durch schnellere Organisationsanpassungen und Veränderungen der Mitarbeiter (Stichwort „Generation Y" – und damit ist nicht die Bundeswehr gemeint!) immer besser werden muss.

Die Wichtigkeit von Führung kann man an zwei Aussagen belegen:

- Mitarbeiterbefragung: Die Mehrheit der Mitarbeiter ist der Meinung, dass sie unter guter Führung **50 % mehr leisten** könnten. (Quelle: DDI, 2013)
- Kündigung: „People don't leave companies, people leave people." – oder auch: „Mitarbeiter kommen wegen der Organisation und gehen wegen des Chefs." (Bessere Führung könnte die Kündigungsrate von guten Mitarbeitern deutlich senken.)

Und wie sieht es in der Unternehmenspraxis aus?

- Über 80 % der Unternehmen geben an, dass schlechtes Führungsverhalten für sie kein Anlass für eine Trennung ist.
- „Sehr hohen" oder „bedeutenden" Stellenwert messen Unternehmen „operativen Ergebnissen" mit 90 % zu, Führungsverhalten nur in 45 % der Fälle.

Abb. 4.4 Leadion-Führungsklassen

A	Intensive Begleitung und Entwicklung einzelner Mitarbeiter, hohe Feedbackdichte.
B	Führungskraft kennt zu jeder Zeit den Stand der Zufriedenheit und Entwicklung, hohe Dichte von Gesprächen über Arbeit.
C	Führungskraft weiß, dass er zu wenig führt. Ist offen, selbstkritisch und holt sich Feedback. Mitarbeitergespräche werden geführt.
D	Führungskraft ist nett und diplomatisch, ansonsten passiv und reagiert nur bei Problemen. Führung stört nur bei der eigentlichen Arbeit.
E	Führungskraft nimmt in Stresssituationen Ausfälle billigend in Kauf, hat aber anschließend ein schlechtes Gewissen und ist um Wiedergutmachen bemüht.
F	Führungskraft ist ungerecht, unberechenbar und drangsalierend. Kein Respekt, Höflichkeit und Freundlichkeit.

Abb. 4.5 Die Leadion-Führungsklassen im Detail

Die Kompetenz im Bereich Führung unterliegt einer extremen Bandbreite. Jeder kennt Menschen, die andere Menschen gut führen können, und viele kennen miserable Führungskräfte.

Versuchen wir jetzt, unterschiedliche Qualitäten von Führungskräften plakativ zu unterscheiden, eingeteilt wie bei Energieeffizienzklassen (vgl. Abb. 4.4 und 4.5). Dieses schöne Modell fand ich bei Herrn Grannemann auf seiner www.leadion.de, wo man auch weitere interessante Artikel zum Thema Führung findet. Da ich diesen Passus nicht treffender formulieren kann, zitiere ich hier:

4.5.2 Die Effizienzklassen der Führung – Klassifikation von Führungskräften

Auch wenn die Beschreibungen der einzelnen Klassen mit einem Augenzwinkern beschrieben sind, die Rückmeldungen zeigen, dass man Vertreter aller Leistungsklassen im Unternehmen findet. Die Klassifikation folgt einer einfachen Logik (vgl. Abb. 4.4): Führungskräfte aus dem Bereich E und F sollten besser keine Mitarbeiter führen, D und C bilden die große überwiegende Mehrheit von Führungskräften. Gut und sehr gut sind die A- und B-Führungskräfte.

Führungsklasse F
In der Führungsklasse F finden sich die Scheusale, Psychopathen und Sadisten, die immer wieder unglaubliche Geschichten im Umgang mit ihren Mitarbeitern produzieren. Es fehlt ihnen an Respekt, Höflichkeit und Freundlichkeit. Sie halten sich selbst nicht selten für Genies und sind dabei häufig sehr gute Fachleute, Unternehmer oder Pioniere.

Sie mögen auf der Skala der Führung ein F haben, aber sie haben auf der Skala der Fachlichkeit oder der Managementfähigkeiten ein A oder B. Sie sind zwar miserable Führungskräfte, aber geniale Experten, Pioniere und Strategen. Die psychologischen Preise sind für die Mitarbeiter sehr hoch, aber die Erlöse, sich solchen Führern anzuschließen, können noch höher sein.

Um Kollateralschäden zu reduzieren, sollten diese Manager möglichst abgeschirmt und nur von Mitarbeitern umgeben sein, die mit ihnen „können". Am besten ist es, wenn für diese Genies „Schutzräume" geschaffen werden. Zwingen Sie diese Begabungen nicht dazu, dass sie ihre schlechteste Seite zeigen müssen, indem Sie ihnen Personalverantwortung geben.

Noch wichtiger ist es, ihnen keine Befugnis bei Personalentscheidungen zu geben. Denn wie erkannte Robert Sutton in seinem Buch „Der Arschlochfaktor": Ein „Arsch…" erkennt das andere sofort und umgibt sich gern mit ihnen.

In jedem Unternehmen findet man diese dissozialen Typen. Zur zerstörerischen und paralytischen Wirkung kommt es jedoch meist nur dann, wenn die Menschen Angst vor den unberechenbaren Personalentscheidungen bekommen. Nicht vergessen: Diese Typen sind halt nur halbe Genies, und es ist nicht so, dass das Genie das „Arsch" bedingt.

Führungsklasse E
Oberflächlich betrachtet gibt es im Verhalten kaum einen Unterschied zwischen E- und F-Führungskräften, aber es gibt ihn. Der kleine, entscheidende Unterschied ist, dass bei E-Führungskraft die Verletzungen aus Nachlässigkeit geschehen und sie nach ihrem destruktiven Verhalten wenigstens ein schlechtes Gewissen hat und ein Unrechtsbewusstsein entsteht. Die F-Führungskraft hingegen nimmt die negativen Wirkungen billigend in

Kauf, sie wertet es als „Zeichen seines Status": *„Ich zeige jeden Tag mit dem abwertenden Verhalten, wo ich stehe und dass ich mich nicht entschuldigen muss."*

Ein Problem bleibt: die E-Führungskraft schafft es zwar, durch ihre Entschuldigung die Tür zur Verbesserung der Beziehung wieder zu öffnen, aber ungeschehen machen kann man Killerphrasen, Beleidigungen und Witze auf Kosten der Mitarbeiter nicht.

Auch hier gilt, dass ein Unternehmen nicht vollständig auf Mitarbeiter der E-Kategorie verzichten kann. Auch sie können auf den Skalen Fachlichkeit oder Management ganz hohe Werte haben und so für ein Unternehmen unverzichtbar sein.

E-Führungskräfte sind nicht in ihrem Kern „böse". In der Psychologie spricht man von Soziopathen, die glauben, man müsste so sein, im Unterschied zu den Psychopathen, die als Narziss, Maniker oder Histroniker Aufsehen erregen.

Es gibt Hoffnung für die E-Führungskräfte! Man könnte es als typisches Muster bezeichnen, dass E-Führungskräfte irgendwann wie aus einem bösen Traum erwachen und ihr Verhalten ehrlich bereuen. Auslöser für das „Erwachen" ist häufig ein Karriereknick, der dadurch entsteht, dass sich, unsichtbar für die Führungskraft, Ärgerpunkte im Unternehmen ansammeln und man nur auf den Tag wartet, an dem man es der Führungskraft zurückzahlen kann.

E-Führungskräfte entstehen, weil sie im Unternehmen viel zu wenig oder nicht deutlich genug Feedback von ihren Mitarbeitern bekommen. Das Schweigen und die Stille, die nach einem kommunikativen Ausrutscher einsetzt, werden leicht als Verzeihen oder *„War doch nicht so schlimm"* interpretiert. Klagen an ranghöhere Vorgesetzte, die an der E-Führungskraft vorbeilaufen, versanden nicht selten, weil die Ebene darüber schwach ist und/oder man den Manager oder die Fachkraft nicht verlieren möchte.

Viele Mitglieder dieser Gruppe halten sich für gute Führungskräfte, weil es ja auch irgendwie läuft. Die Mitarbeiter machen gute Miene zum bösen Spiel. Man hat sich eingerichtet. Das Tragische ist jedoch, dass es sehr, sehr lange dauert, bis ein Ausrutscher oder eine „Jetzt-reicht-es-Aktion" wieder vergessen wird. Da helfen auch alle brav eingesetzten Führungswerkzeuge nicht. Auch ein Jahresgespräch kann vor dem Hintergrund einer einzigen Aktion gesehen werden und sie negativ beeinflussen, obwohl sie vielleicht Monate zurückliegt. Leider finden diese Führungskräfte auch immer wieder jemanden, der ihnen sagt, dass das alles nicht so schlimm war.

Führungsklasse D
Die Mehrheit der Führungskräfte befindet sich in der D-Kategorie. Sie fühlen sich gut und wohl, denn sie sind nett und diplomatisch. So etwas wie die E- und F-ler würden sie nie machen. Sie grüßen, sind freundlich und höflich. Sie arbeiten sich durch den Tag, machen ihren Job so gut es geht und reagieren, wenn etwas schief geht. In Zeiten, in denen sich Aufgaben, Projekte und Organisationen nicht oder sehr langsam bewegt und verändert haben, reichte diese Führung völlig aus.

Doch das passive „Laufen lassen" genügt heute nicht mehr. Die Haltung wird unterstützt von der Überzeugung, dass Mitarbeiter nur ihren Freiraum brauchen und dann werden sie sich schon von ganz allein entwickeln und wachsen (wofür sich auch immer Beispiele finden lassen!). Diese Führungskräfte verwechseln nicht selten „unklare Weite"

("Machen Sie mal ...", "Kümmern Sie sich bitte um ...") mit Erweiterung von Verantwortung. „Faulheit" und Feigheit, zum Beispiel vor eventuell unangenehmen Gesprächen mit Mitarbeitern, werden dann auch noch moralisch geadelt. Bruce Tulgan spricht von der Epidemie des „Undermanagements", die um sich greift. Meines Erachtens ist dieses Undermanagement schon lange da, es fällt nur immer stärker auf und fällt immer stärker ins Gewicht.

Unangenehme Aktionen werden gerne ausgesessen oder indirekt inszeniert, was für das Klima schlimmere Auswirkungen haben kann als das berühmte „Donnerwetter". Denn irgendwann kommen natürlich die Probleme mit den Mitarbeitern oder Kunden. Diese Probleme werden dann gemanagt und so gut es geht gelöst. Es wird aber kein Zusammenhang gesehen zwischen der Passivität der Führungskraft im Vorfeld und den Problemen. Doch gerade dadurch, dass es kein „Auffangsystem" von Ärgerpunkten, Demotivation und anderen Störungen gibt, akkumulieren sie sich und wachsen sich nicht selten zu Krisen aus.

Kurz gesagt glauben die D-Führungskräfte: Führung bedeutet, nett und verbindlich im Tagesgeschäft zu sein und bei Krisen und Problemen zu reagieren. Man könnte diese Haltung auch als „Management der besonderer Gelegenheiten" bezeichnen.

Führungsinstrumente wie das Jahresgespräch werden zwar eingesetzt, aber eher widerwillig. „Wozu denn so was, läuft doch gut?", „Ich und meine Mitarbeiter brauchen so etwas eigentlich nicht, aber es muss ja sein. Aber noch mehr Zeit dafür investieren? Das geht nicht. Dann kommt man ja nicht mehr zur eigentlichen Arbeit." Und diese eigentliche Arbeit ist alles Mögliche, aber eben nicht die bewusste und aktive Beschäftigung mit den Mitarbeitern.

Meines Erachtens haben Unternehmen, deren Mehrzahl aus Führungskräften dieser Gruppe bestehen, in Zukunft wenig Überlebenschancen.

Führungsklasse C
Was C-Führungskräfte von D-Führungskräften unterscheidet, ist das Bewusstsein und das Wissen, dass ein solches Verhalten nicht ausreicht. C-Führungskräfte sind offen, selbstkritisch und fragend. Sie versuchen die Mitarbeitergespräche nicht nur dem Protokoll nach umzusetzen, sondern dem Geiste nach. Sie lesen Bücher und Artikel, besuchen Seminare, und zwar freiwillig und auf eigene Initiative.

Das „Wollen" ist vorhanden, was hier und da noch fehlt, ist das „Chance to" und das „Know-how to". Manchmal fehlt das richtige Führungswerkzeug, manchmal nur die innere Erlaubnis (z. B. Mitarbeiter nach Feedback zu fragen). Die C-Führungskraft führt aus dem Bauch heraus. Fast alle Ansätze sind richtig, aber sie werden nicht konsequent und bewusst durchgeführt. So bleiben auch hier Führungsaufgaben liegen, die sich dann zu Problemen verdichten können.

Führungsklasse B
Die B-Klasse ist schon ganz hohes Niveau! Was ist eine gute Führungskraft? Antwort: Jemand, der möglichst viele Gelegenheiten schafft, *über* Arbeit zu reden. Während andere nur über Inhalte reden, redet diese Führungskraft mit allen Mitarbeitern, die ihm direkt berichten (und nicht nur mit denen, bei denen sich die Gelegenheit halt so ergibt). Die

B-Führungskraft baut ein lückenloses „Auffangsystem" für mögliche Ärgerpunkte und Störungen auf. Aus diesen Informationen entstehen die richtigen Hinweise für die Weiterentwicklung der Abteilung.

Eine der wichtigsten Grenzmerkmale zwischen der B- und C-Führungskraft ist die offene Frage an die Mitarbeiter nach ihrer Arbeitszufriedenheit. Aus Angst, zum Beispiel auf Motivationslücken keine Antwort zu haben, in ein ohnmächtiges Achselzucken oder in ein Verschenken von Trostpreisen gezwungen zu werden, schrecken viele Führungskräfte vor dieser Kernfrage zurück.

Ein solches Netz von Gesprächen erkennt aber mögliche Abweichungen, Störungen und Lücken sehr früh und versetzt die Führungskraft in die Lage, schnell zu reagieren, bevor aus Abweichungen Problemen erwachsen. Führungsprobleme, die von außen kommen, gibt es dann immer noch genug. Da müssen nicht auch noch die eigenen, hausgemachten dazu kommen.

Führungsklasse A
Aus der B-Basis heraus lässt sich die nächste Stufe erklimmen. Die Krönung von Führung ist vielleicht, einen Mitarbeiter zu Fähigkeiten und Leistungen geführt zu haben, an die er selbst nicht geglaubt hat. Das geht nur dann, wenn neben der Rolle als Führungskraft, die für den Output verantwortlich ist, die Rolle eines Förderers möglich wird.

Und hier tue ich mich schwer mit den Begrifflichkeiten, denn der Begriff „Coach" wird zur Zeit so stark in Anspruch genommen und dadurch so unterschiedlich interpretiert, dass ich fürchte, das er schnell missverstanden wird. Im Kern ist die Quadratur des Kreises in der Führung gemeint: dem Mitarbeiter wird geholfen, teilweise sogar bis ins Detail, aber ohne, dass er dabei gleichzeitig die Verantwortung an den Vorgesetzten abgibt, sondern im Gegenteil weiter für sich ausbaut. Diese Form von „Performance Coaching" kann man nicht mit allen Mitarbeitern machen, aber ein bis zwei können vielleicht gleichzeitig so begleitet werden.

Wie viel Zeit diese Königsklasse von Führung braucht? Eine Stunde pro Tag, wäre meine erste Schätzung. Zuviel? Zuviel für eine Mannschaft, die engagiert, gut gelaunt, offen für neue Aufgaben und dankbar ist?

Im Management wird immer klarer, dass es sich bei den dafür notwendigen Fähig- und Fertigkeiten nicht um angeborene Persönlichkeitsmerkmale handelt, sondern um zum Großteil erlernbare Techniken, um Aufgaben und um einen Beruf. Parallel dazu könnte man „Führung" ebenfalls aus der „Unveränderlichkeits-Mythos"-Ecke holen und als Aufgabe und Funktion betrachten, die erlernt und eingeübt werden muss. Führungs*methoden* sind klar erlernbar und selten vom Himmel gefallen. Nur derjenige Vertriebsleiter ist wirklich erfolgreich, der seine Mitarbeiter erfolgreich macht – wer lieber selbst das Tor schießen will (um sich als der Größte zu fühlen), sollte besser in einer Rolle als Vertriebsmitarbeiter agieren. Ein übergroßes Ego ist für Führungsaufgaben eher hinderlich – leider merken die Über-Egos das selbst nicht, nur die Mannschaft muss darunter leiden. Oder

wie es ein chinesisches Sprichwort auf den Punkt bringt: „Führung kommt von Demut".
Nachfolgend einige praktische Beispiele:

> **Beispiele**
>
> Die neue Führungskraft Hans Dampf kommt in einen Bereich, z. B. Vertriebsabteilung oder HR-Abteilung, und stellt sich vor. Voller Schwung und Elan verkündet er binnen kurzer Zeit, dass jetzt alles anders (und selbstverständlich besser) wird.
>
> Wie fühlen sich die Mitarbeiter? Stichworte: Wahrnehmung der einzelnen Mitarbeiter, Anerkennung der bisherigen Leistungen, Einbindung in Veränderungsprozesse.
>
> Frau G. Lassen wird Abteilungsleiterin. Sie stellt sich vor und erklärt, dass sie sich erst einmal ein vollständiges Bild von der Abteilung und deren Leistungen machen möchte. Sie fragt jeden Mitarbeiter in Einzelgesprächen, was er genau macht, welche Aufgaben und Prozesse er für besonders wichtig hält und was er verändern würde, wenn er an ihrer Stelle wäre.

Wie fühlen sich die Mitarbeiter unter der neuen Führungskraft? Es ist nicht schwer, sich die Auswirkungen der beiden Führungsstile auf die Abteilung, deren Motivation und Engagement bei anstehenden Veränderungen vorzustellen. Und ein weiteres Beispiel:

> **Beispiel**
>
> Vertriebsleiter G. Ockel ist bekannt dafür, dass gute Vorschläge und überdurchschnittliche Leistungen stets von ihm persönlich geleistet wurden. Fehler werden immer einem namentlich zu nennenden Mitarbeiter aufgelastet, eine Rückendeckung oder Übernahme von Verantwortung kennt Herr G. Ockel nicht.

▶ **Tipp** Auf www.leadion.de finden Sie viele Anregungen zum Thema Führung sowie die Möglichkeit, Ihren Betrieb in diesem Bereich beraten zu lassen. Eine 360-Grad-Untersuchung unter Einbeziehung der ganzen Vertriebsmannschaft bieten die Partner von Profiles International an.

4.5.3 Aufgabenbereiche der Vertriebsleitung

Ein neuer Vertriebsleiter wird gesucht? Machen wir es uns doch ganz einfach und nehmen den stärksten Vertriebsmitarbeiter, der wird am besten geeignet sein. So funktioniert das leider immer noch häufig in der Praxis, und nicht nur bei unbekannten Unternehmen, sondern sogar bei Weltmarktführern. Doch was ist daran falsch? Der Denkfehler wird offenkundig, wenn wir uns die unterschiedlichen Aufgaben betrachten, die die Position Vertriebsleitung umfasst. Die genauen Aufgaben einer Vertriebsleitung sind nicht einfach zusammenzustellen, da je nach Unternehmen auch unterschiedliche Schwerpunkte gesetzt werden oder Aufgabenbereiche insbesondere im Bereich Marketing und Vertrieb unterschiedlich zugewiesen sein können. Unterschiede sind auch leicht nachvollziehbar, je nachdem, ob eine Vertriebsleitung national oder international Verantwortung trägt, ob B2B oder B2C als Geschäftsmodell zugrunde liegt und so weiter. Aber einige Aufgaben sind definitiv immer in der Job Description einer Vertriebsleitung, und nicht im Aufgabenspektrum eines Vertriebsmitarbeiters – und das macht den Unterschied.

- **Key-Account-Betreuung:** In vielen Unternehmen werden Key-Account-Kunden (auch) vom Vertriebsleiter betreut – eine Aufgabe, die er von seiner bisherigen Tätigkeit als Vertriebsmitarbeiter kennt.
- **Strategische Aufgaben**: Teilweise sind Vertriebsleitungen (als eigenständige Position oder im Rahmen von Marketing/Vertrieb) auch in der Geschäftsleitung, auf jeden Fall müssen sie aber die von der Geschäftsleitung vorgegebenen Ziele umsetzen. Entsprechende Strategien und Konzepte müssen entwickelt werden, Vertriebsmaßnahmen und Aktionen konzipiert und eventuell auch neue Wege der Neukundengewinnung aufgezeichnet werden. Auch strategische Überlegungen wie Einbindung von Internet-Shopping über das Unternehmen, vorhandene Händler und ausschließlich im Internet tätige Verkäufer sind Fragestellungen: wie vereinbart man die unterschiedlichen Interessen ohne zu große Kannibalisierungseffekte? Strategische Vertriebsfragen wie optimale Struktur des Vertriebes, räumliche Aufteilung, Aufteilung der Aufgaben zwischen Innendienst und Außendienst, Einbindung von Callcentern, Leihaußendienst, Einbindung von Dienstleistern für Logistik oder Payment-Dienste etc. gehört ebenfalls zu seinem Aufgabenbereich.
- **Koordinative Aufgaben:** Der Vertriebsleiter ist die Schnittstelle zwischen Geschäftsleitung, Marktforschung, Produktentwicklung, Vertriebsmannschaft, Marketingabteilung, Produktion (wegen Kundenanfragen, Lieferzeiten, Sonderfertigungen und -anforderungen), Buchhaltung (Mahnwesen) und nicht zuletzt dem Kunden. Alle diese internen und externen Partner haben ihre Anforderungen und Bedürfnisse, alles muss koordiniert werden. Hier sind Abstraktionsvermögen, unternehmerisches Denken, Kundenorientierung, planerische Qualitäten und Diplomatie mit gleichzeitiger Durchsetzungsfähigkeit gefordert.
- **Aufgaben der Teamführung:** Mitarbeiterführung ist keine Rocket Science, auch wenn es treffliche Debatten gibt, ob gute Führung eine Frage der Persönlichkeit oder von erlernbaren Führungstechniken und Methoden sei. Der geeignete Vertriebsleiter hat sowohl eine geeignete Persönlichkeit mit entsprechendem Reifegrad als auch entsprechende Führungswerkzeuge bzw. Methoden kennen und anwenden gelernt. Von der notwendigen Motivation (in meinen Augen eher eine Wegnahme von motivationsverhindernden Umständen) über die Auswahl von zukünftigen Mitarbeitern bis zur Personalentwicklung und Planung der Einsatzbereiche ist eine sehr intensive Auseinandersetzung mit seinen Mitarbeitern erforderlich. Delegation ist ebenfalls eine unabdingbare Voraussetzung für die Führung einer Mannschaft und eines Unternehmensbereiches – und auch da tun sich viele Menschen schwer.
Eigentlich wäre für viele dieser Aufgaben fast schon ein Studium der Psychologie sinnvoll.

4.5 Führung und seniore Positionen

- **Aufgaben im Marketingmix:** In den Bereich des Vertriebsleiters fallen je nach Organisation auch mehr oder weniger Teilaufgaben aus den anderen Marketingbereichen. Dies geht von Markt-Screening über Marktbeobachtung über Marktforschungsaufgaben über Positionierungen der Wettbewerber über Informationen zu Pricing-Strategien auf dem Markt über Beobachtung der Handelslandschaft bis zu Informationen zu Zielgruppen bis runter zu detaillierten Informationen über Kunden oder potenzielle Kunden. Nicht zu vergessen die Einbindung in Messeaktivitäten und sonstige Veranstaltungen. Auch hier ist gehöriges Planungs-, Kommunikations- und Marketing-Know-how sinnvoll, wenn die Ergebnisse den Unternehmensanforderungen genügen sollen.
- **Personalentwicklung des Teams:** eine wichtige Aufgabe des Vertriebsleiters ist, seine Mitarbeiter so gut und leistungsfähig zu machen, wie es ihnen möglich ist. Dazu gehören viele Gespräche, Besuchsbegleitung bei Kunden, Training und Schulungen von Verkaufsgesprächen – die Auswahl der richtigen Maßnahmen für die jeweiligen Kollegen, die Führung der Mitarbeiter und auch der „Wiederaufbau", wenn es größere Rückschläge gab.
- **Betriebswirtschaftliches Know-how:** ein Vertriebsleiter muss mit den Zahlen und Strukturen des Vertriebes mit schlafwandlerischer Sicherheit umgehen können. Aber nicht nur mit den einzelnen Werten, sondern er muss das große Bild im Auge behalten. Was sind die Auswirkungen für das Unternehmen, wenn wir bei diesem Großkunden das Zahlungsziel um 3 Wochen verlängern? Wie viel Deckungsbeitrag verlieren wir, wenn wir hier 5 % Rabatt geben? Wie viele Artikel müssen wir mehr verkaufen, um auf den geplanten Deckungsbeitrag zu kommen? Auch die gesamten Pläne für Plan und Soll sowie deren Zielerreichungsgrad muss er kennen und verfolgen – die Geschäftsleitung fordert konkrete Zahlen und ebenso konkrete Maßnahmen, wenn Abweichungen vom Soll auftreten.
- **Moralisches Vorbild:** Alte Sprichworte lauten: „Der Fisch fängt am Kopf das Stinken an." Oder „Der Baum stirbt von oben nach unten."
Die Leitungspersonen sind für andere Personen (das können auch Kollegen auf gleichem Level sein) Beeinflusser oder Vorbild, im Guten wie im Schlechten. Ethische Maßstäbe in der täglichen Arbeit von seinen Mitarbeitern zu verlangen, aber selbst hinter den eigenen Ansprüchen zurückzubleiben, funktioniert nicht. Der Bundesverband für Trainer, Berater und Coaches BDVT sagt dazu: „Der Vertriebs-/Verkaufsleiter sollte eine gereifte, gefestigte Persönlichkeit mit natürlicher Autorität und Vorbildcharakter sein. Er sollte ein konstruktives Menschenbild besitzen. (…) Der Vertriebs-/Verkaufsleiter sollte den Verkaufsprozess als moralisch wertvolle, faire Kundenbeziehung, frei von allen Verkaufstricks und Überredungstechniken definieren und vorleben können. Verkaufen muss als Win-Win-Strategie und erstrebenswerte berufliche Lebensaufgabe gesehen und dargestellt werden."

Anhand dieser Aufgabenvielfalt wird klar, dass die Positionen von Vertriebsmitarbeiter und Vertriebsleiter nicht vergleichbar sind – die Anforderungen sind deutlich unterschiedlich. Daher ist eine direkte Fortschreibung einer erfolgreichen Vertriebsmitarbeiter-Karriere auf die nächste Ebene natürlich deutlich zu kurz gesprungen. Neue Anforderungen erfordern eine Überprüfung der dann notwendigen Fähigkeiten und Persönlichkeitsmerkmale.

Das Interview Führungskraft

Abb. 4.6 Wird Führungserfahrung überbewertet? (Zeichnung: Axel Gruner)

Eine Anmerkung zu Abb. 4.6: Untersuchungen haben tatsächlich keinen Zusammenhang gefunden zwischen Qualität der Führung und der bisherigen Führungserfahrung – weder im zeitlichen Umfang noch bei der Anzahl der geführten Mitarbeiter. Vielleicht nehmen wir diese Untersuchung als Anstoß, auch neuen Führungskräften eine Chance einzuräumen und die Führungsqualität losgelöst von Führungserfahrungen zu beurteilen.

4.5.4 Der Erfolg hat viele Väter – der Misserfolg auch

Aus seinen Fehlern kann man mehr lernen als aus seinen Erfolgen.
Primo Levi

Die zunehmende Komplexität auch der Wirtschaft erfordert in gewissem Maße eine Filterung, Sortierung, Vereinfachung und „Schubladisierung" der Eindrücke auf unser Gehirn. Ohne diese Mechanismen, auch des Vergessens, hätten wir unglaubliche Fähigkeiten (wie ganze Bücher auswendig wiedergeben zu können), wären aber nicht alleine lebensfähig. Menschen mit dieser seltenen Krankheit samt einer Inselbegabung nennt man Savants.

In sehr viel mehr Fällen neigen Menschen zu Vereinfachungen, die das Leben und Entscheidungen leichter machen, aber gerade letztere leicht zu Fehlentscheidungen werden lassen. Dazu zähle ich auch viele Managementtheorien, Heilsstrategien von Unternehmensberatungen, Managementgurus, die den Erfolg eines Unternehmens auf einen oder wenige Aspekte verkürzen. Hier werden häufig auch noch gedanklich unsauber Ursache und Wirkung verwechselt. Ein Beispiel aus dem Buch „Der Halo-Effekt – wie Manager sich täuschen lassen"[8]: Bewirkt eine hohe Mitarbeiterzufriedenheit einen überdurchschnittlichen Unternehmenserfolg oder ist es umgekehrt, dass die Arbeit in einem besonders erfolgreichen Unternehmen die Zufriedenheit der Mitarbeiter vergrößert?

Es ist ein populärer und weit verbreiteter Mythos, dass der Unternehmenserfolg immer und ausschließlich auf den Entscheidungen der Firmenleitung beruht – und richtige Entscheidungen zum Erfolg, falsche Entscheidungen zum Misserfolg führen. Dies ist bei genauerer Betrachtung, die über das Studium von Erfolgsanekdoten hinausgeht, nicht richtig, nicht logisch und simplifizierend. Erfolge von Unternehmen basieren immer auch auf Entscheidungen, die ein großes Risiko des Fehlschlages beinhalten – ein Risiko, das jedoch nicht eingetreten ist. Im Umkehrschluss folgern wir dann, wenn ein Unternehmen nicht so erfolgreich ist, dass dies an Fehlentscheidungen des Managements liegen muss. Ein weiterer Trugschluss. Neben allen Faktoren wie Marktkenntnis und -einschätzung, Innovationsfähigkeit, gutem Management etc. ist immer auch ein Quantum Glück beteiligt. Dies bezieht sich sowohl auf die individuelle Karriere eines Managers als auch auf die Unternehmensperformance.

Konkret bedeutet das zum Beispiel, dass eine beeindruckende Umsatzsteigerung, die ein Vertriebsleiter als seine Leistung angibt, deutlich aussagekräftiger wird, wenn man die damalige Wirtschaftsentwicklung und insbesondere die der Branche betrachtet – da relativiert sich manche zweistellige Zuwachszahl dann schnell als unterdurchschnittlich im Branchenvergleich. Umgekehrt kann ein anderer Kandidat bei gleichbleibendem Umsatz einen höheren Deckungsbeitrag erwirtschaftet haben, nur ist das keine solch plakative Story. Oder noch drastischer: bei einem deutlich kleiner werdendem Markt schafft ein Kandidat es, den Umsatzrückgang sehr gering zu halten, die Marktanteile seines Unternehmens deutlich auszubauen – es bleibt aber ein Umsatzrückgang und damit ein schwarzer Fleck auf seiner Leistungsbilanz.

Generell könnte man es polemisch überspitzen, dass manche Abteilungen und Unternehmen nicht wegen ihres Managements gewachsen sind, sondern trotz ihres Managements.

4.5.5 Physische und mentale sowie psychische Gesundheit

Was bereits im Kapitel „Werte" über Ehrlichkeit vor einigen Seiten geschrieben wurde, gilt umso mehr, je höher eine Person im Unternehmen positioniert ist. Nicht nur der direkte Schaden bei Charakterfehlern von Führungskräften ist größer, auch das (schlechte) Vorbild kann ganze Abteilungen, Bereiche oder Firmen langsam anstecken.

Oftmals werden bei der Bewerbung von älteren Kandidaten Bedenken laut, dass diese in ihrem Alter vielleicht nicht mehr die gewünschte oder notwendige körperliche Fitness

---

[8] Rosenzweig (2008) eine sehr interessante Lektüre über falsche Annahmen, logische Irrtümer und Fehleinschätzungen über Unternehmensperformance, die im Wirtschaftsleben weit verbreitet sind.

mitbringen. Körperliche Fitness und Leistungsfähigkeit sind weniger eine Frage des Alters als der persönlichen Voraussetzungen. In einer umfangreichen Studie wurden die Zeiten von Marathonläufern (junge Läufer bis über 50 Jahre alte) untersucht. Es gab keinen Zusammenhang der Leistungsfähigkeit mit dem Alter. Unter diesem Aspekt bieten jüngere Mitarbeiter keinen Vorteil, bei Recruiting stehen wir also eher vor dem Problem, dass man die körperliche Leistungsfähigkeit von Kandidaten jeden Alters individuell abschätzen müsste.

Größenwahn und Machbarkeitswahn
Schlagzeilen wie die folgenden liest man immer wieder:

- Mitarbeiter der Firma XY besticht Beamte mit Millionenbeträgen.
- Manager ruiniert Traditionsunternehmen.
- Ein Makler der XY-Bank verzockt XXX Milliarden – Bank in den Ruin getrieben.

Kommen solche Delikte vermehrt vor? Oder richten sich Presse und die öffentliche Aufmerksamkeit vermehrt auf die Themen Corporate Governance (das richtige Verhalten von Unternehmen), Bestechungsprävention und -ahndung? Wie dem auch sei – unsere Frage lautet: kann man solches oder ähnliches fahrlässiges bis kriminelles Verhalten von Menschen wirklich verhindern? Oder Menschen frühzeitig erkennen, die zu solchen Aktionen neigen? Ich bin überzeugt, dass das nicht zu 100 % möglich ist. Es gibt aber Systeme und Konstrukte, die einen Missbrauch verhindern oder zumindest deutlich erschweren. Neben einer guten und gelebten Firmenkultur und einem starken Zusammengehörigkeitsgefühls gehören auch Rahmenbedingungen wie das Vier-Augen-Prinzip dazu. Sie können aber das Ent- und Bestehen solcher Auswüchse nur erschweren, nicht gänzlich verhindern.

Gibt es vielleicht Indikatoren, wann eine solche Gefahr besonders groß ist? Vielleicht sogar festzumachen an Personen? Ja, es gibt Aspekte, auf die man achten sollte, vor allem beim Recruiting von Führungskräften. Die Forschung nennt den folgend beschriebenen Persönlichkeitszug Narzissmus und definiert ihn als „Konzentration des seelischen Interesses auf das eigene Selbst". Diese Definition beschreibt ein Kontinuum, das von (zu) geringer Ausprägung über ein gesundes Maß bis ins Extrem der Übersteigerung reicht.

(Der Begriff Narzissmus ist in der Bevölkerung meist ausschließlich negativ besetzt, aber wir differenzieren hier wieder etwas mehr.) Ein „positiver, gesunder Narzissmus" ist die Fähigkeit, ausreichend Selbstwert und Selbstfürsorge zu besitzen, sich abgrenzen als auch einlassen zu können. In dieser Ausprägung stellt er sogar eine Voraussetzung für befriedigende Arbeits-, Freundschafts- und Liebesbeziehungen dar. Ihn nenne ich im Folgenden „produktiver Narzissmus".

Die Kehrseite eines überbordenden Narzissmus, den wir jetzt genauer betrachten, ist der pathologische, potenziell destruktive Narzissmus. Der Einfachheit halber spreche ich im Folgenden bei Menschen mit dieser negativen Ausprägung von „Narzissten".

Eine solche Übersteigerung lässt Menschen „ihren Mitmenschen schaden und die Leistungsfähigkeit dieser Organisationen untergraben. Sie vergraulen Kunden und Mitarbeiter, inszenieren Arbeitszeit kostende Konflikte, höhlen die Leistungsfähigkeit von Teams und Management aus.")[9]

Geht es Narzissten um die Wahl zwischen Dienst an der Sache und Selbstberauschung, wiegt die Selbstberauschung schwerer: Ego vor Firma. Ich vor anderen. Ich vor der Sache. Ich vor dem Team. Es ist leicht vorstellbar, dass solche Charaktere vor allem in Führungspositionen schweren Schaden bereiten (können).

Narzisstische Personen scheinen sich selbst zu genügen, sie erwarten bevorzugte Behandlung, nutzen andere aus und sind leicht kränkbar sowie nachtragend. Sie erleben sich als unglaublich wichtig, fantasieren von grenzenlosem Erfolg, glauben an ihre Einzigartigkeit (um nicht zu sagen „höheren Wert") und streben nach Bewunderung. Ihre Überheblichkeit geht einher mit einem gleichzeitigen Mangel an Empathie.

Aber auch der Narzisst lebt nicht glücklich – seine Krankenakte kann Einträge wie „paranoide Zustände, emotionale Verkümmerung, zwangsneurotisch um Kontrolle der Umgebung bemüht, von Misstrauen zerfressen, depressiv und mühsam von persönlichen Coachs aufrecht erhalten" enthalten (Rust, H. (2002) Lob der Eitelkeit, Manager-Magazin, Heft 12, 184–197).

Wer sich mit einem Narzissten anlegen will, sollte sich das also gut überlegen. Denn „Gespräche" laufen in der Regel auf einen Machtkampf hinaus. Diesen Kampf führen manche narzisstische Persönlichkeiten offen, andere verdeckt. Einige erhöhen den Druck, versuchen „den Gegner" zu erniedrigen oder lächerlich zu machen. Andere hören scheinbar aufmerksam zu, reagieren aber überhaupt nicht, so als hätten sie gar nicht zugehört. Sie gehen einen anderen Weg, um ihre Machtposition zu halten, sie ignorieren einfach völlig die Bedürfnisse und Gefühle ihrer Mitmenschen. Wer selbstsicher ist, kann anderen gegenüber freundlich, aufgeschlossen und hilfreich sein. Doch Narzissten erleben andere Menschen eher als Konkurrenz oder als Bedrohung für ihr eigentlich schwaches Selbstwertgefühl. Daher sind sie leicht zu kränken und reagieren heftig auf Rückschläge, Vorwürfe und Niederlagen" (Hörfunksendung SWR2 Wissen: „Maßloses Ego – wenn Selbstliebe zur Krankheit wird", vom 13.07.2011, Redaktion: Sonja Striegl)

---

[9] Dammann (2007, S. 10) trotz des reißerischen Titels eine differenzierte und substanzielle Betrachtung des Themas, das zur weiteren Vertiefung geeignet ist

Wichtig bei dieser Betrachtung ist, dass wir das Phänomen „Narzissmus" tatsächlich in seiner Bandbreite betrachten – mildere Ausprägungen begünstigen sogar die Karriere. Hier eine Aufzählung von Kennzeichen[10]:

- oberflächlicher Charme
- übersteigertes Selbstwertgefühl
- Tendenz, sich zu überschätzen
- zum Teil charismatische Eigenschaften
- suchtartiges Arbeitsverhalten
- Stimulationshunger/Reizhunger auf Grund der Tendenz zur Langeweile
- Fähigkeit, andere zu lenken, zu beeinflussen oder zu manipulieren
- Mangel an Schuldgefühlen, bis hin zur Fähigkeit, leicht zu lügen
- oberflächliche Gefühle und dadurch mangelnde Bindung, Loyalität
- Gefühlskälte, Mangel an Empathie
- Risikofreudigkeit
- Verweigerung der Verantwortung für eigenes Verhalten
- große innere „Flexibilität" auf Grund mangelnder tatsächlicher Bindungen und Identitäten

Ein weiterer Aspekt ist die große Risikobereitschaft, die durch Gefühle wie Omnipotenz und Unverletzbarkeit erzeugt wird. „Normale" Führungskräfte entscheiden sich bei zu großen Risiken für ungefährlichere Alternativen, Narzissten setzen oft alles auf eine Karte. Geht es gut, steigert das ihren Ruf und ihr Ansehen als Top-Manager, geht es schief, waren die Umstände schuld oder sie wechseln schlimmstenfalls das Spielfeld.

> Je höher eine narzisstische Persönlichkeit(-sstörung) in der Hierarchie des Unternehmens angesiedelt ist, umso verhängnisvoller ist es für das Unternehmen und die Mitarbeiter. Eine pathologische Selbstverliebtheit der entscheidenden Führungsperson gefährdet bzw. kostet das Leben vieler Unternehmen.
> (Dr. Peter Gruber, Wien, aus seinem Vortrag „Erfahrungen zur Begrenzung – Eine Herausforderung an die Führungspersönlichkeit")

Aber führen nicht Macht und Autorität fast unweigerlich zu einer solchen Selbstüberschätzung? Ich meine nein, hier werden Ursache und Wirkung vertauscht. Macht stellt sozusagen das Vergrößerungsglas dar, das solche negativen Persönlichkeitsmerkmale erst überdeutlich erscheinen lässt. Ein ähnliches Beispiel liegt m. M. bei Geld vor: Geld verdirbt nicht den Charakter, sondern ein verdorbener Charakter wird durch viel vorhandenes Geld deutlich erkennbar. Dass vielleicht sogar besonders oft Menschen in hohen Führungspositionen zu finden sind, die diese Form von Anerkennung und Machtgefühl als psychologische Ersatzbefriedigung für erlebte Beeinträchtigungen auf anderen Gebieten benötigen, spricht nicht dagegen (Tab. 4.3).

---

[10] Dammann (2007, S. 40).

4.5 Führung und seniore Positionen

Tab. 4.3 Übersicht über die Stärken und Schwächen der narzisstischen Persönlichkeit (Aus dem Vortrag von Dr. Helene Drexler, Wien: „Manager des Jahres, Stardirigenten, Kultfiguren – Und die Kehrseite der Medaille?")

Stärken	Schwächen
Bestechender Selbstwert „etwas Besonderes sein"	Selbstüberschätzung
Glaube an sich	Egozentrik/Intoleranz
Überzeugungskraft	Verletzung anderer
Charme, gesellschaftlicher „Sunny Boy"	Anspruch auf Einzigartigkeit
Instinkt für hilfreiche Menschen	Härte, Kälte, „Eisblock"
Flexibilität in Kontakten	Aus-, Benützen von Menschen
	Beziehungslosigkeit
Unabhängigkeit	Einsamkeit
	Kritikunfähigkeit

> **Fazit**
> Bei Führungskräften müssen einige Aspekte besonders beachtet werden, da durch den größeren Hebel auch überproportional großer Schaden entstehen kann. Insbesondere muss man sehr aufmerksam auf psychologische Deformationen bei potenziellen Führungskräften achten.

4.5.6 Wen man nicht zum Manager machen sollte

> Good people hire good people, bad people hire bad people. Good people fire bad people, bad people fire good people.

Auch wenn den Erkenntnissen der vergangenen Kapitel über Führungskräfte und deren Schwächen neue Untersuchungen zugrunde liegen, gab es doch schon immer Richtlinien, wer als Manager ungeeignet ist. Einige sehr schöne Sätze möchte ich aus dem Buch „Die Praxis des Managements" vom Großmeister des Management Peter F. Drucker[11] zitieren:

> Denn der Charakter ist entscheidend für eine Führungsstellung; er gibt das Beispiel und wird nachgeahmt. ... wer ihn nicht mitbringt, wird ihn niemals haben.
> .... Seine Untergebenen wissen innerhalb weniger Wochen, ob er charakterlich einwandfrei ist oder nicht.
> Niemand kommt dafür in Frage, der mehr die Schwächen als die Stärken seiner Leute sieht. Niemand darf eine Vorgesetztenstellung einnehmen, dem die Frage: „Wer hat recht?" wichtiger ist als die Frage „Was ist recht?". Persönliches über die Anforderungen der Arbeit zu stellen, ist Verderbnis und verdirbt. Wer fragt: „Wer hat recht?" ermutigt seine Untergebenen „to play safe, if not to play politics". Vor allem aber verleitet er sie dazu, falls sie merken, dass sie einen Fehler gemacht haben, diesen zu vertuschen, anstatt sich sofort um seine Beseitigung zu bemühen.
> Niemand darf zum Vorgesetzten gemacht werden, dem Intelligenz wichtiger ist als ein einwandfreier Charakter. Denn das bedeutet mangelnde Reife.

---

[11] Drucker (1970, S. 173 f.)

Niemand darf befördert werden, der bewiesen hat, dass er eigenwillige Untergebene fürchtet. Denn das ist ein Zeichen von Schwäche.

Niemand darf eine Vorgesetztenstelle erhalten, der nicht hohe Maßstäbe an seine eigene Leistung anlegt. Denn das führt zur Verachtung der Arbeit und der Fähigkeiten des Management.

Das schrieb Peter F. Drucker bereits 1970. Wenn sich in den letzten 40 Jahren alle Verantwortlichen bei der Besetzung von Führungspositionen mehr an diesen Richtlinien orientiert hätten, gäbe es heute vielleicht mehr „gutes Management", weniger Krisen, weniger Misswirtschaft und sicherlich kein solch schlechtes Image des Managers, wie wir es aktuell in der Bevölkerung erleben.

4.6 Der Beste – oder der Passende?

Wir hatten großartige Pläne, aber wir konnten sie erst umsetzen, als wir den richtigen Mann hatten. Jack Welsh, Präsident General Electric Company 1981–2001, gilt als erfolgreichster Manager Amerikas

Eignung ist eine relationale Beziehung, die den Bereich Arbeit (Arbeitsplatz mit Merkmalen) mit dem Bereich Person (Fähigkeiten, Fertigkeiten, Interessen, Kenntnisse, Verhalten, Persönlichkeit etc.) verbindet.

▶ **Definition „Eignung"** „Eine Person ist für einen Beruf, eine berufliche Tätigkeit oder eine berufliche Position geeignet, wenn sie über diejenigen Merkmale verfügt, die Voraussetzung für die jeweils geforderte berufliche Leistungshöhe sind." (DIN 33430, S. 4)

Beim Lesen mancher Stellenanzeigen ergibt sich das Anforderungsprofil eines Akademikers mit überdurchschnittlichem Abschluss, 3-jährigem Auslandsaufenthalt, 7-jähriger Berufserfahrung, nicht älter als 25 Jahre, mit perfekten Kenntnissen und Fähigkeiten in fast allen Gebieten – es wird ein eierlegender Woll-Milch-Sau-Superman gesucht. Dies ist nicht nur offensichtlich kaum erfüllbar, sondern solche Anforderungsprofile sind mehrfach gefährlich. Schon eine Erwartungshaltung in den Köpfen von Unternehmensleitung, Fachabteilung oder Personalabteilung führen zu unrealistischen Beurteilungen von Kandidaten.

▶   Wir müssen mit den Menschen arbeiten, die es gibt.

Wir müssen mit den Menschen arbeiten, die es gibt, und nicht für jede halbwegs anspruchsvolle Aufgabe einen Mr. Perfect erwarten. Dies führt zu einer falschen Personalauswahl, einer Unterforderung im realen Job von solch seltenen Exemplaren und einer Außendarstellung des Unternehmens, die sehr befremdlich ist. Menschen haben Stärken und „Schwächen" – wobei im beruflichen Kontext ganz klar auf vorhandenen Stärken aufgebaut werden sollte (die in der Ausbildung natürlich erst entdeckt und entwickelt werden müssen). Schwächen sollten nur insoweit beseitigt werden, als es sich um erlernbare Techniken, Know-how oder Fertigkeiten handelt, die für den Job unbedingt notwendig sind – Eingriffe in die Persönlichkeit durch manche „Personalentwicklung" sind nicht nur ethisch fragwürdig, sondern auch oft schlecht investiert, da dauerhafte Erfolge hier eher überschaubar sind.

Jobs müssen (vom Aufgabengebiet und Umfang) so designed sein und so mit konkreten Aufgaben und Prioritäten gefüllt sein (Assignment), dass normale Menschen sie erledigen können. Die Unterforderung von Mitarbeitern passiert vermutlich häufiger als eine Überforderung. Die Ansprüche an Mitarbeiter sollten daher durchaus entsprechend groß sein, „normalen" Menschen aber auch mehr zugetraut werden. Eine qualifizierte Personalauswahl ist dafür natürlich notwendig, um den richtigen Menschen an die richtige Position zu bringen.

Wenn wir die Stärken der Menschen auch im Job wirklich berücksichtigen, erreichen wir eine höhere Produktivität, zufriedenere Mitarbeiter und generell zufriedenere Menschen (Gesellschaftsaspekt). Siehe hierzu auch das Kapitel „Stärkenorientierter Personaleinsatz".

4.6.1 Der Beste kann auch nicht passen …

Manche Entscheider gehen mit dem Gedanken an die Suche und Auswahl von Kandidaten heran, dass sie den „Besten" wollen. Möglichst die beste Ausbildung in der kürzesten Zeit, gerne Zweitqualifikation, den besten Track Record (Erfahrungs- und Erfolgshistorie, Leistungsbilanz), bisher bei den renommiertesten Unternehmen (gerne DAX-Unternehmen), eloquent in mehreren Sprachen, mit souveränem Auftreten auf jedem Parkett usw. Abgesehen davon, dass es solche Kaliber äußerst selten wirklich gibt, kann bei einer Verpflichtung eines solchen Top-Kandidaten einiges verkehrt sein. Nehmen wir einen gesunden Mittelständler, der einen neuen Vertriebsleiter sucht – gerne mit den oben genannten Eigenschaften. Ein solcher Kandidat wird tatsächlich vom Personalberater vorgeschlagen und interessiert sich für die ausgeschriebene Position. Die Beteiligten werden sich einig, der Geschäftsführer schwärmt von seinem „Einkauf", Top-Diplom, Auslands-MBA, brillanter Kopf mit hervorragenden Referenzen, fast schon eine Lichtgestalt bei dem bodenständigen Unternehmen. Heimlich freut sich der Chef, denn das Licht dieses Mitarbeiters an Bord fällt natürlich auf ihn – so hofft er.

Doch nach einem halben Jahr ist sich der Geschäftsführer schon nicht mehr so sicher – seine bestehende Mannschaft akzeptiert den „Überflieger" nicht so wie erhofft, die Kommunikation klappt aufgrund der unterschiedlichen Sprachlevel nicht. Die Vertriebsmitarbeiter empfinden ihren neuen Abteilungsleiter als Angeber, er selbst seine Mitarbeiter als minderqualifiziert.

Die Mitarbeiter erleben: Der Ton im Miteinander wird weniger wertschätzend, die Stimmung und der Teamgeist lassen nach. Die Zielvereinbarungen werden nicht erreicht, der erhöhte Druck, den der neue Vertriebsleiter aufbauen zu müssen meint, nimmt zu, einzelne Vertriebsmitarbeiter nehmen Angebote der Konkurrenz wahr, die Umsätze stimmen nicht mehr. Kunden fragen mehrfach nach dem alten Vertriebsleiter und hätten gerne einen Betreuer, der wieder ihre Sprache spricht – ein Key Account Manager wird installiert.

Der neue Vertriebsleiter erlebt: Zu seinen Mitarbeitern findet er nicht den früher gewohnten guten Draht, die Leistungen der Abteilung lassen nach statt zu steigen, ihm fehlt der Glamour, den er von früheren Unternehmensaktivitäten kannte, seine Fremdsprachen kann er nicht nutzen, er beginnt an seiner Entscheidung zu zweifeln – nach 11 Monaten nimmt ein enttäuschter Vertriebsleiter die Chance wahr, beim Marktführer als Vertriebsvorstand für Asien einzusteigen. Dem Mittelständler bleibt eine demotivierte führungslose Vertriebstruppe, viele unzufriedene Kunden und ein verschlechtertes Betriebsklima.

Die Auswahl nach dem passgenauen und gleichzeitig noch entwicklungsfähigen oder zumindest flexibel einsetzbaren Mitarbeiter bleibt ein Spagat. Die Suche nach „dem Besten" führt bei falscher, überhöhter Stellenabforderung in eine Sackgasse und ein Universalgenie ist aktuell nicht verfügbar.

Daher ist es durchaus sinnvoll, die Anforderungskriterien nicht zu eng auf ausschließlich die aktuell zu besetzende Position zu formulieren, da ein passender Kandidat eventuell bei Veränderungen und Umstrukturierungen nicht flexibel genug ist oder die geänderten Anforderungen nicht erfüllen kann.

Daher macht es Sinn, auch hinsichtlich einer realisierbaren Besetzung in Zeiten der demografisch bedingten Knappheit von Kandidaten, das Anforderungsprofil etwas zu verbreitern. Im Beispiel des Profiling Tools "Profile XT", das im Buch vorgestellt wird, wird das erreicht, in dem automatisch eine Zielbandbreite angegeben wird, meist drei oder vier Einheiten von zehn möglichen. Ein Beispiel aus einem ganz anderen Bereich:

Beispiel

Fußball-WM 2010. Die deutsche Mannschaft besteht größtenteils aus jungen und relativ unerfahrenen Spielern. Wie kann eine solche Mannschaft gegen Fußballnationen der Welt siegen, in denen doch Stars und Weltfußballer spielen, z. B. England und Argentinien? Nach dem Fußballspiel Deutschland – Argentinien (4:0) lacht Oliver Kahn und schüttelt den Kopf: „Es ist kein Projekt, es ist ein Konzept, was die deutsche Mannschaft spielt, das sich durch Nachhaltigkeit auszahlt. Wer soll die jetzt noch stoppen?"

Die beste Fußballmannschaft war nicht die mit den meisten „Stars", sondern diejenige, deren Zusammenspiel am besten klappte, die zusammen als Team dachten und spielten und Egoismen hintanstellten. „Diese Konstellation ließ sich sogar noch deutlicher beobachten bei der WM 2014, bei der die deutsche Mannschaft durch ihre Teamleistung zum Weltmeister wurde."

Fazit

Nur wenn wir wissen, was wir suchen, werden wir es erkennen, wenn wir es gefunden haben.

Die sachlich orientierte Auswahl mit entsprechenden, anhand der Aufgaben definierten Kriterien führt viel eher zu langfristig sinnvollen Ergebnissen als eine idealisierte Suche nach dem Märchenprinzen.

4.6.2 DIN 33430 – Hilfe oder Alptraum?

Diese DIN wurde entwickelt in der lobenswerten Absicht, die Professionalität in der Personalarbeit zu verbessern, speziell im Bereich Berufswahl, Bewerberauswahl und Planung der Berufslaufbahn. Die dafür jeweils benötigte berufsbezogene Eignungsbeurteilung sowie die Eignung der Beurteiler sollte vereinheitlicht und professionalisiert werden. Die DIN 33430 „enthält Festlegungen und Leitsätze für Verfahren und deren Einsatz bei berufsbezogenen Eignungsbeurteilungen" (DIN, 2002, S. 3). Es wird eine Relation hergestellt zwischen Person und einer (bereits ausgeübten oder zukünftig angestrebten) berufsbezogenen Tätigkeit oder Aufgabe. Neben der Kandidatenauswahl können auch Beförderung, Personalentwicklungsmaßnahmen (Weiterbildung/Schulung/Trainings etc.) Karriereplanung oder Aufgabenplanung (Zuordnung von Personen und Tätigkeiten) mit Hilfe der DIN-Kriterien durchgeführt werden.

Es können sowohl relativ zeitstabile Merkmale (z. B. Intelligenz) als auch relativ veränderbare Merkmale (z. B. Interessen, Kommunikationsverhalten) herangezogen werden. Die Verfahren, die die DIN betrachtet, sind Eignungsinterviews, biografische Fragebögen, berufsbezogene Persönlichkeitsfragebögen, Assessment Center, Arbeitsproben und Tests.

▶ **Wichtig** Die DIN 33430 ist eine Prozessnorm, sie betrifft also Qualifikationen von Prozessbeteiligten, die Qualität von verwendeten Instrumenten sowie die Einhaltung von Prozessen. Ein Testverfahren kann/darf daher nicht mit der DIN 33430 werben im Sinne eines Gütesiegels.

Für die Praxis: die Anwendung der „reinen Lehre" ist relativ aufwendig, eine entsprechende Zertifizierung ist notwendig, was die Verbreitung dieser DIN sicherlich sehr gehemmt hat. Eine Orientierung an den Prinzipien und Leitlinien der DIN 33430 ist hingegen sehr sinnvoll, da viele gute Hinweise für die eigene Prozessgestaltung übernommen werden können.

Martin Kersting, aktuell Professor für Psychologische Diagnostik an der Justus-Liebig-Universität Gießen, hat an der Erstellung der DIN33430 maßgeblich mitgearbeitet. Auf seiner Website www.kersting-internet.de finden Sie zahlreiche weitere Informationen, auch Checklisten für die eigene Arbeitsweise sowie Publikationen aus der Fachpresse.

▶ **Tipps zum Weiterlesen** www.kersting-internet.de
Karl Westhoff (Hg.): Grundwissen für die berufsbezogene Eignungsbeurteilung nach DIN 33430, 3. Aufl. Lengerich 2010

Teil II
Prozesse bei der Suche und Auswahl

Die Praxis sollte das Ergebnis des Nachdenkens sein, nicht umgekehrt.
 Hermann Hesse, 1877-1962, deutscher Dichter, 1964 Nobelpreis für Literatur

Vorgehen bei der Stellenbesetzung – Make or buy

> Die Personalsuche und -auswahl sind erfolgskritische Schlüsselkompetenzen eines Unternehmens – ob inhouse durchgeführt oder mit Hilfe von Spezialisten.
> Steffen Strzygowski, Personalberater

Jetzt betrachten wir die beiden prinzipiellen Möglichkeiten der Personalgewinnung, entweder alle Prozesse komplett inhouse selbst durchzuführen (Make) oder aber externe Spezialisten zu beauftragen (Buy), die den gesamten Vorgang oder Teilbereiche übernehmen. Zu Beginn die wichtigsten Begriffe:

Begriffe:
- **Recruiting**: der komplette, mehrstufige Prozess, der zur Einstellung von neuen Mitarbeitern führt. Beginnt je nach Definition bei Positionsbeschreibung oder auch erst bei den Methoden der Ansprache von potenziellen Kandidaten (Anzeigen, Direktansprache etc.)
- **Search**: Suche nach geeigneten Kandidaten durch einen Personalberater, oft basierend auf der Zielfirmenliste
- **Zielfirmen**: Unternehmen, in denen der zukünftige Stelleninhaber heute arbeiten könnte – wichtig bei Direktansprache
- **Direktansprache**: Allgemein: Verfahren des Recruitings, bei dem zuvor identifizierte, potenzielle Kandidaten durch den Personalberater diskret direkt kontaktiert werden. Konkret: Direkte Kontaktaufnahme eines Personalberaters mit einem potenziellen Kandidaten
- **Ident**: Geeignete Kandidaten in den selektierten Unternehmen identifizieren, z. B. wie der stellvertretende Vertriebsleiter heißt, und Ermittlung der Kontaktdaten

- **Auswahl**: Deckt im Recruiting-Prozess die Phasen von der Personalbeurteilung bis zur Auswahl/Einstellung des Kandidaten ab
- **Diagnostik**: Methoden und Tools, um die Eignung von Personen für eine Position ermitteln zu können, z. B. Assessment-Center, Profiling, Eignungstests, Management-Audits etc.
- **Longlist**: von der Personalberatung zusammengestellte Liste mit möglichen Kandidaten
- **Shortlist**: von der Personalberatung ermittelte engere Auswahl, Liste mit den am besten geeigneten Kandidaten, mit denen auch persönliche Interviews geführt werden. Aus diesen werden dann die wenigen Kandidaten selektiert, die dem Kunden präsentiert werden.
- **No-touch** oder **Off-Limits**: Unternehmen, bei denen vom Personalberater keine potenziellen Kandidaten angesprochen werden sollen, z. B. wichtige Kundenunternehmen.

5.1 Buy: Beauftragung einer Personalberatung

5.1.1 Begriffsdefinitionen im Bereich Personalberatung

Weitere gängige Begriffe im Bereich Personalberatung sind:

- **Personalberatung**: Überbegriff, der eine Vielzahl von unterschiedlichen Bereichen abdeckt. Die klassische Suche und Auswahl von Mitarbeitern für die unterschiedlichen Level fällt darunter, aber ebenso Leistungen bei Kunden wie Management Appraisal (Audit), Leistungen bei der Personalentwicklung, Vergütungsberatung oder Personalmarketing. Die meisten Personalberatungen haben sich auf einen oder mehrere Bereiche spezialisiert.
- **Executive Search**: Besetzung der obersten Führungsebenen, meist ausschließlich über Direktansprache (Direct Search)
- **Direct Search** oder **Direktansprache**: Diskrete Ansprache von potenziellen Kandidaten in anderen Unternehmen. Dadurch erreicht die Personalberatung sehr gute Kandidaten, die aktuell nicht aktiv auf der Suche nach neuen Positionen sind.
- **Headhunting**: amerikanischer Begriff, unter dem meist die Personalsuche von Führungskräften per Direktansprache verstanden wird
- **Agenturen**: Vermittlung von Mitarbeitern auf niedrigeren Levels, auch Blue Collar. Oft als Dienstleistung bei Zeitarbeitsunternehmen angeboten.
- **Personalvermittlung/Arbeitsvermittlung**: Meist wird darunter die Vermittlung durch die „Bundesagentur für Arbeit" verstanden oder Vermittlung auf reiner Provisionsbasis. Manchmal wird noch differenziert nach Auftraggeber, beim Personalvermittler

5.1 Buy: Beauftragung einer Personalberatung

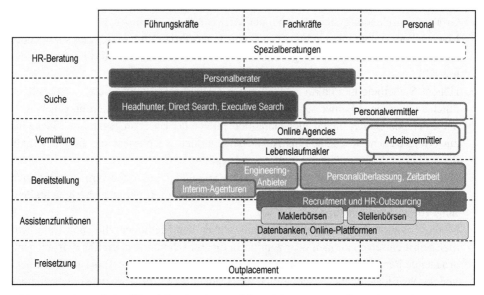

Abb. 5.1 Schematische Übersicht über Personaldienstleistungen. Quelle: Lünendonk Whitepaper 2013: Mehr Transparenz in der Personalbeschaffung

das beim Arbeitsvermittler die Arbeitskräfte. Unternehmen, beim Arbeitsvermittler die Arbeitskräfte. Eine recht gute Übersicht findet sich in „Lünendonk Whitepaper 2013: Mehr Transparenz in der Personalbeschaffung" (Abb. 5.1).

- **Angebotsmarkt für Personalbeschaffungsdienstleistungen:** Schematische Übersicht. Getrennt sind die Anbietergruppen idealtypisch nach allgemeiner Berater, Suche, Vermittlung, Bereitstellung, Übernahme von HR-Funktionen und Leistung von Hilfsfunktionen

Ich persönlich nutze den Begriff Personalberater in etwas weiterem Sinn, nämlich als deutschsprachigen Oberbegriff für die Berater, die sich um die Suche von Führungs- und Fachkräften sowie um HR-Prozesse kümmern. Meine Definition würde also die oben aufgeführten „Headhunter, Direct Search, Executive Search" als einen Bereich der Personalberatung mit umfassen.

Vorteile des Einsatzes von Personalberatungen

- Optimale Nutzung der eigenen Management-Kapazitäten als auch Entlastung der Personalabteilung.
- Personalberater verfügen meist über gute Kenntnisse der aktuellen Arbeitsmarktlage, eine akademische Ausbildung und einschlägige Berufserfahrung.
- Direktansprache mit entsprechenden Zielkandidaten, wodurch eine größere Menge an geeigneten Kandidaten erreicht wird. Hier sind vor allem die latent wechselwilligen Kandidaten interessant, die selbst nicht aktiv nach neuen Positionen suchen.
- Zeitgewinn durch professionelle Abwicklung und strukturierte Prozesse.

- Größere Entscheidungssicherheit bei der Auswahl durch „mehr Augen".
- Manche Personalberatungen bieten auch eine hochwertige Eignungsdiagnostik – leider ist aber nicht jede Eignungsdiagnostik empfehlenswert (siehe auch das Kapitel „Diagnostik").
- Höhere Sicherheit in Punkto „Allgemeines Gleichbehandlungsgesetz" – schnell ist durch einen kleinen Fehler die Gefahr von Klagen wegen Diskriminierung gegeben.
- Viele Personalberater bieten auch Garantien an: von der Besetzungsgarantie (Suche bis zur erfolgreichen Besetzung) bis zur kostenneutralen Nachbesetzung, falls innerhalb der Probezeit der Kandidat gekündigt werden sollte.
- Hohe Diskretion – nicht nur gegenüber dem Markt und dem Wettbewerb, sondern auch inhouse beim Mandanten, was vor allem bei noch nicht informierten bisherigen Stelleninhabern wichtig sein kann.
- Methodenvielfalt bei Suche und Auswahl. Neben den Methoden, die auch Unternehmen selbst einsetzen können oder zumindest theoretisch könnten, greifen entsprechend arbeitende Personalberatungen auch auf exklusive Methoden und Tools zu. Das reicht von der Profildatenbank ausschließlich für Headhunter bis zur Direktansprache, beides verspricht sehr hohe Erfolgsraten bzw. Kandidaten mit großer Passung zur Vakanz.

Die Kosten oder Investitionen in die Beauftragung einer Personalberatung variieren stark. Sie sind abhängig vom Geschäftsmodell der Beratung, teils dann auch noch von Aufgabenumfang, der Gehaltshöhe einer Vakanz etc.

5.1.2 Geschäftsmodelle von Personalberatungen

Reine Erfolgsprovision (Contingency)
Hier wird der Berater aktiv, ohne dass sicher ist, ob seine Anstrengungen auch honoriert werden. Dementsprechend hoch (oder besser niedrig) sind dann meistens auch Motivation und Arbeitseinsatz. Häufig wird noch nicht einmal Exklusivität vereinbart oder von der Beratung verlangt; wer zuerst den passenden Kandidaten liefert, wird honoriert, die anderen Berater haben umsonst gearbeitet. Das ist kein seriöses Modell – hier wird oberflächlicher Arbeit der Berater Tür und Tor geöffnet, von einseitiger Information von Kandidaten über schlechte Passung von Anforderung und Profil (insbesondere im Bereich Persönlichkeit ist das nicht so einfach und rasch zu erkennen) bis dahin, dass potenzielle Kandidaten unter Druck gesetzt werden, möglichst schnell ihre Lebensläufe zu liefern. Diese negativen Aspekte fallen aus Sicht der Kandidaten, der Nicht-Interessierten sowie jeweils deren Umfeld nicht nur auf die konkrete Personalberatung zurück, sondern verschlechtern das Image der gesamten Branche – und werden im Endeffekt dem beauftragenden Unternehmen zugerechnet. Wer sich mittels solcher „low level"-Beratungen auf die die Suche nach Mitarbeitern macht, legt keinen großen Wert auf seine Mitarbeiter und den Ruf des Unternehmens am Markt. Übertragen auf einen anderen Bereich: Wer käme auf die Idee, vier Anwaltskanzleien jeweils einen Vertrag für ein komplexes Thema er-

arbeiten zu lassen, dann aber nur die Kanzlei zu bezahlen, deren Vertrag am angenehmsten oder schnellsten fertiggestellt ist? Ausnahme: ein stetig hoher Bedarf an Mitarbeitern, den eine einzige Personalberatung nicht decken kann. Beispiel: aufgrund der hohen branchenbedingten Fluktuation und des permanenten Bedarfs sind große Unternehmensberatungen fast immer auf der Suche nach interessanten Kandidaten. Hier ist eine rein erfolgsabhängige Zusammenarbeit mit Personalberatungen durchaus sinnvoll, so dass diese eventuell passende Kandidaten initiativ präsentieren können. Eine einzelne, genau definierte Position ab einem gewissen Level sollte aber auch hier an eine Personalberatung mit Exklusivauftrag vergeben werden.

Festauftrag mit Zahlung nach Projektverlauf (Retained)
Hier wird ein fester Auftrag erteilt, der meist eine erste Summe bei Auftragserteilung, eine zweite bei der Präsentation von Kandidaten sowie die Restsumme bei Unterschrift des zukünftigen Stelleninhabers vorsieht. Das „Risiko" des beauftragenden Unternehmens ist überschaubar, da bei „Nicht-Lieferung" der vereinbarten Projektleistungen auch keine Kosten entstehen.

Festauftrag mit Zahlung nach Zeitverlauf (Retained)
Das gleiche Prinzip, doch wird nicht nach Projektfortschritt, sondern zu festgelegten Terminen eine Zahlung fällig.

Honorarsatz abhängig vom Jahres(ziel)gehalt
Der früher übliche klassische Drittel-Split mit 30 % bis 50 % des Jahres-Brutto ist mittlerweile auch bei den großen Executive Search Beratungen aufgeweicht, auch wenn das kaum öffentlich zugegeben wird. Diese Beratungen übernehmen offiziell auch nur Vakanzen ab einer bestimmten Höhe des Jahresgehaltes, früher teilweise über 400.000 € – aber auch hier ist in den letzten Jahren die Diskussionsbereitschaft größer geworden.

Bei „normalen" Personalberatungen, die auch Positionen zwischen 50.000 bis 300.000 € Jahresgehalt besetzen, liegen die Honorarhöhen meist zwischen 20 und 30 % des Jahresgehaltes, wobei es unterschiedliche Modelle gibt, ob die variablen Gehaltsanteile mitberechnet werden oder nur das Fixum. Hier ist meiner Meinung nach insbesondere bei Vertriebspositionen der variable Anteil aufgrund des beträchtlichen prozentualen Anteils ganz klar mit einzubeziehen.

Aufgabenumfang und Schwierigkeit
In manchen Fällen vereinbaren Personalberater aber auch Fixpreise abhängig vom Aufwand und der Schwierigkeit der Aufgabe.

Eingeschränkter Aufgabenbereich
Nur Search, Ident, Ansprache, Erstauswahl, Koordination: bei einem eingeschränkten Aufgabenumfang ohne Interviews, Diagnostik etc. kann eine Personalberatung durch den geringeren Aufwand auch mit geringeren Honorarkosten kalkulieren.

Abb. 5.2 Aufgaben der Personalberatung mit verschiedenen Elementen der Personalsuche und Auswahl

- **Kompletter Prozess** von Stellenanalyse über Suche, Auswahl, Beratung bei der Entscheidung bis Begleitung in der Probezeit
- **Komplexität der Aufgabe**: Manche Beratungen verrechnen Honorare aufgrund der Komplexität von Projekten.
- **Exklusivität**: sollte bei einer Vergabe immer gewährt werden, zumindest einige Monate. Erst wenn der Personalberater keine Kandidaten „liefern" kann, sollte *evtl.* ein weiteres Beratungsunternehmen hinzugezogen werden. Die Nachteile für ein Unternehmen, das mehrere Berater parallel die gleiche Position suchen lässt, sind nicht zu unterschätzen. Wenn ein interessanter potenzieller Kandidat von mehreren Seiten auf die gleiche Position angesprochen wird, kann dies zu so großen Irritationen führen, dass dieser Kandidat komplett abspringt – und meist auch noch diese „Die linke Hand weiß nicht, was die rechte macht"-Situation weiter kommuniziert. Die meisten Personalberatungen lehnen solche „Windhundrennen" zu Recht ab (Abb. 5.2).

5.1.3 Die Kosten im Vergleich – und die Erfahrungen im Unternehmen

Manche Firmen beauftragen keine Personalberatungen, weil sie die Kosten scheuen. Vergleichen wir die Kosten für eine Suche im eigenen Haus mit den Kosten für eine externe Beratung (Tab. 5.1 und 5.2).

Bei nicht wesentlichen Mehrkosten bringt eine Personalberatung aber wesentliche Vorteile. Das Auswahlrisiko sinkt (bzw. die Wahrscheinlichkeit einer guten Besetzung steigt) durch das Mehraugenprinzip, es werden eventuell besser passende Kandidaten erreicht (die nicht aktiv auf Stellensuche sind). Die Kosten für die Besetzung sind limitiert, da der Personalberater zu diesem vereinbarten Preis liefert – sollte bei der eigenen Durchführung der Suche alleine eine weitere Anzeigenannonce notwendig werden, kostet diese wieder fast 8.000 €.

Manche Unternehmen haben in der Vergangenheit schlechte Erfahrungen mit Personalberatungen gemacht und scheuen daher weitere Experimente. Die Branche der Personal-

5.1 Buy: Beauftragung einer Personalberatung

Tab. 5.1 Kosten der Personalsuche und Auswahl bei Durchführung durch das Unternehmen

Anzeigenschaltung FAZ, 1/8 Seite s/w *		7.849 €
Bearbeitung von 50 Bewerbungen durch Personalabteilung	à 7 Min. a 0,75 €	263 €
10 Unterlagen geeigneter Kandidaten à 2 × 15 min. Studium durch Führungskräfte (1,30 €/min)		390 €
49 Rücksendungen inkl. Begleitschreiben à 5 min a 0,75 €	3,75 €	184 €
Porto Rücksendung Unterlagen	1,44 €	70 €
10 Interviews Telefon à 15 Min (Führungskraft a 1,30 €/min)		488 €
Erstinterviews à 90 min. plus Nachbereitung (gesamt 120 min) durch leitenden Mitarbeiter (1,30 €/min)		1.560 €
Zweitgespräche à 120 min, 2 leitende Mitarbeiter (1,30 €/min)		1.248 €
Summe der vermeidbaren Kosten durch notwendige Nachbesetzung		**12.088 €**
Vorbereitungsaufwand für Anforderungsprofil und Interview nicht einberechnet		

*Anzeigengröße 1/8 Seite, 184 × 128 mm, Kosten netto, Stand Februar 2013

Tab. 5.2 Kosten der Personalsuche und Auswahl bei Beauftragung einer Personalberatung

Kosten bei Beauftragung einer Personalberatung	14.000 €

Annahme: Vertriebsmitarbeiter, Jahresbruttogehalt 70.000 €, Honorar der Personalberatung bei 20 %

berater ist allerdings so breit und bunt gefüllt, dass diese mangelnde Zufriedenheit nicht auf die gesamte Branche projiziert werden kann. Eine gründliche Auswahl der Berater ist zweifellos notwendig, eine generelle Abkehr vom Einsatz ist nur in wenigen Fällen sinnvoll.

5.1.4 Kriterien zur Auswahl von passenden Personalberatungen

Es existieren durchaus unterschiedliche Arbeitsmethoden. Manche Personalberatungen suchen ausschließlich per Anzeigen (Print/Online). Viele Beratungen nutzen ebenfalls spezialisierte Stellenbörsen, auch existieren nur für Headhunter zugängliche Online-Datendanken, einige davon sind auch relativ gut gepflegt. Fast alle Beratungen preisen ihre eigenen Datenbanken an, hier ist allerdings auch bei mehreren Tausend Kandidaten Vorsicht geboten, denn der richtige Kandidat mit der richtigen Vorgeschichte, dem passenden Level, der passenden Branche, passenden Region, der dann auch noch aktuell wechselwillig ist, ist eher die Ausnahme. Untersuchungen besagen, dass in ca. 90 % der Suchen die eigene Datenbank nicht hilft, sondern eine Neusuche durchgeführt wird.

Der Königsweg ist und bleibt die Direktansprache oder Direct Search, bei der potenzielle Kandidaten identifiziert und angesprochen werden, die aktuell in passenden Jobs arbeiten. Diese potenziellen Kandidaten arbeiten heute großenteils beim Wettbewerb oder in vergleichbaren Branchen (z. B. Vertrieb von erklärungsbedürftigen Investitionsgütern an mittelständische Unternehmen). Oftmals sind qualifizierte Fachleute reif für eine Beförderung, die im aktuellen Haus nicht durchführbar ist. Auf jeden Fall erreicht man nur mittels Direktansprache potenzielle Kandidaten, die aktuell nicht aktiv Stellenangebote lesen, aber bei einem interessanten Angebot über einen Wechsel nachdenken.

Früher wurde diese aufwendige und viel Fingerspitzengefühl erfordernde Suchmethode nur im Bereich obere Führungsetagen angewendet. Durch den hohen Personalbedarf, die zunehmende Differenzierung von Berufsfeldern als auch der Medienlandschaft wird mittlerweile diese Suchvariante auch zunehmend für die unteren Führungsebenen und sogar für Spezialisten angeboten und eingesetzt.

Branchenspezialisten, Funktionsspezialisten, Generalisten
Manche Personalberatungen haben sich spezialisiert oder haben zumindest Schwerpunkte. Diese können branchenspezifisch sein (z. B. alle Positionen im Maschinenbau), funktionsspezifisch (z. B. nur Vertriebspositionen, nur Buchhaltung/Rechnungswesen) oder regional (nur Bundesland oder Region, oder besonders international vernetzt, was bei international übergreifenden Besetzungen sinnvoll sein kann).

Es gibt auch Generalisten, die vor allem Wert auf die Methoden legen und sich kurzfristig in neue Märkte/Branchen einarbeiten.

Hier kann man keine eindeutigen Empfehlungen geben, es gibt in jedem Feld gute und weniger gute Berater und Beratungen. Branchen-Know-how kann in sehr speziellen Branchen (z. B. Biotechnologie) sinnvoll bis notwendig sein, allerdings ist die breite Masse von Unternehmen nicht in Bereichen unterwegs, in denen ganz außergewöhnliche Regeln oder Besonderheiten gelten. Auch die gerne in Verkaufsgesprächen von Personalberatern zitierte „umfangreiche Kandidaten-Datenbank" ist meist nicht sehr hilfreich – in über 90 % der Besetzungen ist eine Neusuche notwendig, da die Kandidaten in der Datenbank nicht das gewünschte Profil aufweisen, nicht wechselwillig sind, nicht auf dem richtigen Karrierelevel liegen, nicht in die Gegend der Vakanz umziehen wollen etc.

Ein Verständnis der Branche und der Funktion ist für einen Berater bei der Besetzung der meisten Positionen sicherlich sinnvoll, er muss allerdings nur in den wenigsten Bereichen selbst eine tiefe fachliche Kenntnis aufweisen. In besonderen Fällen allerdings kann genau das sinnvoll sein, zum Beispiel bei der Besetzung eines Forschungsleiters in der Pharmabranche – auch bei der Besetzung eines Marketing- oder Vertriebsleiters ist eher eine Personalberatung sinnvoll, die Marketing „versteht".

Prinzipiell ist jede Beratung für SIE nur so gut wie der/die Mitarbeiter, die dann für SIE arbeiten. Es nutzt weder etwas, wenn ein besonders eloquenter Verkäufer bei Ihnen einen Auftrag abholt, die Durchführung aber von nicht so qualifizierten Mitarbeitern erledigt wird. Und dass da auch große Namen nicht davor schützen, ist leider klar. Selbst Kollegen bei Marktführern im obersten Segment des Executive Search haben mir berichtet, wie unzufrieden sie selbst mit dem Großteil der hauseigenen Researcher sind.

Fazit: Einen Berater zu nehmen, der sich spezialisiert hat, kann die richtige Strategie sein, muss es aber nicht, das sollten Sie individuell entscheiden. Ein fähiger Personalberater kann sich auch innerhalb kurzer Zeit in neue Branchen oder Bereiche einarbeiten, so dass die individuelle Qualität des Beraters deutlich wichtiger ist als der temporäre Vorteil der Branchenkenntnis eines durchschnittlichen Beraters.

Methodenkompetenz
Ein wichtiger Punkt ist tatsächlich die Methodenkompetenz. „Personalberater" ist kein geschützter Begriff in Deutschland, jeder kann sich von heute auf morgen in diesem Bereich selbstständig machen. Manche Manager, die vor allem nach der Trennung von einem Unternehmen nicht rasch eine neue Position finden, wollen ihr Branchen-Know-how und ihr Kontaktnetzwerk zukünftig als Personalberater nutzen. Hier wird leider völlig verkannt, dass für die qualifizierte Durchführung solcher Aufgaben auch entsprechende Methodenkenntnisse notwendig sind. Da diese sich bei solchen Beratern aber auf die (mehr oder weniger professionelle) Interviewdurchführung beschränken, verschwinden solche Berater aufgrund der Marktbereinigungskräfte nach zwei Jahren wieder vom Markt. (Trotzdem haben sie in dieser Zeit Kunden oft schlecht bedient und verschlechtern den Ruf der Branche Personalberatung).

Achten Sie bei der Auswahl der Beratung sowohl auf die Suchkompetenz (z. B. Direktansprache) als auch auf die Auswahlkompetenz (z. B. werden diagnostische Tools eingesetzt, wie seriöse, valide, reliabel und objektiv sind diese). Da man prinzipiell für die Beurteilung der Richtigkeit einer Aussage fast so viel Know-how braucht wie für das Treffen der Aussage selbst, ist das natürlich für viele Praktiker ohne Psychologiestudium ein schwieriges Unterfangen.

> Die Fähigkeiten, die man braucht, um eine richtige Lösung zu finden, sind genau jene Fähigkeiten, um zu entscheiden, wann eine Lösung richtig ist.
> (David Dunning, Interview in der New York Times, 20. Juni 2010)

Einige weitere Hinweise zum Thema finden Sie hier im Kapitel „Diagnostik".

Internationalität, Big Boys – Mittelständische Beratungen – Boutiquen
Manche Personalberatungen sind Großunternehmen mit hunderten von Beratern, die international vertreten sind. Genauso wie bei Managementberatungen können einige dieser Beratungen sehr gute Werte in der Kundenzufriedenheit erreichen, aber auch nicht alle der großen Beratungen – und auch nicht alle der Berater. In der Summe schneiden häufig sogenannte „Hidden Champions", also auf kleinere Segmente spezialisierte Unternehmen, die nicht groß in der Öffentlichkeit bekannt sind, bei Werten wie Kundenzufriedenheit und Kosten/Nutzen-Relation besser ab als die „Big Player". Aber wie gesagt, auch in den ganz großen Personalberatungen gibt es sehr gute Berater. Die **Größe des Beratungsunter-**

nehmens kann eine Rolle spielen, muss es aber nicht. Größe alleine ist kein Qualitätsmerkmal. Eine Personalberatung ist genau so gut wie der Berater, der für Sie zuständig ist – und die Mitarbeiter im Projekt, angefangen beim Researcher. Hier können sehr viele Fehler gemacht werden – und leider werden sie auch gemacht. Fragt man Kandidaten zu ihren Erfahrungen mit Personalberatern, bekommt man teils erstaunlich Negatives zu hören, häufig mangelnder Respekt und geringer Informationsgehalt über Unternehmen und Position. Bei internationalen Konzernen können Verträge mit weltweit aufgestellten Personalberatungen finanzielle Vorteile bringen; die Zufriedenheit in den einzelnen Ländern steht und fällt mit der Qualität der Berater vor Ort – und die kann auch bei den „Big Boys" sehr unterschiedlich ausfallen. Bei der Besetzung von Vorständen von DAX-Unternehmen macht die Zusammenarbeit mit den großen Playern auch Sinn, da diese meist auf der entsprechenden Ebene gut vernetzt sind.

Standortfragen

Die **örtliche Nähe** von Unternehmen und Beratung kann geringfügige Vorteile bringen – der Berater spart sich Reisezeit, das Unternehmen fördert die Wirtschaft in der Region. Der Großteil der Kommunikation wird heutzutage per Telefon und Email abgewickelt, da ist die räumliche Nähe allenfalls sekundär.

Bekanntheit und Image

Ist der **Bekanntheitsgrad** ein zuverlässiger Indikator? Leider korrespondiert auch dieses Merkmal genauso wenig mit Qualität wie die Unternehmensgröße. Lernen Sie einige Personalberater kennen, lassen Sie sich deren Vorgehen darlegen, prüfen Sie, ob Sie auch in Zukunft von diesem Berater betreut werden und ob Sie sich eine Zusammenarbeit vorstellen können. Aber: der Lauteste ist nicht immer auch der Beste.

Referenzen können durchaus ein wertvoller Hinweis sein. Betrachten Sie die Referenzkunden, sofern eine Beratung diese überhaupt öffentlich bekannt gibt, unter dem Branchenaspekt und der Unternehmensgröße (wer gut mit Konzernstrukturen arbeiten kann, muss nicht unbedingt der ideale Partner für ein kleines Unternehmen sein). Eine interessante Zusatzinfo können auch **Referenzen von Kandidaten** sein. Ein Beratungsunternehmen, das solche Referenzen erfragt, legt zumindest entsprechend viel Wert auf eine gute Betreuung der Kandidaten.

Kosten-Nutzen-Verhältnis

Ein wichtiger Punkt für Unternehmen ist oft der Preis – allerdings ist dies ja wieder nur eine Seite der Medaille. Betrachten Sie bitte immer das **Preis-Leistungsverhältnis oder Kosten-Nutzen**. Eine Direktansprache von Kandidaten ist natürlich wesentlich zeitaufwendiger als die Schaltung von einigen Anzeigen. Aber die Ergebnisse sind in vielen Fällen eben auch entsprechend treffgenauer.

5.1 Buy: Beauftragung einer Personalberatung

Checkliste Bedürfnis- und Selbstanalyse – Welcher Berater könnte zu mir passen?

- Eigene Unternehmensgröße (KMU, Großunternehmen, Konzern): die Größe der Personalberatung ist nur in Ausnahmefällen relevant.
- Eigene Branchenzugehörigkeit, Geschäftsfelder: haben wir wirklich so stark von anderen Branchen abweichende Regeln und Besonderheiten, in die sich ein Berater nicht binnen kurzer Zeit einarbeiten kann?
- Eigene Firmenhistorie, Organisation, Stil, Kultur, CI: Der Personalberater muss nicht genauso „ticken" wie das Unternehmen, aber er muss verstehen, wie das Unternehmen tickt.
- Wo brauchen wir Unterstützung (gewerblich, technisch, kaufmännisch usw.), in welchem Umfang (Breite & Tiefe: Häufigkeit, Menge, Suche, Auswahl, Vermittlung, Personalentwicklung, Outplacement, Transfer, HR-Strategien), in welchem Zeitrahmen (operativ vs. strategisch), auf welchen Ebenen?
Hier sollte geklärt werden, ob die Personalberatung die gesamte Breite der Dienstleistungen anbieten kann oder ob bei seltenen Aufgaben (Outplacement-Beratung einer Führungskraft) vielleicht ein weiterer Spezialist eingeschaltet werden sollte.
- Was darf und soll der Externe kosten (Budgetierung)?
Kalkulation der Kosten für externe und interne Stellenbesetzung und auch die Garantieleistungen der Personalberatungen mit einberechnen
- Welche Entscheider im Unternehmen sollen/müssen zusätzlich eingebunden werden?
- Alles aus einer Hand vs. Dienstleister/Berater im Wettbewerb (Streuung im Sinne eines first-come, first-served)?

Suche und Bewertung von Beratern (Grobauswahl):

- Empfehlungen einholen (Kunden, Zulieferer, Mitarbeiter, befreundete Unternehmen, StB/WP, Anwalt, Wirtschaftsverbände, IHK, Golfclub,…)
Wobei hier zu beachten ist, dass sehr wohl eine empfohlene Beratung beim Empfehlungsgeber hervorragend passt, zu Ihrem Unternehmen oder der konkreten Aufgabe aber eventuell nicht so gut.
- Online-Recherche (Internet, Datenbanken, Stellenbörsen, Communities, Portale, virtuelle Netzwerke)
- Offline-Recherche (Fachzeitschriften, Kataloge, Tagespresse, Printstellenmärkte)
- Mailings und Handouts archivieren
- Nicht jeden cold call einer Personalberatung abblitzen lassen

Führen Sie Gespräche mit den Personalberatungen Fragen Sie nach dem Team, das die einzelnen Aufgaben durchführt. Versuchen Sie zu ermitteln, ob Sie mit einem „Vertriebsmitarbeiter" sprechen, einem Berater, der Sie auch betreut, und in wie weit er selbst welche Prozessschritte durchführt. Wird der Berater bis zum Ende des Projektes in den Prozess involviert oder gibt er das Projekt an einen Junior Berater ab?

Weitere Stichworte zur Beraterauswahl
Seriosität, Sensibilität, Sympathie sowie Empathie und Effektivität des Beraters: nicht der extrovertierte Vertriebsspezialist muss der richtige Partner sein, sondern es sind auch ganz andere Qualitäten bei der Auswahl von Mitarbeitern gefragt:

- „sich selbst zurücknehmen" und sowohl dem Mandanten als auch den Kandidaten zuhören (denken Sie an die Gesprächsaufteilung im Interview: 70 % soll der Kandidat sprechen, nicht der Interviewer)
- Einfühlungsvermögen (im Sinne von Verbindung zum Gesprächspartner aufbauen und Empathie empfinden)
- Psychologische Kenntnisse sind nicht unbedingt notwendig, aber sicher auch nicht schädlich
- Erfahrung in der Suche und Auswahl, in Methoden, Prozessen und Tools
- Lebenserfahrung (je höher die zu besetzende Position ist, desto eher sind auch seniore Berater glaubwürdige Gesprächspartner für interessante Kandidaten)
- Suchmethoden und deren Durchführung: auch beim „Königsweg" Direktansprache gibt es mittlerweile graue und schwarze Schafe, deren Methoden mehr oder weniger schnell negativ auf die Auftraggeber zurückschlagen. Aggressives Vorgehen: (teilweise mittels Callcentern) werden ganze Unternehmen oder sogar Branchensegmente „gescannt", potenzielle Kandidaten eruiert und diese teilweise auch unter Druck gesetzt. Solche Methoden sind kurzfristig vielleicht wirksam, mittelfristig verschlechtern sie den Ruf der Auftraggeber (denn bei Interesse, tatsächlich oder geheuchelt, werden Kandidaten den Namen der Auftraggeber erfahren) sowie den Prozess der Direktansprache.
- Seriosität im Umgang mit Kandidaten und vertraulichen Informationen

---

No-Gos bei der Vergabe von Suchaufträgen an Personalberater
- **Windhundrennen:** lassen Sie nicht mehrere Personalberatungen zeitgleich die gleiche Vakanz bearbeiten. Das irritiert potenzielle Kandidaten und verringert das Engagement der Berater, da eine Honorierung des Einsatzes nicht sichergestellt ist.
- **Zu wenig Informationen, geringes Vertrauen:** So wie ein Arzt Sie nur richtig behandeln kann, ein Rechtsanwalt eine Situation und das Vorgehen nur richtig einschätzen kann, wenn sie vollständige Informationen erhalten, ist das auch bei Personalberatungen der Fall: nur mit den vollständigen Informationen zu Unternehmen, Abteilung, Führungskraft und Aufgaben ist eine hochwertige Besetzung sichergestellt.
- Reine Erfolgsprovision (das ist nur in Ausnahmefällen gerechtfertigt) – seriöse Honorarvereinbarungen sind das Pendant zur vertrauensvollen Zusammenarbeit.

Noch ein wichtiger Aspekt bei der Beauftragung von Personalberatern: da wesentlich mehr Anstellungen an persönlichen Komponenten scheitern als an fachlich-sachlichen Aspekten, ist es wichtig, dass einem Personalberater genug Zeit und ausreichend Möglichkeit gewährt wird, sich einen Einblick in die Kultur des Unternehmens zu verschaffen, idealerweise sogar mit dem Vorgesetzten zu sprechen und eventuell einen Einblick in das Team oder die Abteilung zu erhalten. Nur so kann ein Berater unterscheiden zwischen dem vermeintlich „Besten" und dem tatsächlich am besten zum Unternehmen passenden Kandidaten.

5.2 MAKE: Inhouse-Recruiting und Auswahl

Wenn Sie die Suche und Auswahl selbst durchführen wollen, empfehle ich die im Folgenden aufgezeichnete Vorgehensweise, mit der man bei einer strukturierten Durchführung der einzelnen Schritte sehr gute Ergebnisse erzielt.

5.2.1 Die Stellenbeschreibung

Anstelle des Begriffs Stellenbeschreibung werden häufig auch die Begriffe Positionsanalyse, Arbeitsplatzbeschreibung, Tätigkeitsbeschreibung, Aufgabenbeschreibung oder Arbeitsanalyse verwendet. Die DIN 33430 definiert die Arbeitsanalyse folgendermaßen: „Methode der Identifizierung der an einem Arbeits-/Ausbildungsplatz oder in einem Beruf auszuführenden Aufgaben oder der auszuübenden Tätigkeiten, ihrer Ausführungsbedingungen sowie ihrer psychischen, physischen und sozialen Umfeldbedingungen und Organisationsmerkmale."

Diese Informationen bilden zusammen mit einem Anforderungsprofil eine gute Grundlage, um Ausschreibungen zu erstellen und Personalberater zu briefen. Weiterhin kann eine Stellenbeschreibung auch Informationen zu Personalentwicklungsnotwendigkeiten geben sowie zur Einarbeitung neuer Mitarbeiter. Zudem informiert sie Mitarbeiter über Aufgaben, Ziele und Befugnisse in ihrer Position und zeigt den organisatorischen Rahmen.

Stellenbeschreibungen können bei der Eignungsbeurteilung, bei der Leistungsbeurteilung, der Personaleinsatzplanung und bei der Sicherstellung von Informations- und Kommunikationsprozessen hilfreich sein.

Eine Stellenbeschreibung sollte immer eine Flexibilisierung darstellen statt einer weiteren Einengung, was letztendlich zu einer sehr starren und verkrusteten Organisation führen würde, die kaum noch auf Veränderungen reagieren kann und auch die Arbeitsfreude und Motivation der Mitarbeiter lähmt.

In diesem ersten Arbeitsschritt werden folgende Informationen zusammengetragen:

- Stellenbezeichnung
- Stellenbezeichnung des Vorgesetzten
- Stellenbezeichnung(en) der direkt unterstellten Mitarbeiter
- Stellvertreter (Stellenbezeichnung)

- Aufgaben: hier werden vor allem diejenigen Aufgaben aufgelistet, die einen zeitlich relevanten Umfang einnehmen sowie Aufgaben, die besonders anspruchsvoll sind. Die Auflistung der Aufgaben soll so verständlich und ausführlich erfolgen, dass sie nachvollziehbar sind sowie von anderen Tätigkeiten unterschieden werden können.
- Verantwortungen und Kompetenzen

Weiterhin wird häufig empfohlen, folgende Informationen ebenfalls einzubinden:

- Ziele der Position
- Organigramm bzw. Position in der Aufbauorganisation
- Level oder Rang der Position
- Führungsspanne: Anzahl und Funktionen von direkt unterstellten Mitarbeitern
- Fachliche Weisungsbefugnisse
- Besonderheiten der Aufgabe, zum Beispiel Außendienstaufgaben oder internationale Reisen
- Einzel- oder Sonderaufgaben (zum Beispiel Reorganisation der Verkaufsgebiete oder ähnliches)
- Regelungen zur Zusammenarbeit mit anderen Stellen, wie Informationspflicht, Beratungsaufgaben oder ähnliches
- Mitarbeit in Arbeitskreisen und Gremien
- Mitarbeit in außerbetrieblichen Institutionen

Diese Aspekte sind bei der Erstellung von Stellenbeschreibungen zu berücksichtigen
- Alle Beteiligten sollten vor der Erstellung informiert werden, auch über Sinn und Zweck der Stellenbeschreibung. Falls ein Betriebs- oder Personalrat mit eingebunden wird, diesen frühzeitig mit ins Boot holen.
- Datenerhebung: lassen Sie den Stelleninhaber die tatsächlich anfallenden Aufgaben und Tätigkeiten auflisten, alternativ die Ermittlung der Daten durch seine Befragung. Achtung: manchmal neigen Stelleninhaber dazu, die eigene Position aufzuwerten. Hier hilft die Einschätzung des Vorgesetzten (der allerdings ebenfalls subjektiv über- oder unterbewerten kann) oder der Organisationsabteilung (kennt die übergreifenden Zusammenhänge, hat einheitliche Maßstäbe, kennt allerdings keine Details).

Sollten für ein Unternehmen für alle Arbeitsplätze erstmals oder erneut Stellenbeschreibungen erstellt werden, wäre ein Team mit Mitgliedern aus folgenden Bereichen sinnvoll:

- der jeweilige Stelleninhaber (temporär für seine Stellenbeschreibung)
- der Vorgesetzte
- Betriebsrat oder Personalrat

- Organisationsabteilung
- Personalabteilung

5.2.2 Das Anforderungsprofil

Aus den Stellenbeschreibungen, die vor allem auch die organisatorischen Aspekte, die Strukturen und Prozesse beschreiben, lassen sich die vorausgesetzten, notwendigen sowie die gewünschten Eigenschaften, Fähigkeiten und Merkmale des Stelleninhabers herausarbeiten. Das Anforderungsprofil muss nach DIN 33340 zukunftsgerichtet sein – es ist eine Beschreibung des zukünftigen (gegebenenfalls vom aktuellen abweichenden) idealen Stelleninhabers mit seinen Eigenschaften und seinem Verhalten.

Diese Aspekte lassen sich zum Beispiel gliedern wie folgt:

- **Formale Anforderungen**: Ausbildung, Abschlüsse, Berufserfahrung
- **Fachliche Anforderungen**: spezielle Fähigkeiten und Kenntnisse, zum Beispiel auch Sprachkenntnisse, IT-Know-how
- **Sozial- und Führungskompetenzen**: zum Beispiel Durchsetzungsfähigkeit, Teamfähigkeit, Verhandlungs- und Verkaufsgeschick
- **Methodenkompetenzen**: z. B. Arbeitstechniken, Verkaufstechniken inklusive der „Untertechniken" wie Gesprächsführung, Nutzenargumentation, Abschluss
- **Persönliche Kompetenzen**: Kontaktfreudigkeit, Selbstständigkeit (z. B. bei viel Außendienst)

Ein probates Mittel zur Erstellung des Anforderungsprofils ist der Fragebogen und die Musterbibliotheken von Profiles International, die im Kapitel „Diagnostik" näher besprochen werden.

Anforderungsprofil erstellen mit dem Königsweg Benchmarking

Für das Anforderungsprofil gelten die gleichen Kriterien, die schon im vorherigen Kapitel (Buy) angesprochen wurden und im Kapitel „Diagnostik mit Tools von Profiles International" beschrieben sind. Eine besonders schöne Variante finden Sie auch im Kapitel „Eignungsdiagnostik": Manche Instrumente bieten die Möglichkeit, aus den Profilen der Top-Performer im Hause die „gemeinsame DNS" heraus zu filtern und diese dann als Basis für Anforderungsprofile zu nutzen.

5.2.3 Wie erreicht man die Zielkandidaten?

Erreichen wir die Zielkandidaten mit Anzeigen? Oder im Internet? Oder wir selbst überhaupt nicht?? Die Auswahl der Suchwege und die entsprechende Suchstrategie ist eine der wichtigsten Entscheidungen. Relativ einfach haben es große Unternehmen, die über eine entsprechende Bekanntheit verfügen und die „Standard-Positionen" besetzen. Hier sind dann oft noch nicht einmal Anzeigen notwendig, eine Ausschreibung einer Position auf der firmeneigenen Homepage reicht häufig.

Für Besetzungen im „normalen" Schwierigkeitsgrad können Anzeigen eine sinnvolle Variante sein. Ob Print oder Online, es kommt auf die Branche und Seniorität der Position an – wobei heute auch Geschäftsführer und Vorstände durchaus per Internet erreichbar sind. Für Vertriebsmitarbeiter können sowohl Portale oder Zeitschriften für die jeweilige Branche passen (in Deutschland existieren über 800 Special-Interest-Titel in der Printpresse) als auch vertriebsspezifische Angebote für Vertriebsmitarbeiter, so dass man genug Auswahl selbst für exotische Jobangebote hat.

Aber was machen Unternehmen, deren Karriereseiten im Internet kaum frequentiert werden? Die eine „blaugetupfte rote Rose mit gelben Streifen" suchen? Zum Beispiel einen Vertriebsingenieur für Kraftwerke? Solche Experten sind selten, stehen nicht an jeder Straßenecke und sind meist nicht aktiv auf der Suche. Hierfür können die großen Anzeigenmärkte genutzt werden. Die Erfolgsraten sind teilweise aber nicht sehr groß, so dass häufig über längere Zeiträume gesucht (und Anzeigen gezahlt) werden muss, im worst case nach verlorener Zeit und vergeudetem Geld doch noch ein Personalberater beauftragt wird.

Stellenausschreibungen/Stellenanzeigen
Eine typische Anzeige für einen Vertriebsmitarbeiter sieht leider oft aus wie ein Grab der Allgemeinplätze. Alle (vermeintlich) typischen Eigenschaften eines Vertriebsmitarbeiters (extrovertiert, aktiv, dynamisch!, erfahren, aber nicht alt etc.) werden als notwendige oder zumindest vorteilhafte Eigenschaften aufgezählt. Alle jemals in der Vertriebsabteilung angefallenen Aufgaben sind Bestandteil der neuen Herausforderung – gegebenenfalls auch die Beherrschung der französischen Sprache, denn vor 7 Jahren gab es einmal eine Emailanfrage eines französischen Kunden.

Auch Leerfloskeln sind nicht wirklich hilfreich, aber üblich. Dynamisch – das muss heute jeder Vertriebsmitarbeiter sein, es sieht sich vermutlich auch jeder so in seinem Selbstbild. Aber kennen Sie vielleicht Vertriebsmitarbeiter, die man zum Jagen tragen muss? Sagen sie von sich selbst, dass sie undynamisch sind? Eher selten – was nutzt also die pauschale Anforderung „dynamisch", wenn sie nicht konkreter hinterlegt ist, so dass zumindest aus der Selbstwahrnehmung ein Kandidat sagen kann: „Ja, diese Form von aktiver Kundenansprache liegt mir" oder, als Negativauswahl: „Das bin ich nicht, diese Position passt nicht zu mir."

Dass eierlegende Wollmilchsäue selten sind, ist ein Aspekt. Dass sich durch die mangelnde Schwerpunktsetzung ein potenzieller Kandidat kein brauchbares Bild der Position machen kann, ein weiterer Kritikpunkt. Kein Kandidat wird nach einem Jahr im Unternehmen die Stellenanzeige zücken und monieren, dass aber die seltene Aufgabe „Internetpreisrecherche eines neuen Wettbewerbers" nicht in der Stellenanzeige stand. Zeichnen Sie sowohl von der Aufgabe ein realistisches Bild (kommt sie mindestens einmal im Monat vor, ist diese Aufgabe wirklich relevant) als auch der Anforderungen an den

Kandidaten – nur erfolgskritische Anforderungen sollten als Voraussetzung gefordert sein, ergänzende Kriterien als „nice to have"–Details wie die einmal alle fünf Jahre anfallende weitere Fremdsprache kann man dann im Interview notieren oder aus den Unterlagen entnehmen. Ein klares Bild der zukünftigen Hauptaufgaben ist für die meisten Kandidaten ein wichtigerer Aspekt als eine überbordende Aufzählung aller Details.

Suche – Recruiting-Wege 6

> Nur wenn wir wissen, was wir suchen, werden wir es erkennen, wenn wir es gefunden haben.
> Steffen Strzygowski, Personalberater

Welche Möglichkeiten haben Unternehmen, den passenden Kandidaten selbst zu erreichen? Wie werden genug Bewerbungen generiert, damit mit ausreichender Sicherheit auch die Vakanz sinnvoll besetzt werden kann? Hier besteht eine gewisse Parallele zum Vertrieb, auch hier muss statistisch eine Menge potenzieller Kunden kontaktiert werden, ehe es zu einem Termin kommt, es bedarf etlicher Termine, um ein Angebot abgeben zu können, und etlicher Angebote, bis es zum Auftrag kommt. Diese bekannte Trichterfunktion besteht üblicherweise auch im Recruiting. Dieser Aufwand und die dadurch gebundenen Arbeitskräfte lassen sich nur durch sehr gezielte Suche und Auswahl verringern, wie es z. B. Personalberatungen mittels Direktansprache durchführen können. (Was auch bei den Beratungen meist einen immensen Aufwand darstellt, aber dann eben nicht in Ihrem Haus, so dass die Managementkapazitäten in Ihrem Haus für andere Aufgaben zur Verfügung stehen)

Entscheidungsparameter sind:

- **Kosten**: betrachten Sie die Kosten pro Einstellung, was zum einen häufig einen Mix aus Printmedien und Internet bedeutet, aber manchmal auch eine wiederholte Schaltung von Anzeigen. Erstellen Sie bei wiederkehrenden Vakanzen ein Budget.
- **Zeit**: je nachdem, wie lang- oder kurzfristig eine Vakanz entsteht (Krankheit, Kündigung, Nachfolge, Neuschaffung), wie dringend sie gefüllt werden muss (Übernahme von Aufgaben durch Dritte) ergeben sich unterschiedliche Zeithorizonte. Zum Beispiel muss bei Fachzeitschriften beachtet werden, dass sie eine lange Vorlaufphase benötigen und seltener erscheinen als eine Tageszeitung. Die Schaltung im Internet ist natürlich die schnellste Möglichkeit.
- **Qualität oder Quantität**: Diese Parameter hängen inhaltlich eng zusammen. Primär würde ja im Extremfall eine einzige Bewerbung genügen, wenn alle Anforderungen auf

beiden Seiten passen und es zum Vertrag kommt. Das ist allerdings die Ausnahme, daher wird dann der Aspekt Quantität wichtig. Doch auch dieser Aspekt ist nicht losgelöst von Qualität, denn wenn ein Unternehmen in unpassenden Bewerbungen ertrinkt, führt das nicht zum Ziel. Ein gutes Ergebnis wäre zum Beispiel eine Auswahl von drei bis fünf Kandidaten, die zum Interview geladen werden, ausgewählt aus ca. 25 Bewerbungen.

- **Potenzielle Kontaktzahl mit Stellensuchenden:** Die Stellenbörsen veröffentlichen Infos wie Auflagenhöhe, Kontaktzahl, Besucher etc. Diese oft beeindruckenden Zahlen sind allerdings erst einmal wertneutral ohne Kenntnis über die Präsenz der jeweiligen Zielgruppe.
- **Präsenz der jeweiligen Zielgruppe:** Nur das Medium, das von der gesuchten Zielgruppe auch genutzt wird, ist interessant. Auch wenn die Auflage von BILD sicher höher ist als die der FAZ, sollte eine Stellenanzeige für einen Vorstand besser in der FAZ platziert werden – für jeden leicht einsichtig, der schon einmal eine BILD in der Hand hatte.
- **Wahrscheinlichkeit der Wahrnehmung:** Doch allein die Nutzung durch die Zielgruppe bedeutet noch nicht, dass diese eine Stellenanzeige auch wahrnimmt – zum einen ist ein geeigneter potenzieller Kandidat gar nicht aktiv auf Stellensuche, zum anderen kann durch die schiere Masse auch die Auffindbarkeit von Stellenanzeigen leiden. Im Printbereich leiden insbesondere kleinere Schwarz-Weiß-Anzeigen unter weniger Beachtung als großformatige und farbig gestaltete Anzeigen. Diese sind allerdings weder für die Masse von Unternehmen finanziell vernünftig, da auch bei einer großen Verbreitung die Aufmerksamkeit durch die Masse ebenfalls wieder leiden würde. Für kleinere Unternehmen kann eine Online-Anzeige oftmals effektiver sein, da die Anzeigenkosten die Ergebnisse der Stellenbörsen nicht so stark beeinflussen wie im Print.
- **Imagefaktor**: ein weiterer Aspekt kann die Imagewirkung von Anzeigen sein. Hier wirkt ein suchendes Unternehmen ein auf sein Umfeld, also die Wettbewerber und die Branchen-Zulieferer, aktuelle als auch spätere potenzielle Kandidaten bis hin zu sonstigen Stakeholdern (Aktionäre, regionales Umfeld, Finanzwirtschaft, Behörden etc.). Eine großformatige Stellenanzeige in der SZ erreicht sicherlich einen anderen Imageeinfluss als ein kleiner Zweispalter im regionalen Tagesanzeiger. Allerdings bitte ich hier um Fairness: es wurden schon Stellenausschreibungen ausschließlich aus Imagegründen geschaltet – das ist der falsche Weg. Mit Bewerbern spielt man nicht, hinter Stellenanzeigen sollte auch immer ein tatsächlicher konkreter Bedarf des Unternehmens stehen. Andernfalls dreht die erzielte Image-Veränderung ins Negative, sobald solche Praktiken an die Öffentlichkeit kommen.

6.1 Anzeigen in Printmedien

Stellenanzeigen in der Presse sind ein klassischer Weg, egal ob Tages- oder Wochenzeitung oder Fachzeitschrift. Gerade letztere können bei berufsbezogenen Zeitschriften interessante Medien sein, um mit geringsten Streuverlusten eine bestimmte Zielgruppe zu erreichen. Die genaue Anzahl der berufsbezogenen Fachzeitschriften ist nicht bekannt, da viele der spezialisierten Fachzeitschriften keine Werbeträger und somit nicht im IVW (Informationsgemeinschaft zur Feststellung der Verbreitung von Werbeträgern) gelistet sind, aber geschätzt werden es etliche hundert Titel sein.

Der Weg über Printanzeigen ist jedermann bekannt und allseits akzeptiert, allerdings für seniore Level oftmals nur geeignet, wenn die Anzeige nicht direkt von Unternehmen geschaltet wird. Sie wählen oftmals lieber den diskreteren Weg über einen Personalberater. Seniore Level wünschen sich oft im Vorfeld einen Informationsaustausch mit einer dritten Partei, ehe sie ihre Wechselbereitschaft offenlegen. Auch hier bewährt sich der Personalberater als externer Gesprächspartner, der oftmals einem zweifelnden Kandidaten im vertraulichen Telefonat seine Bedenken ausräumen und erste Fragen beantworten kann. Viele Kandidaten für gehobene Positionen kommen erst durch dieses Vorgehen in den Bewerbungsprozess.

6.2 Anzeigen in Jobbörsen

Seit einigen Jahren werden Online-Stellenmärkte eine starke Konkurrenz zu Print-Stellenmärkten. Es existieren unterschiedliche Modelle, vom Generalisten (Wald-und-Wiesen-Stellenbörse für alles und jeden, z. B. Monster, Stepstone oder Jobscout24) und spezialisierte Stellenmärkte, die sich entweder auf Branchen, Funktionen oder regionale Schwerpunkte fokussieren. Die großen Player argumentieren mit ihren hohen Zugriffszahlen und Kandidatenpools, dies relativiert sich allerdings stark, wenn man dazu die Anzahl der Stellenangebote in Relation setzt. Dann bleiben meist auch nicht mehr Nutzer oder Klicks pro Stellenanzeige als bei (preisgünstigeren) Spezialbörsen. Teilweise bieten die Jobbörsen auch Stellengesuche, teilweise auch Profil-Datenbanken, in die sich wechselwillige Kandidaten eintragen können. Die Qualität der Stellenbörsen ist unterschiedlich, was Auswahlkriterien, Aktualität (teilweise sind Datensätze von Kandidaten dabei, die mehrere Jahre nicht gepflegt wurden), Qualität der Besucher/Kandidaten als auch was Service angeht.

Einen Überblick über die ca. 400 deutschsprachigen Stellenbörsen finden Sie unter www.crosswater-job-guide.com.

Auf den Bereich Vertrieb spezialisiert haben sich folgende Stellenbörsen:

www.vertriebs-jobs.de	Vertrieb, Sales
www.salesjob.de	Vertrieb
www.handelsvertreter.de	Vertrieb Handelsvertreter
www.Promotionbasis.de	Promotion
www.Vertriebsmitarbeiterjobs.de	Vertrieb über diverse Bereiche und Level
www.vertriebskarriere.de	Vertrieb, gut strukturiert, wenig bekannt
www.WuV.de/stellenmarkt	Werben & Verkaufen, Marketing, wenig Vertrieb
www.vertriebsjobs.de	Vertrieb, leider sehr schlechte Suchfunktionen

6.3 Firmen-Homepages

Eine häufig genutzte Suchmethode ist die Nutzung der firmeneigenen Website. Ein großer Vorteil ist die Aktualität der ausgeschriebenen Positionen. Diesen Vorteil erwarten auch potenzielle Kandidaten. Die firmeneigene Stellenbörse muss daher sehr aktuell und gepflegt sein, bereits besetzte Ausschreibungen auf der Site zu belassen wird sehr negativ bewertet.

Der Erfolg der Stellenausschreibung auf der eigenen Homepage steht und fällt allerdings mit dem Bekanntheitsgrad des Unternehmens. Konzerne und Marktführer fahren damit erfolgreich, viele mittelständische Unternehmen erreichen aufgrund mangelnder Bekanntheit damit kaum Kandidaten. Wichtig sind bei großen Unternehmen auch entsprechende Bewerbungsprozesse, so dass es zu einer Arbeitsvereinfachung statt zu doppelten Systemen oder redundanten Daten kommt. Bei vielen Stellenangeboten auf der Homepage sollte eine sinnvolle Suchfunktion den Kandidaten helfen, die passende Stellenanzeige zu finden. In welcher Art und Weise sich dann Kandidaten bewerben können, ob sie einfach Unterlagen mailen oder Online-Formulare (aufgrund des hohen Zeitaufwandes oft abschreckend für berufserfahrene Kandidaten) ausfüllen müssen, sollte von der Attraktivität der Position und dem Level abhängig sein. Geben Sie, falls personell möglich, bei gehobeneren Positionen auch einen Ansprechpartner samt Telefonnummer und Kontaktzeiten an, das senkt bei vielen potenziellen Kandidaten die Hemmschwelle zur Kontaktaufnahme. Im ersten Telefonat kann dann auch schon oft die grobe Eignung ermittelt werden.

6.4 Active Sourcing und Employer Branding mit Social Media

Wieder einige Definitionen, diesmal teilweise unmittelbar ergänzt um Anmerkungen:

> **Social Recruiting** ist ein Begriff, der eine auf sozialen Netzwerken basierende Methode der Personalbeschaffung beschreibt. Social Recruiting wird auch als **Social Media Recruitment**, **Social Hiring** oder **Social Recruitment** bezeichnet.
>
> **Mobile Recruiting** ist eine besondere Variante, die darauf abzielt, auf mobilen Geräten wie Smartphone oder Tablet zu funktionieren. Eine Anpassung an die sich immer weiter verbreitenden Tablets erscheint mir sinnvoll, auch da der Anpassungsaufwand von Websites eher gering ist. Mobile Recruiting per Smartphone wird meiner Meinung nach überschätzt, ebenso wie Twitter als Recruiting-Kanal.
>
> **Employer Branding**-Definition der Deutschen Employer Branding Akademie: „Employer Branding ist die identitätsbasierte, intern wie extern wirksame Entwicklung und Positionierung eines Unternehmens als glaubwürdiger und attraktiver Arbeitgeber. Kern des Employer Brandings ist immer eine die Unternehmensmarke spezifizierende oder adaptierende Arbeitgebermarkenstrategie. Entwicklung,

6.4 Active Sourcing und Employer Branding mit Social Media

Umsetzung und Messung dieser Strategie zielen unmittelbar auf die nachhaltige Optimierung von Mitarbeitergewinnung, Mitarbeiterbindung, Leistungsbereitschaft und Unternehmenskultur sowie die Verbesserung des Unternehmensimages. Mittelbar steigert Employer Branding außerdem Geschäftsergebnis sowie Markenwert."
In anderen Worten: Employer Branding ist der Aufbau und die Pflege einer Arbeitgeber-Marke, analog zu anderen Marken. Ziel ist, das Unternehmen als positiven Arbeitgeber darzustellen und in den Köpfen zu verankern. Dies soll wiederum die Rekrutierung vereinfachen und die Mitarbeiterloyalität und Motivation steigern.

Personalmarketing: eine Querschnittfunktion, die auf alle Instrumente und Inhalte der personalwirtschaftlichen Funktionen zugreift und versucht, die Voraussetzungen zu schaffen, dass ein Unternehmen auch mittel- und langfristig mit einer ausreichenden Anzahl von qualifizierten und motivierten Mitarbeitern versorgt wird. Hierunter fallen Karriereprogramme, Vergabe von Praktika und Abschlussarbeiten, Präsenz auf Messen und an Hochschulen, PR-Artikel, Bewerbertage, Qualitätslabel für Arbeitgeberqualität und viele weitere Maßnahmen.

(Online) Active Sourcing: „Nutzung von Suchmaschinen, Sozialen Netzwerken und Netzgemeinschaften, für Zwecke der kurz- und mittelfristigen Stellenbesetzung". Der aktuelle Trend im Recruiting geht in Richtung „Active Sourcing", da Unternehmen nicht mehr bei jeder geschalteten Stellenanzeige von Bewerbungen überhäuft werden. Mittlerweile herrscht in vielen Bereichen ein Bewerbermarkt, gute Kandidaten sind gesucht und umworben – und wissen dies auch. Der Fachkräftemangel, der früher nur für Spezialisten im Bereich Ingenieurwesen und IT bestand, dehnt sich weiter aus, auch im Vertrieb wird es tendenziell immer schwieriger, passende Mitarbeiter zu finden. In Zeiten des konjunkturellen Hochs mit wenig Arbeitssuchenden bei abnehmender Bevölkerungszahl (demografischer Wandel) wird der Wettbewerb der Unternehmen um wechselwillige Kandidaten immer stärker.

Eine sinnvolle Maßnahme ist bei Sozialen Netzwerken oder auch bei Google (als Adwords) die Schaltung von spezifischen Stellenanzeigen. Diese werden dann als individuelle Einblendung bei Mitgliedern auftauchen, die aufgrund von Keywords als potenziell passende Kandidaten selektiert werden. Die Schaltung von Stellenanzeigen auf den Karriereseiten von Xing und LinkedIn ist eine weitere Möglichkeit.

Die aktive Suche, Vorselektion und darauf folgend eine direkte Kontaktaufnahme ist eine andere, nicht ganz unproblematische, Methode.

War früher die Auswahl der eingegangenen Bewerbungen eine Hauptaufgabe, so geht es jetzt primär um das Suchen und Kontaktieren von potenziellen Kandidaten. Durch die Möglichkeiten des Internets wird somit die Selektion immer öfter VOR die Kontaktaufnahme verlagert, so dass häufig nur noch prinzipiell geeignete Kandidaten kontaktiert werden. Dies ist möglich bei Lebenslaufdatenbanken und Plattformen mit einsehbaren Profilen wie Xing oder LinkedIn.

Bei der exakten Definition herrschen unterschiedliche Ansichten unter den Experten: ein Ansatz geht von strategischen Ausrichtungen der Personalgewinnung aus, legt vor allem Wert auf die langfristige Bindung von (potenziellen) Kandidaten, die (online und ggf. auch offline) Informationen erhalten, Fragen stellen können, Einblicke in das Unternehmen und das Berufsleben der Mitarbeiter erhalten. Ziel ist die langfristige positive Verankerung des Unternehmens als potenzieller nächster Arbeitgeber. Dies führt zu einem Talentpool, der permanent gepflegt werden muss und als eine mögliche Quelle beim Recruiting genutzt werden kann. Durch eine aktive Pflege dieser Kanäle kann durchaus das Image und die Marke eines Arbeitgebers gestärkt werden, was dann als Resultat eine erhöhte Bewerbungsquote bei Stellenausschreibungen sowie Initiativbewerbungen bewirkt.

Der andere Ansatz setzt pragmatisch auf den kurzfristigen Return on Effort, auf die aktive Suche von geeigneten Personen, die als (potenzielle) Kandidaten in Frage kommen, die Kontaktaufnahme zu ihnen mit dem Ziel der Eingliederung in einen aktuellen Recruiting-Prozess. Begleitend können dann auch Stellenausschreibungen geschaltet werden, wenn dadurch die „Pipeline" besser gefüllt wird.

Denn Anzeige schalten und hoffen („Post and Pray") funktionierte gestern, heute gehen Recruiter immer häufiger deutlich aktiver vor: Anzeigen müssen zielgruppengerechter getextet und gestaltet werden, die Schaltung wird zielgruppengerechter durch breitere Möglichkeiten wie die unzähligen Online-Portale, Börsen und Netzwerke.

Wie auch immer dieser Trend umgesetzt wird, eher in Richtung Employer Branding/Personalmarketing und/oder in Recruiting, er wird voraussichtlich weiter zunehmen, auch weil immer mehr technologische Möglichkeiten geboten werden. Ein Beispiel ist der Xing-Talentmanager, der verspricht, ohne eigene Suche geeignete Kandidaten aus der Datenbank vorzuschlagen.

6.4.1 Was ist der Unterschied zwischen Recruiter 1.0 und dem Recruiter 2.0?

> Werde also nicht müde, deinen Nutzen zu suchen, indem du anderen Nutzen gewährst.
> Marc Aurel (121–180), s. 161 röm. Kaiser

Welche Änderungen im Bewusstsein und der Arbeitspraxis würde diese Entwicklung für die HR-Abteilungen bedeuten? Wie wird der erfolgreiche Recruiter aussehen, der diese Anforderungen in den nächsten Jahren souverän meistert? Zukünftig muss er vom Verwalter zum Berater seines internen Kunden werden, und potenziellen Kandidaten gegenüber zum Vertriebsmitarbeiter, er muss potenzielle Kandidaten aktiver suchen und von den Vorteilen eines Wechsels überzeugen. Eine fundierte Kenntnis der Jobprofile und der entsprechenden Anforderungen wird wichtiger, ebenso eine Affinität zur IT und insbesondere zum Web. Viele Möglichkeiten bieten sogenannte Web2.0-Anwendungen wie berufsbe-

6.4 Active Sourcing und Employer Branding mit Social Media 107

Abb. 6.1 Welche Anforderungen sollte der Recruiter 2.0 erfüllen. (Quelle: _http://competitiverecruiting.de/Recruiter20.html, **Das Institute for Competitive Recruiting (ICR)** berät Unternehmen hinsichtlich Recruitment Performance Management, d. h. Optimierung des unternehmensspezifischen Recruitments, damit das Unternehmen im „Kampf" um die Talente wettbewerbsfähig wird bzw. bleibt. Wolfgang Brickwedde, Institute for Competitive Recruiting, Heidelberg)

zogene Netzwerke (z. B. Xing oder LinkedIn) oder Karriereportale und Lebenslaufdatenbank (z. B. placement24.de oder experteer.de). Allgemein werden die Anforderungen an die HR-Mitarbeiter ansteigen, es werden vermehrt unternehmerisches Denken, Vertriebsmentalität und Kreativität im Auffinden von potenziellen Kandidaten benötigt werden. Abbildung 6.1 gibt einen Überblick über die Anforderungen an den Recruiter 2.0.

6.4.2 Nutzung, Verbreitung und Erfahrungen mit Active Sourcing

Laut Umfragen und Studien nimmt die Nutzung in Personalberatungen und Unternehmen weiterhin zu. Zur Einordnung: Relativiert werden die Ergebnisse solcher Umfragen allerdings dadurch, dass vor allem Großunternehmen und web-affine Unternehmen daran teilnehmen. Dass diese Unternehmen hier sowohl über die notwendigen Ressourcen im HR als auch das Know-how verfügen, gleichzeitig auch oftmals die Wunschunternehmen von web2.0-affinen Kandidaten sind, dürfte die Ergebnisse deutlich beeinflussen.

Welchen Accounts nutzen Recruiter regelmäßig für Active Sourcing?

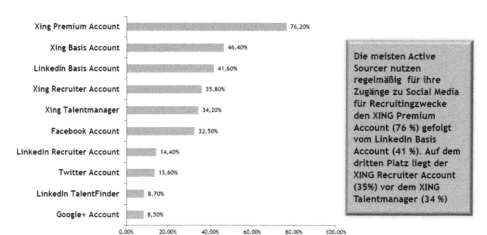

Abb. 6.2 Welche Accounts werden am häufigsten genutzt? (Quelle: ICR Active Sourcing Report 2013, 400+ Teilnehmer, Nennungen in %)

Von den befragten Unternehmen beurteilen mittlerweile fast 65 % den Einsatz von Social Media als positiv. Fast 50 % der Befragten beschäftigen sogar schon spezielle Mitarbeiter für die Social-Media-Recruiting-Kanäle. (Dies ging als eines der Ergebnisse aus der Umfrage „Recruiting Trends 2014" der Internet-Jobbörse Monster hervor.)

Wenden wir uns einigen Ergebnissen aus dem „ICR Active Recruiting Report 2013" zu (vgl. Abb. 6.2).

Die CV-Datenbanken wurden von (den befragten) Unternehmen trotz Kenntnis kaum genutzt. Überraschenderweise taucht facebook mit über 30 % Nutzung beim Active Sourcing auf – ob das an dem nicht ganz klaren und durchgängigen Definitionsdurcheinander liegt oder hier vermehrt Personalmarketingmaßnahmen inkludiert wurden, kann ich nicht erkennen. Meiner Ansicht nach ist facebook interessant für Employer Branding und Talentmanagement, insbesondere allerdings für Unternehmen, die eine höhere Bekanntheit im relevanten Markt besitzen. Auf der anderen Seite werden die Nutzer von facebook meist falsch eingeschätzt: das Durchschnittsalter der facebook-User liegt mittlerweile bei 38 Jahren.

Aber: diese Maßnahmen erfordern einen hohen Aufwand, denn ein Abklatsch der Website auf facebook ist nicht zielführend. User erwarten vor allem eine kurzfristige Reaktionen auf Fragen, auch wenn eigentlich keine Dringlichkeit erkennbar ist. Eine Gefahr sollte nicht unterschätzt werden: negative Meldungen (teilweise auch nur Meinungen) über Unternehmen, die irgendwo auftauchen, können unglaublich schnell über das Internet verbreitet werden. Ob diese Anschuldigungen gerechtfertigt oder aus der Luft gegriffen sind, ist unerheblich. Ganz schnell findet sich eine Meute von Menschen, die „anprangern" und sich „das Maul zerreißen". Diese massiven Beschimpfungen, sogenannte „Shit-

6.4 Active Sourcing und Employer Branding mit Social Media

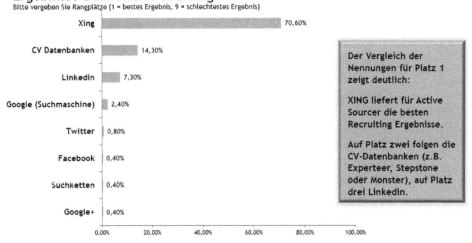

Abb. 6.3 Welche Quellen liefern die besten Ergebnisse? (Quelle: ICR Active Sourcing Report 2013, 400+ Teilnehmer, Grafik enthält die Angaben jeweils für Platz 1)

storms", können regelrechte negative Kampagnen werden. Beispielsweise brachen solche Schmutzkampagnen über Amazon oder Pharmaunternehmen herein, denen (Falsch-) Meldungen und Anschuldigungen mit darauf folgenden massenhysterischen Beschimpfungen in (un)sozialen Netzwerken durchaus Imageprobleme bereitet haben.

Zurück zum Active Sourcing: bei den Ergebnissen liegt 2013 Xing deutlich vorne (vgl. Abb. 6.3).

Seltsam: Die von den Befragten kaum genutzten CV-Datenbanken bringen erstaunlich gute Ergebnisse – warum werden sie dann so wenig genutzt?

Abbildung 6.4 zeigt, welche Kandidaten angesprochen werden.

Besonders erschreckend finde ich, dass ca. 5 % der Recruiter sogar Personen ansprechen (oder nennen wir es gleich belästigen?), die AUSDRÜCKLICH angegeben haben, dass sie zu neuen Jobangeboten NICHT angesprochen werden wollen.

Die ausgewählten Kandidaten werden direkt kontaktiert, je nachdem, welche Kontaktmöglichkeit vorhanden ist. Reagiert ein Kandidat auf diese Nachricht nicht, erinnern über 50 % der befragten Unternehmen an das Angebot. Über 25 % der Befragten erinnern (Noch-)Kandidaten mehrmals, falls diese nicht reagieren, fast 7 % sogar mehr als dreimal (spätestens jetzt ist der Adressat vermutlich so genervt, dass er auf dieses Unternehmen nie wieder angesprochen werden will). Dass mit dieser Art der Ansprache per Email oder als Nachricht bei Xing oder facebook eine rechtlich heikle Grauzone betreten wird, ist vielen Recruitern nicht bewusst. Vermutlich werden Gerichte hier eine Parallele zu Werbe-Emails an Verbraucher ziehen – die eindeutig verboten sind und auch rigoros zu Strafen führen.

Welche Arten von Kandidaten werden angesprochen?

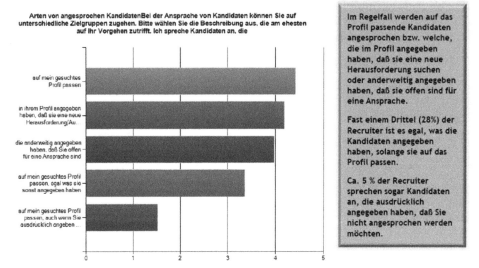

Abb. 6.4 Wer wird kontaktiert? (Quelle: ICR Active Sourcing Report 2013, 400+ Teilnehmer, Bewertungsdurchschnitte, Mehrfachangaben waren möglich)

Trotz dieses hohen Aufwandes und des unkalkulierbaren Risikos liegen die Response-Quoten bei durchschnittlich nur 20 %. Diese Quote wird vermutlich noch sinken, da aufgrund der zunehmenden Recruiting-Aktivitäten über diese Kanäle sowie der Penetranz etlicher anderer man sich mittelfristig wieder selbst das Leben schwermacht und verbrannte Erde hinterlassen wird. Der ICR-Report gibt auch konkrete Empfehlungen für das Active Sourcing (ICR Active Recruiting Report 2013):

Empfehlungen für das Active Sourcing
- Erwarten Sie am Anfang keine Antwortraten über 20 %
- Starten Sie am Anfang mit Xing, dann mit Profil-Datenbanken und LinkedIn
- Nutzen Sie für die Ansprache persönliche Angaben aus dem Profil des Kandidaten, die zur konkreten Vakanz passen
- Geben Sie in der Ansprache nur vage Informationen über die zu besetzende Position, um zunächst einmal Interesse zu wecken (Anmerkung des Autors: ob sich nur der Kommunikationsaufwand für beide Seiten erhöht oder dies positiv auf die tatsächlichen Einstellungen auswirkt, geht aus dieser Umfrage nicht hervor)
- Verlinken Sie in der Ansprache nicht zu einer konkreten Vakanz oder zum eigenen Arbeitgeber (Anmerkung des Autors: verschieben Sie die Enttäuschung über ein unpassendes Angebot lieber auf später)

- Nutzen Sie den Rat von erfahrenen Active Sourcern, diese sind effektiver und effizienter (Anmerkung des Autors: vermutlich auch im Nerven von Kandidaten)

6.4.3 Wirkung auf Kandidaten

Wie reagieren Kandidaten auf die neuen Möglichkeiten, von Unternehmen gefunden und angesprochen zu werden? Studienabsolventen reagieren noch überwiegend positiv auf eine Ansprache durch ein Unternehmen, doch je berufserfahrener und höher im Karrierelevel, desto ablehnender wird auf solche Avancen reagiert. Viele Kandidaten werden zu häufig kontaktiert, selbst wenn sie ausdrücklich kein Wechselinteresse signalisieren. Recruiter sollten sich überlegen, wie ein „treuer" Vertriebsmitarbeiter reagiert, wenn er von dem Wettbewerbs-Unternehmen, gegen das er jeden Tag im Markt arbeitet, einfach kontaktiert wird, ob er nicht „die Fronten" wechseln will. Mittelfristig wird diese Praxis den Ruf des Unternehmens und sein Arbeitgeberimage negativ beeinflussen. Viele Kandidaten bereits in den mittleren Ebenen wünschen sich die Vertraulichkeit garantierenden Personalberater. Auf Top-Niveau sind solche direkten Kontaktaufnahmen durch Unternehmen nicht machbar, ein Vertriebsvorstand eines Unternehmens wird etwas „irritiert" reagieren, wenn er Anrufe von Personalreferenten aus Wettbewerbsunternehmen erhält. Hier sind und bleiben Personalberater notwendig, vor allem diejenigen, die die klassische Direktansprache durchführen.

6.4.4 Zusammenfassung und Bewertung von Active Sourcing

Social Media Recruiting macht meiner Meinung nach dann für Unternehmen Sinn, wenn sie es im Sinne von Personalmarketing strategisch einsetzen. Active Sourcing wird sich weiter ausbreiten, vor allem im unteren Segment inklusive Studienabsolventen kann das durchaus Erfolg versprechen. Die Schaltung von Stellenanzeigen in Medien, die die Zielgruppe nutzt, ist definitiv sinnvoll. Die Variante der direkten aktiven Kontaktaufnahme durch den Wettbewerber wird schnell kontraproduktiv, spätestens in den mittleren Managementebenen. Den Kandidaten fehlt außerdem die neutrale Instanz des Personalberaters, der absolute Vertraulichkeit garantiert und auch objektive Karriereratschläge geben kann.

Sollten trotzdem immer mehr Unternehmen mit eher penetranten Recruitern per Active Sourcing Kandidaten ungebeten kontaktieren, wird verbrannte Erde hinterlassen, die das Recruiting in den folgenden Jahren wiederum erschweren wird. Active Sourcing sollte nur mit viel Sinn und Verstand und Empathie genutzt werden; darüber hinaus müssen die Regeln der Sozialen Netzwerke den Recruitern bekannt sein und beachtet werden.

Auf den oberen Ebenen ist Active Sourcing nicht anwendbar, ein Vertriebsleiter wäre vermutlich nicht sehr glücklich, wenn er von HR-Mitarbeitern der Wettbewerber kontaktiert würde. Auch der Fakt, dass viele Führungskräfte keine Zeit und/oder Lust haben, sich in sozialen Netzwerken zu tummeln, macht die Grenzen des Active Sourcing in allen seinen Facetten offensichtlich. Wer dort nicht vorhanden ist, kann auch auf diesem Wege nicht gefunden werden.

6.5 Empfehlungen von Mitarbeitern

Eine nach Untersuchungen sehr erfolgreiche Art der Mitarbeitergewinnung ist die Nutzung der eigenen Mitarbeiter. Diese kennen das Unternehmen und können oft recht gut beurteilen, ob jemand aus ihrem Bekannten- oder Freundeskreis für eine Position geeignet sein könnte. Diese Methode sollte aber nicht unstrukturiert per Zufall funktionieren, sondern es sollte ein durchdachtes System installiert werden. Sowohl der aktuelle Personalbedarf, die festgeschriebenen Prozesse als auch die „Belohnung" für den Arbeitnehmer sollten regelmäßig kommuniziert werden. Sie können Ihre Mitarbeiter ermutigen, Kandidaten zu benennen, wenn die Vorteile für alle Beteiligten klar erkennbar sind. Als Incentives können Prämien gezahlt werden, Preise ausgeschrieben oder auch Arbeitszeitgutschriften gewährt werden. Stellen Sie aber von Anfang an klar, dass diese Gegenleistungen erst gewährt werden, wenn ein empfohlener Kandidat wirklich eingestellt worden ist (und ggf. auch einige Zeit im Unternehmen verbringt).

6.6 Jobmessen

Damit sowohl Unternehmen als auch passende Kandidaten auf solchen Messen zueinander finden, sollte die Möglichkeit eines persönlichen Gespräches bestehen. Da auch eine Vor-selektion der Kandidaten schwierig zu organisieren ist, sind für viele Unternehmen diese Messen eher Öffentlichkeitsarbeit als effektive Personalsuche, vom hohen Aufwand ganz abgesehen. Falls Sie also mit dem Gedanken spielen, solche Messen zu nutzen, wählen Sie sie sorgfältig aus.

6.7 Personalmarketing

Wenn Ihr Unternehmen regelmäßig einen größeren Personalbedarf decken muss, sollten Sie sich überlegen, ob zur Schaffung oder Stärkung einer Arbeitgebermarke ein professionelles Personalmarketing geeignet ist. Damit schaffen Unternehmen eine höhere Bekanntheit in den relevanten Kreisen, sind attraktiver für vielversprechende Kandidaten und sorgen für ein größeres Maß an Bewerbungen. Diese Maßnahmen sind wichtig und sinnvoll, allerdings benötigt der Aufbau einer guten Arbeitgebermarke etliche Jahre.

6.8 Direktansprache

Eines der effektivsten Werkzeuge ist die direkte Kontaktaufnahme mit Mitarbeitern des Wettbewerbs, die sogenannte Direktansprache oder Direct Search,. Ein Hauptvorteil der Direktansprache ist, dass damit auch qualifizierte mögliche Kandidaten erreicht werden, die aktuell nicht aktiv auf Stellensuche sind. Daher erreicht man diese Menschen auch nicht über die sonstigen Kanäle, da dort immer das Wechselinteresse vorausgesetzt wird. Diesen Königsweg der Suche führen allerdings nicht alle Personalberatungen durch.

Die Direktansprache wurde früher ausschließlich von Personalberatern für die Ansprache von Top-Level-Kandidaten genutzt, mittlerweile muss dieser Weg auch teilweise für die Besetzung von Spezialisten genutzt werden, wenn der Markt eng ist.

Teilweise wird der Weg der Direktansprache mittlerweile auch von Unternehmen genutzt, die z. B. über Xing potenziell passende Kandidaten aus dem Wettbewerb kontaktieren (siehe Kap. „Active Sourcing"). Es kann auf diese Art in den unteren Hierarchielevel zu erfolgreichen Transfers kommen, aber dieses Vorgehen ist ein zweischneidiges Schwert. Nicht unterschätzen sollte man, dass viele potenzielle Kandidaten ein direktes Angebot von anderen Firmen anders bewerten als eine Anfrage durch einen Headhunter. Insbesondere Führungskräfte schätzen den Kontakt zu einem neutralen Mittler, ehe sie sich dem Wettbewerber und ggf. dem ganzen Markt offenbaren. Die falsche Art der Ansprache und Kontaktaufnahme kann unwiederbringlichen Schaden anrichten, denn Kandidaten sind teilweise „scheu wie das Reh". Spätestens ab Mittelmanagement sollten Personalberatungen eingeschaltet werden, ehe das Unternehmen seine Reputation schädigt und wertvolle potenzielle Mitarbeiter irritiert. Für diesen „Königsweg" stehen entsprechend diskret arbeitende Personalberater zur Verfügung. Sie sorgen für die sorgfältige Auswahl von Zielunternehmen und potenziellen Kandidaten, die notwendige Information und Diskretion und nicht zuletzt für die angemessene Behandlung von potenziellen Kandidaten (was leider nicht alle Berater und Beratungen auch einhalten, wie viele Kandidaten schildern). Personalberater stellen dann die am besten passenden Kandidaten vor, so dass das beauftragende Unternehmen den erheblichen Arbeitsaufwand der Suche und Vorselektion auslagern und professionalisieren kann.

Teil III
Praxis der Personalauswahl

Wenn ich acht Stunden Zeit hätte, um einen Baum zu fällen, würde ich sechs Stunden die Axt schleifen.
   Abraham Lincoln

Auswahl von Kandidaten 7

> Es ist nicht Erfahrung oder Hochschulabschlüsse oder andere akzeptierte Faktoren ... Erfolg hängt ab von der Passung mit dem Job.
> Harvard Business Review [1], ((Jahr folgt))

Gleichgültig, ob die Suche und Vorauswahl durch einen Personalberater erfolgt oder alle Prozesse inhouse durchgeführt werden – kurz vor dem Ende steht die Endauswahl des Kandidaten.

> **Eignung**
> die möglichste deckungsgleiche Passung von Anforderungen eines konkreten Jobs mit den spezifischen und allgemeinen Leistungsvoraussetzungen einer Person wie Fähigkeiten (Voraussetzung für Fertigkeiten), Fertigkeiten (erlernte oder erworbene Verhalten), Motivation, Wissen, Persönlichkeitseigenschaften etc.
>
> Können wir die Eignung (englisch: fit) noch detaillierter analysieren? Wenn wir die verschiedenen Aspekte betrachten, die für einen generellen Fit von Kandidat und Position verantwortlich sind, gelangen wir zu vier Aspekten (vgl. Abb. 7.1):
> - **Person-Job-Fit:** Passung der Fähigkeiten einer Person mit den Anforderungen des konkreten Jobs, der Ansprüche und Wünsche einer Person mit den Möglichkeiten im Job. Eine möglichst hohe Übereinstimmung zwischen Fähigkeiten, Fertigkeiten und Fachwissen mit den Jobanforderungen. Die wichtigste Passung, der wichtigste „Fit" bei der Personalauswahl.
> - **Person-Group-Fit:** Passen ein Kandidat und seine Kollegen gut zusammen? Im Arbeitsalltag ein wichtiger Aspekt in der arbeitsteiligen Organisation.

---

[1] Nunert M. Greenberg und Jeanne Greenberg: Job Matching for Better Sales Performance, Harvard Business Review, Ausgabe 58, Nr. 5 NI Icrb.

© Springer Fachmedien Wiesbaden 2014
S. Strzygowski, *Personalauswahl im Vertrieb*, DOI 10.1007/978-3-8349-3815-2_7

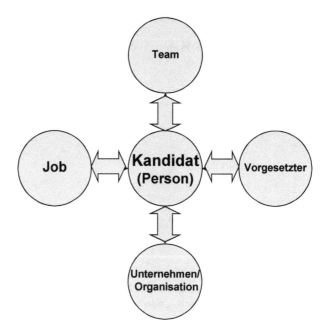

Abb. 7.1 Die unterschiedlichen Passungen eines Kandidaten

- **Person-Supervisor-Fit:** Passt ein Kandidat mit seinem Vorgesetzten zusammen? Hier können stark differierende Aspekte wie Kommunikationsverhalten oder Beurteilung von Situationen (Bauchentscheider versus Analytischer Faktenmensch) zu starken Spannungen führen.
- **Person-Organisation-Fit:** Die Passung von einer Person und der Organisation. Hier könnte man fragen: passen Charakter oder Eigenheiten von Person und Unternehmen zusammen? Je größer der Fit in diesem Punkt, desto größer das Engagement (über die direkt zum Job gehörenden Aufgaben) und auch die Identifikation mit dem Arbeitgeber. Eine geringe Passung im Person-Organisation-Fit wirkt sich negativ auf die Fluktuationsrate aus.

Der erste entscheidende Schritt ist, genau festzulegen, welche Faktoren einen Stelleninhaber auf der vakanten Position erfolgreich werden lassen und welche Faktoren eher hinderlich sind. Dies sollte jetzt nicht dazu führen, dass ein Universalgenie gesucht wird: „Jung, dynamisch, hervorragender Studienabschluss, MBA oder Promotion, 2 Jahre Auslandsaufenthalt bei internationalem Konzern, mindestens zehnjährige Branchenerfahrung, Führungserfahrung, aber nicht älter als 27."

Abb. 7.2 Ablauf einer fundierten Personalauswahl. (Nach Staufenbiehl und Rösler 1999)

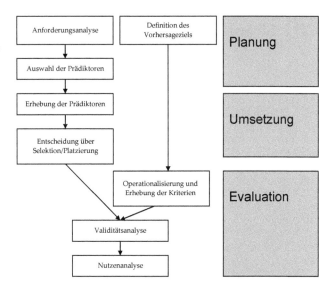

7.1 Der Prozess der fundierten Personalauswahl (Abb. 7.2)

Prädiktoren sind eignungsdiagnostische Verfahren, die den beruflichen Erfolg (Kriterium) vorhersagen lassen.

Einen guten Überblick über mögliche Verfahren gibt das Modell des CUBE-Ansatzes (Abb. 7.3).

Hier sehen wir verschiedene Aspekte, zum Beispiel anhand der zeitlichen Orientierung der Verfahren im Bereich „direkte Befragungen"/Interview Fragen zur Vergangenheit und teilweise zur Gegenwart – sie werden in biografischen Interviews gestellt, Infos dazu später. Fragen zur (möglichen) Zukunft werden in situativen Interviews gestellt.

7.1.1 Die Anforderungsanalyse

Anforderungsanalyse ist die Untersuchung einer Arbeitstätigkeit als Basis für die Ableitung von personenbezogenen Eignungsanforderungen, die in Kompetenzen wie Kenntnisse, Fähigkeiten, Fertigkeiten, Andere (KSAO, Knowledge, Skills, Abilities, Other) differenziert wird. Auf dieser Grundlage werden geeignete eignungsdiagnostische Informationsquellen und Verfahren definiert, z. B. Assessmentcenter ja oder nein, Testverfahren (z. B. Verhaltensorientiertes Verfahren oder Intelligenzmessung) oder Referenzeinholung.

Die Anforderungsanalyse auf Aufgabenebene
Die Arbeitsinhalte der einzelnen Aufgaben werden beschrieben und mit Informationen zu Wichtigkeit, Schwierigkeit, Häufigkeit (Zeitanteil) und Konsequenzen bei Fehlern ver-

CUBE System (nach Prof. Martin Kersting)

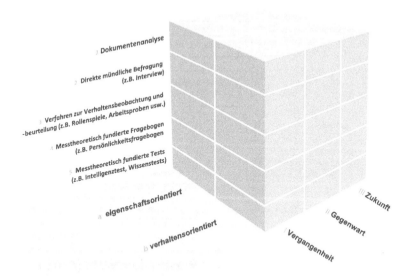

Abb. 7.3 Cube-System zur Klassifizierung unterschiedlicher Verfahren der Potenzialeinschätzung und (internen sowie externen) Personalauswahl nach Prof. Dr. Martin Kersting

sehen. Die Aufgaben sind durch Expertenbefragung (Kollegen, Vorgesetzten, eventuell aktueller Stelleninhaber) oder durch Standard-Profile für diese Positionen ermittelbar.

Übertragung der aufgabenorientierten Informationen in **Anforderungsanalyse auf Verhaltensebene** mittels

- Critical Incidents Technique
- Fragebögen bzw. Interviews

Die Erstellung der endgültigen Anforderungsanalyse wird diese strikte Trennung von Aufgabenebene und Verhaltensebene zumindest bei der Erhebung mittels Experteninterview nicht enthalten, die Unterschiede sollten aber aus Gründen der „Klarheit des Denkens" dem Personalentscheider bewusst sein.

Beim Einsatz von Testverfahren gibt es unter Umständen auch eine Benchmarking-Methode, um bei einer größeren Vertriebsmannschaft die genauen Anforderungen für Top-Performer individuell zur Firma passend zu ermitteln. Hierauf werde ich im Kapitel „Testverfahren" ausführlich eingehen.

Erstellung einer Anforderungsanalyse Für die Ermittlung der benötigten Anforderungen gibt es mehrere Möglichkeiten:

- Analyse durch die bisherigen Stelleninhaber bzw. Kollegen
- Interview mit Vorgesetzten, Personalverantwortlichen, Stelleninhaber oder Kollegen
- Analyse der (erfolgreichen) Kollegen

Hier bietet es sich an, die für den Erfolg wichtigen personengebundenen Aspekte von kognitiven Fähigkeiten (KANN er den Job machen), Interessen (WILL er den Job machen) und Persönlichkeit (WIE wird er den Job machen) zu beleuchten.

7.1.2 Fehlendes Know-how der Entscheider in Eignungsdiagnostik

Die deutsche Gesellschaft für Psychologie behauptet, dass etwas 25 % der Positionen falsch besetzt seien. Wenn man sich in der Wirtschaft umsieht, könnte diese Zahl stimmen, dürfte aber insbesondere im Vertrieb noch höher liegen. Woran liegt das? Eventuell daran, dass von den Verantwortlichen für Personalauswahl nur wenige umfassendere Kenntnisse in Eignungsdiagnostik aufweisen. Laut einer Untersuchung des Bamberger Instituts für Psychologietransfer hatten 78 % der 200 befragten Verantwortlichen kaum oder kein Basiswissen über Eignungsdiagnostik.

7.1.3 Fälschen und Täuschen

Untersuchungen legen nahe, dass viele Bewerbungsunterlagen „optimiert" sind, Tätigkeiten, Verantwortungen und Erfolge deutlich in den Vordergrund gerückt werden, was auch normal und sinnvoll ist. Insbesondere im Interview muss man darauf achten, dass die Darstellungen von Kandidaten hinterfragt werden. Hier ist innerhalb des Interviews vor allem auch der STAR-Ansatz hilfreich, um inkonsistente Beschönigungen aufzudecken. Weiterhin können Fakten teilweise überprüft werden, wobei es eher selten ist, dass so offensichtliche Lügen erzählt werden. Eine weitere Möglichkeit, übertriebene Schönfärbereien zu entdecken, sind Referenzgespräche, sowohl mit ehemaligen Vorgesetzten als auch mit ehemaligen Mitarbeitern oder Kollegen (siehe Referenzen).

Wo Beschönigen oder gar Falschangaben beginnen, ist ein fließender Bereich – etwa wenn Zeiträume von Arbeitslosigkeit vertuscht werden (z. B. Angabe der Positionen nur mit Jahresangaben) oder „freiberuflicher Berater" statt „auf Jobsuche" geschrieben wird. Eindeutig kriminell wird es bei Fälschung der Unterlagen – das kann bis zur Fälschung von (Abschluss-)Zeugnissen und Diplomen gehen.

Lügen erkennen: es existieren wenig Möglichkeiten, Lügen bei einem erfahrenen und guten Lügner zu erkennen. Eine davon ist, durch konsequentes Nachfragen Unplausibilitäten zu erkennen. Auch eine Internetrecherche kann dabei Hinweise liefern. Die andere

Möglichkeit ist das Erkennen von Lügen anhand der Körpersprache des Lügners. Hier hat Paul Ekman mit seinem Facial Action Coding System (FACS) als Vorreiter gewirkt, indem er die Gesichtsmimik methodisch aufarbeitet und bei Lügen sogenannte Mikroausdrücke erkannte und analysierte. Dieses System ist sehr umfangreich und erfordert großen Aufwand, bis man Lügen einigermaßen zuverlässig erkennen kann. Falls Sie an diesem Thema tiefer gehendes Interesse haben, finden Sie weiterführende Informationen zu Seminaren etc. auf der Website zu diesem Buch www.personal-vertrieb.de.

Manchmal ist es allerdings wirklich schwierig, sogar „faustdicke" Lügen von Kandidaten zu erkennen, weil sie so überzeugend präsentiert werden – und teilweise auch von diesen Menschen selbst geglaubt werden. Wie kann es dazu kommen, dass jemand sich seine Welt „schönbiegt"?

Falsche Erinnerungen (Lügen – Täuschen – Tricksen)

> Früher oder später erfindet jeder eine Geschichte, die er für sein Leben hält.
> Max Frisch

Die Gehirnforschung hat in den letzten Jahren interessante Fakten untersucht, die ein neues Bild von unseren Gedächtnisleistungen bzw. deren Organisation nahelegt. Früher favorisierte man war das Bild, dass das Gedächtnis wie ein „Zettelkasten" organisiert ist, in dem die einzelnen Erinnerungen als beschriebene Zettel vom Kurzzeit- ins Mittelzeit- und ggf. auch ins Langzeitgedächtnis „verschoben" werden. Ein einmal angelegtes Zettelchen bleibt unverändert erhalten, einmal ausgeschrieben wird immer nur noch die Erinnerung „abgelesen" – und bleibt damit relativ „objektiv" bzw. unveränderlich. Neuere Erkenntnisse zeigen, dass bei jedem Abruf einer Erinnerung auch Emotionen beteiligt sind, die wiederum mit dieser Erinnerung „auf den Zettel" notiert werden – die Synapsen verändern sich tatsächlich. Je häufiger die Erinnerung abgerufen wird, desto mehr nachträgliche Emotionen sind dazu notiert worden – und verändern diese Erinnerung. Das kann so weit gehen, dass man Menschen dazu brachte, erfundene unwahre Geschichten als selbst erlebt zu akzeptieren.

Es gelang, Menschen ein sogenanntes „False Memory" zu induzieren. Bei bis zu einem Drittel der Probanden gelang es, ihnen eine erfundene Geschichte zu erzählen, die sie angeblich erlebt hätten – eingebettet in wahre Umstände und „beglaubigt" von Zeugen (wie den Eltern, die angeblich auch „wissen", wie das Kind damals im Einkaufszentrum verloren gegangen sei). Nach einiger Zeit behaupteten die Probanden, sich selbst an dieses Erlebnis zu erinnern und erzählten sogar Details, die ihnen nicht erzählt worden waren – diese erfundene Geschichte ist in ihrem eigenen Gedächtnis als erlebte Wirklichkeit verankert worden.

Unsere Erinnerungen sind also nicht „unveränderlich beschriftete Zettel", sondern eher weiche Tonklumpen, die bei jedem erneuten Berühren kleine Veränderungen erfahren und sich sogar komplett umformen lassen. Dies erklärt, warum manche Menschen mit Lebenslügen arbeiten, die ihnen das Leben angenehmer oder lebenswert machen, an die sie sogar selbst felsenfest glauben.

Diese Forschungen relativieren natürlich auch die Zuverlässigkeit von Zeugenaussagen und haben in den USA dazu geführt, dass viele Urteile revidiert wurden, die nur auf Zeugenaussagen beruhten.

Was bedeutet diese „Gestaltbarkeit von Erinnerungen" in Bezug auf Kandidaten und deren „Erfolgsstory"?

Wie viele Menschen verändern (bewusst oder unbewusst) ihre negativen Erlebnisse so, dass sie selbst als unschuldig oder sogar sehr positiv dastehen? Auch hier ein Hinweis, dass man solche Storys hinterfragen und auf Wahrheitsgehalt überprüfen sollte – z. B. per Recherche oder Referenzen. Ich möchte nochmals klarstellen, dass falsche Erinnerungen nicht immer bewusste Lügen sein müssen, sondern auch auf diesem „false memory effect" beruhen können. Ein Mensch kann so die objektive Unwahrheit sagen, aber trotzdem nicht lügen, wenn er die Wahrheit nicht kennt (z. B. wenn ein Vorgesetzter über Vorgänge in seiner Abteilung falsch informiert wurde). Diese Problematik wird durch den „false memory effect" noch deutlich komplexer …

> **Fazit**
> Seien auch Sie sich bewusst, dass sich Gedächtnisinhalte verändern (können), wenn sie benutzt werden.

7.1.4 Profi im Job oder Bewerbungsprofi?

Eine Falle, in die auch Personalprofis immer wieder tappen, ist die Profi-Falle. Sind die Unterlagen eines langjährig tätigen Managers nicht nach den aktuell gültigen Richtlinien verfasst? Ist ein Kandidat im Interview nicht auf jede Frage vorbereitet? Heißt das, dass dieser Kandidat die Aufgaben der Vakanz schlechter erledigen wird? Oder dass er eventuell Profi in seinem Bereich ist, aber kein Bewerbungsprofi? Weil er durch gute Leistungen in seinen Unternehmen und durch die Vermittlung durch Headhunter kaum Bewerbungserfahrung gesammelt hat, kann dieser Kandidat auf den ersten Blick weniger punkten als ein (in Bewerbungsgesprächen) erfahrener Kandidat, der mit auswendig gelernten Standardantworten einen schönen Schein erzielt. Unterscheiden Sie bitte zwischen Profi im Job und Bewerbungs-Profi.

7.1.5 Das berühmte Bauchgefühl

> Bauchgefühle sind meist hilfreich, wenn es um Geschäftsabschlüsse geht, weniger gut eignen sie sich allerdings als Unterstützung bei Personalentscheidungen. Der Grund: Unser Bauchgefühl sorgt dafür, dass wir uns schnell in einen Kandidaten „verlieben".
> Jack Welsh, Präsident General Electric Company 1981–2001, gilt als erfolgreichster Manager Amerikas

Mehr braucht man darüber nicht zu sagen.

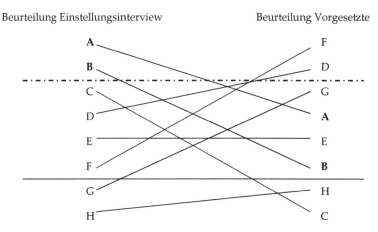

Abb. 7.4 Beispiel einer Auswahl zu zwei Arbeitsplätzen

7.1.6 Über falsche Entscheidungssicherheit

The easy way

Auf dem Schreibtisch sammeln sich die Bewerbungen zu einem hohen Stapel. Der Abteilungsleiter zu seiner Assistentin: „Bitte nehmen Sie die obere Hälfte des Stapels und sagen Sie den Bewerbern ab!" „Aber das können Sie doch nicht machen, das ist doch unfair!" „Wieso? Würden Sie jemand einstellen, der Pech hat?"

Obwohl Untersuchungen die Zuverlässigkeit von Personalempfehlungen häufig als gering beurteilen, sind sich die meisten Interviewer sicher, dass ihre Prognosen stimmen – Selbstzweifel begegnen mir hier eher selten. Untersuchungen bestätigen, dass circa 80 % der Interviewer bei ihrer Empfehlung eine Sicherheit von „75 % oder höher" angaben. Warum ist das so? Die meisten Auswahlentscheidungen lassen sich nicht oder kaum verifizieren, zudem sich eine wirkliche Verifikation anhand der zu leistenden Aufgaben erst nach längerer Zeit auf der Position ermitteln ließe. Dieses Feedback wird häufig nicht systematisch analysiert, außerdem basieren auch diese Aspekte nur auf einem Ausschnitt.

Anhand des folgenden Beispiels zeichnen wir die Auswahl zu zwei Arbeitsplätzen auf (Abb. 7.4). Nehmen wir zwei Vertriebspositionen: nach Interviews geben die Interviewer eine Rangfolge der Kandidaten von A bis H ab. Im hypothetischen Fall, dass die Vorgesetzten nach zwei Jahren die Passung aller Kandidaten beurteilen könnten, käme eine komplett andere Rangreihenfolge (rechts in der Grafik) zustande. Welches Feedback erhält der Interviewer und was bedeutet das für das Unternehmen?

Die einzige richtige Beurteilung erfolgte beim Kandidaten E, hier stimmen die Interviewerempfehlung sowie die Vorgesetztenbeurteilung überein. Diese Information kommt nie zustande, da nur die Kandidaten A und B eingestellt wurden, und ihre Leistungsfähigkeit in der Position beweisen konnten. Die Vorgesetztenbeurteilung von A wäre nicht wirklich top, liegt aber immer noch über B – die Interviewer haben diese Reihenfolge ja

Tab. 7.1 Zusammenfassung der metaanalytischen Befundlage zur Validität eignungsdiagnostischer Verfahren. (Verkürzt nach Schmidt und Hunter 1998, S. 22)

Prädiktor	Valid	mR	inkrV	% Zuwachs
Allgemeine kognitive Fähigkeitstests	0,51			
Arbeitsproben	0,54	0,63	0,12	24
„Integrity"-Test	0,41	0,65	0,14	27
Gewissenhaftigkeitstest	0,31	0,60	0,09	18
strukturiertes Einstellungsinterview	0,51	0,63	0,12	24
unstrukturiertes Einstellungsinterview	0,38	0,55	0,04	8
Fachkenntnistest	0,48	0,58	0,07	14
Probezeit	0,44	0,58	0,07	14
Biografische Daten	0,35	0,52	0,07	2
Assessment Center	0,37	0,53	0,02	4
Interessen	0,10	0,52	0,01	2
Graphologie	0,02	0,51	0,00	0

Als Artefakte wurden die Kriteriumsreliabilität und Varianzeinschränkungen korrigiert
Valid kriteriumsbezogene Validität (Kriterium: Leistungsbeurteilung), *mR* multiple Korrelation mit allgemeiner kognitiver Fähigkeit als erster und mit dem jeweiligen Prädiktor als zweiter Variable, *inkrV* inkrementelle Validität, d. h. der Validitätszuwachs durch Hinzunahme des zweiten Prädiktors, *%Zuw* Prozentualer Zuwachs der Validität durch Hinzunahme des zweiten Prädiktors

auch entsprechend beurteilt. Dass allerdings in der objektivierten Sicht (Vorgesetztenbeurteilung) noch einige Kandidaten weitaus besser als A und B gepasst hätten, erfährt kein Mensch. Die Interviewer können ihre Fehleinschätzungen nicht erkennen, werden aber durch die relativ bessere Passung von A als von B sogar noch in ihrer Entscheidungsreihenfolge bestätigt. Diese Art von Feedback, oder besser gesagt: nicht vorhandener Fehlererkennung führt zu einer völligen Überschätzung der Interviewer bezüglich der Richtigkeit ihrer Empfehlungen.

7.2 Validität einzelner Tools sowie in Kombination

Die einzelnen Verfahren der Personalauswahl sind höchst unterschiedlich bezüglich ihrer Aussagekraft und Zuverlässigkeit. Einen ersten Eindruck gibt Tab. 7.1.

7.2.1 Welche Kombination von Methoden und Tools sind empfehlenswert?

Unter den Kriterien Validität, Praktikabilität und Dauer der Durchführung, Akzeptanz auf Kandidatenseite und Kosten/Nutzen empfehle ich folgende Kombination von Methoden:

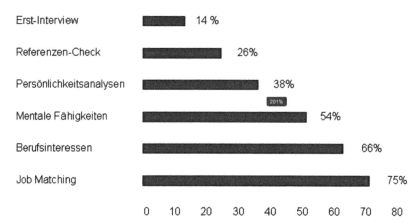

Abb. 7.5 Optimierung der Zuverlässigkeit durch die Addition unterschiedlicher Instrumente und Verfahren. (Quellen: Professor Mike Smith, University of Manchester, August 1994; Hunter und Hunter 1984; Tett et al. 1991, S. 703)

- Analyse der Bewerbungsunterlagen
- Interviews, mehrere, (teil-)strukturiert
- Mentale Fähigkeiten (Intelligenztest)
- Persönlichkeitsanalyse
- Interessen, Motivation

Die drei Aspekte Intelligenz, Persönlichkeit und Interessen können per Profiling erfasst werden

- Referenz(en) einholen

Mittels der Kombination von mehreren Verfahren kann man die Auswahlsicherheit auf Werte von 75 (von 100) erhöhen – was gegenüber der üblichen Prognosesicherheit von rund 25 ein erheblicher Fortschritt ist.

Durch Interviews alleine erreicht man nur eine Zuverlässigkeit in der Prognose von 14 (wobei es beim Interview noch große Unterschiede gibt zwischen unstrukturierten und (teil-) strukturierten, sowie eine Menge möglicher Fehler, die die Aussagekraft verringern).

Führt man zusätzlich noch einen Referenzcheck durch, steigt die Aussagekraft bereits auf 26. Eine zusätzliche Persönlichkeitsanalyse erhöht den Wert des Auswahlverfahrens auf 38. Ein Intelligenztest bringt einen großen Sprung nach vorne (weitere 16), bis man dann mittels Interessenabgleich (Motivation zu bestimmten Tätigkeiten) und Job-Match-Verfahren auf maximal 75 gelangen kann. Selbst mit allen verfügbaren Verfahren kann man die Prognose nie zu 100% sicherstellen, wir können immer nur Wahrscheinlichkeiten erhöhen (vgl. Abb. 7.5).

Eine Beurteilung der eingereichten Kandidatenunterlagen unter formalen Gesichtspunkten ist üblich – sollte aber auch nicht übertrieben werden. Schließlich suchen wir ja einen Profi in seinem Job und keinen Experten in DIN-Normen für Schriftstücke. Inhaltlich ist eine Prüfung natürlich notwendig und ist der erste Schritt, da es meist die ersten Informationen sind, die wir über einen Kandidaten erhalten, und die Prüfung nur einen geringen Aufwand bedeutet. Lebenslauf, oft CV oder Curriculum Vitae genannt, samt Anschreiben sowie Zeugnisse sind Bestandteil einer sinnvollen Auswahl. Die Prüfung wird im nächsten Kapitel genauer beschrieben. Dies stellt sozusagen die Basis der Auswahl dar. Darauf aufbauend erhalten wir eine starke Zunahme an Zuverlässigkeit, wenn wir mehrere Verfahren im Auswahlprozess hintereinander durchführen.

7.2.2 Lebenslaufanalyse

> Viele erkennen zu spät, dass man auf der Leiter des Erfolges einige Stufen überspringen kann. Aber immer nur beim Hinuntersteigen.
> William Somerset Maugham

Die Prüfung eines Lebenslaufs erfolgt im Hinblick auf vier Aspekte:

- **Vollständigkeit:** Sind die wesentlichen Bestandteile eines Lebenslaufs vorhanden, wie Kontaktdaten und persönliche Angaben, Ausbildung, Berufliche Stationen (in der gebotenen Ausführlichkeit, gerne mit Angaben zu Funktionsbeschreibung, Aufgaben und Erfolge)?
- **Lückenlosigkeit**: Sind im Lebenslauf Lücken vorhanden? Manche Bewerber kaschieren diese durch die Angabe von Jahreszahlen bei den Positionen – so kann aus der erstmal lückenlos erscheinenden Angabe
    - 2000–2003: Unternehmen X Position A
    - 2004–2009: Unternehmen Y Position B
- ein Zeitraum von bis zu 22 Monaten unterschlagen werden.
    - 05-2000–01-2003: Unternehmen X Position A
    - 12-2004–12-2009: Unternehmen Y Position B

    Bei solchen Lebensläufen hilft ein Blick in die Zeugnisse oder die Anforderung eines ausführlicheren Lebenslaufes mit Monatsdaten.
- **Chronologie**: ob ein Lebenslauf vorwärts oder rückwärts chronologisch aufgebaut ist, ist nebensächlich. Ein überhaupt nicht chronologischer Aufbau weist allerdings auf ein unstrukturiertes Denken hin.
- **Karriereaspekte**: Ist in der Abfolge der Positionen eine Entwicklung erkennbar, die jeweils zu mehr Verantwortung und größeren Aufgabenstellungen etc. führt (vgl. Abb. 7.6, 7.7 und 7.8)?

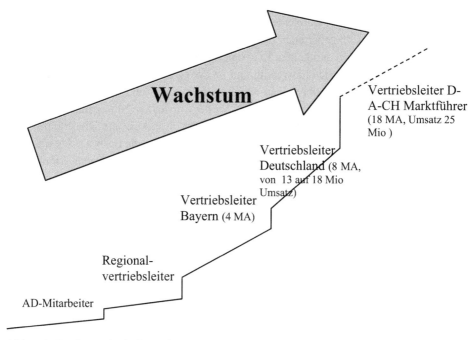

Abb. 7.6 Karriereverlauf mit Wachstum

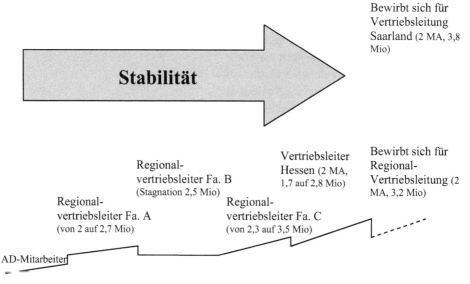

Abb. 7.7 Stabiler Karriereverlauf

7.2 Validität einzelner Tools sowie in Kombination

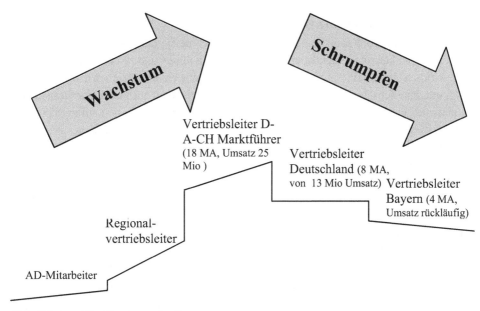

Abb. 7.8 instabiler Karriereverlauf

Wie ist eine instabile Karriereentwicklung zu bewerten, insbesondere mit Abwärtstendenzen in den letzten Jahren? In vielen Fällen negativ, ein Kandidat kann an Aufgaben gescheitert sein. Hier spielt allerdings in manchen Fällen auch einfach das Glück mit – zuerst hatte er kein Glück und dann kam auch noch Pech dazu. Wie zum Beispiel eine Krise in der Branche oder der gesamten Konjunktur. Oder ein unfähiger Vorgesetzter, der sinnvolle Initiativen boykottierte. Es lohnt sich, diese Fälle kritisch (!) zu hinterfragen.

In manchen Fällen haben aber bereits erfahrene und langjährig erfolgreiche Kandidaten ganz bewusst entschieden, dass sie aus der Karriereleiter aussteigen. Sie haben es sich bewiesen, dass sie erfolgreich anspruchsvolle Aufgaben erledigen können, wollen aber die Prioritäten verändern, zum Beispiel aus privaten Gründen. Dies können sehr gute und erfolgreiche Mitarbeiter sein, die ohne Karriereallüren ein Team weiter voran bringen.

Innere Logik des Lebenslaufs

Ist aus dem Lebenslauf eine innere Logik erkennbar, ein roter Faden? Wurde zum Beispiel eine Karriere aufgebaut, die der Hierarchie im Vertrieb folgt, also vom Vertriebsmitarbeiter zum Regionalleiter zum Key Accounter zum stellvertretenden Vertriebsleiter? Waren die bisherigen beruflichen Stationen innerhalb des Vertriebs in vergleichbaren Branchen? Oder gab es unterschiedliche funktionale Aufgaben innerhalb einer Branche, zum Beispiel von Marketingaufgaben zu Sales-Funktionen? Oftmals sind solche Entwicklungen nicht nachvollziehbar ohne die Erklärungen des Kandidaten, daher fragen Sie lieber nach, als aufgrund eines Lebenslaufes ohne roten Faden einem ansonsten qualifizierten Kandidaten abzusagen.

Offenheit für nicht-lineare Lebensläufe

Die klassische Interpretation von „Karriere" bedeutet meist gute Zeugnisse in Schule und Universität bei kurzer Studiendauer, danach eine geradlinige und rasche Karriere. Ist dies aber wirklich die einzig sinnvolle Interpretation? Zum einen müssen wir realistischerweise mit den Menschen arbeiten, die es gibt, und es existieren eben nicht nur diese geradlinigen und „einfachen" Lebensläufe. Kann nicht auch jemand, der sich auf dem zweiten Bildungsweg nach oben gearbeitet hat, der mit erheblicher nebenberuflicher Belastung sich durch Widerstände und Schwierigkeiten gekämpft hat, aufgrund seines Durchhaltevermögens, seines Ehrgeizes ein sehr wertvoller Mitarbeiter sein? Können vielleicht die vielfältigeren Erfahrungen durch unterschiedliche Branchen, diverse Unternehmen, ja sogar durch unterschiedliche funktionale Aufgaben eine ausgesprochene Bereicherung darstellen, da er über den Tellerrand blicken kann, weniger Blindheit besteht und er neue Impulse einbringen kann?

Dies sollte auch bei der Erstellung von Stellenausschreibungen und Anzeigen beachtet werden, denn häufig werden interessante potenzielle Kandidaten durch unrealistische Anforderungen abgeschreckt. Ein realistisches Anforderungsprofil anhand der tatsächlichen Aufgaben sollte das Ziel sein. Wenn in einer Anzeige „gute Französisch-Kenntnisse" gefordert werden, auf Nachfrage es aber nur zu zwei Telefonaten pro Jahr mit einem französischen Partner kommt (die man problemlos durch eine weitere Person als Übersetzer durchführen lassen kann), steht diese („nice to have"-) Anforderung im Missverhältnis zu den tatsächlichen Tätigkeiten, und ansonsten passende, nicht französisch sprechende Kandidaten bewerben sich nicht.

> Einer der weit verbreiteten Fehler dabei ist es, auf die bisherigen Positionen in den Lebensläufen von BewerberInnen zu achten, statt auf deren Ergebnisse. Besonders die sogenannten Job-Hopper haben beeindruckende Lebensläufe. Unter den vielen Stellen, die sie innehatten, findet man bei genauerer Analyse jedoch zwei Dinge meistens nicht: nämlich Ergebnisse und Verantwortung.
> („Richtig denken – wirksam managen", Fredmund Malik)

Peter-Prinzip

Der kanadische Sozialwissenschaftler Laurence J. Peter formuliert seine These so:

> In Hierarchien neigt jeder Beschäftigte dazu, bis zu seiner Stufe der Inkompetenz aufzusteigen. Unternehmen befördern bewährte Mitarbeiter so lange, bis sie an eine Position kommen, für die sie ungeeignet sind. (Die „persönliche Inkompetenzendstufe" nennt Peter diese Position.) Auch wenn Peter seine These nicht sehr exakt und wissenschaftlich begründet, wirft sie doch ein Licht auf einige interessante Fragen: warum bewerben sich Menschen auf Positionen, denen sie nicht gewachsen sind? Warum wird diese Diskrepanz zwischen Anforderungen des Jobs und Leistungsvermögen der Kandidaten in der Selektion nicht ausreichend erkannt? Angenommen, das Peter-Prinzip stimmt tatsächlich und in einer ausreichend komplexen Hierarchie würde jeder Beschäftigte bis zu seiner Stufe der Unfähigkeit aufsteigen. „Nach einer

gewissen Zeit wird jede Position von einem Mitarbeiter besetzt, der unfähig ist, seine Aufgabe zu erfüllen."[2]

Untersuchungen zeigen, dass viele interne Stellenbesetzungen scheitern – vermutlich wird ausschließlich auf den Erfolg bei der aktuellen Position geachtet, und die Anforderungen der nächsten Ebene zu wenig analysiert und in die Auswahlkriterien eingebracht. So werden reihenweise erfolgreiche Menschen aus ihren Positionen auf eine Ebene befördert, auf der sie versagen. Weder dem Unternehmen noch den betreffenden Mitarbeitern ist damit geholfen, das Vorgehen führt zu einer Verschlechterung der Situation. Wenn man dann bedenkt, dass „schlechte" Vorgesetzte auch noch gerne schlechte Mitarbeiter einstellen, wird dieses Vorgehen noch kritischer.

Funktionen
Ist eine durchgängige Beschäftigung in einem funktionalen Bereich oder eine stringente Entwicklung zu erkennen (wobei eine Entwicklung oft erst im Gespräch mit dem Kandidaten eine innere Logik erhält)? Oder hat der Kandidat bei jeder sich bietenden Gelegenheit in andere Abteilungen gewechselt und wieder neue Aufgaben übernommen?

Branchen
Hat der Kandidat innerhalb einer Branche gearbeitet, in Nachbarbranchen, oder ist ein gemeinsames Merkmal der Branchen erkennbar, z. B. erklärungsbedürftige Dienstleistungen im B2B-Bereich oder Fast Moving Consumer Goods (FMCG)? Oder hat ein dauerndes Hin und Her zwischen Dienstleistungen, Produkten, Zielgruppen und Vertriebsarten stattgefunden? Auch das kann seine Vorteile haben, es muss wieder individuell der Einzelfall betrachtet werden.

Erfahrung versus Blindheit
Oftmals stehen Personalentscheider einem Kandidaten, der in seinem Lebenslauf bereits Wechsel zwischen Branchen erlebt hat, oder noch „schlimmer": aktuell einen Wechsel vorhat, sehr kritisch gegenüber. Sie sehen vor allem den notwendigen Lern- und Einarbeitungsaufwand, der sicherlich vorhanden ist. Trotzdem kann der Wechsel von Branchen, Funktionen und Unternehmen auch Vorteile bieten, neben der breiteren gewonnenen Erfahrung verhindert es z. B. Branchen- oder Betriebsblindheit. Erfolgreiche Vorgehensweisen aus anderen Branchen lassen sich so eher adaptieren und können eine wesentliche Bereicherung für das Unternehmen darstellen. Eine Einarbeitung in andere Bereiche oder Branchen ist dagegen häufig in überschaubarer Zeit durchgeführt.

Ein weiterer Punkt, in dem Berufserfahrung überschätzt wird, ist die Personalführung. Es scheint keine valide Verbindung zu geben zwischen Qualität der Führung und Führungserfahrung, weder hinsichtlich deren Dauer noch deren Umfang (Anzahl von geführten Mitarbeitern).

---

[2] Peter und Hull 1972.

Verantwortungen und Ergebnisse
Ein ganz wesentlicher Aspekt sind erzielte Ergebnisse. Die bisherigen Stationen im Berufsleben sagen insbesondere im Vertrieb mit der Vielzahl nicht exakt festgelegter Jobtitel nicht viel aus, ohne die damit verbundenen inhaltlichen Informationen zu Verantwortungen (zum Beispiel Führungsspanne, verantworteter Umsatz, regionale Verantwortungen) sowie die jeweils erzielten Ergebnisse. Diese können vom Abteilungsaufbau, Umstrukturierung des Vertriebes über erzielte Kostensenkungen oder Umsatzsteigerungen, positive Entwicklungen von Deckungsbeitrag bis zur Steigerung des Unternehmensgewinnes oder der Marktanteile reichen. Die Bewertungen sollten allerdings wie bereits erwähnt immer im Zusammenhang mit der Markt- und Branchensituation der jeweiligen Zeit gesehen werden. Die individuelle Leistung kann größer sein, in einer rezessiven Phase den Umsatz auf gleichem Niveau zu halten, als in einer Boomphase den Umsatz zu erhöhen – der wächst in solchen Phasen fast automatisch.

7.2.3 Zeugnisse

An und für sich sind Zeugnisse ja eine prima Angelegenheit, geben sie doch eine Referenz eines früheren Arbeitgebers wieder. Aber wie sieht die Praxis aus?

- Kandidat A darf sich sein Zeugnis selbst schreiben, da sein Vorgesetzter wenig Zeit, Lust und Kompetenz hat.
- Kandidat B wird von seinem früheren Chef „weggelobt" und erhält mit dem Wechsel in die Firmenzentrale noch ein „passendes" Zeugnis.
- Kandidat C ist im Streit mit seinem Unternehmen auseinander gegangen, sein Rechtsanwalt für Arbeitsrecht hat ein sehr wohlwollendes Zeugnis „erarbeitet".
- Kandidat D war vor 15 Jahren bei einem mittelständischen Unternehmen, bei dem der Chef, ein gelernter Handwerker, die Zeugnisse noch selbst geschrieben hat – mit Engagement und Wohlwollen, aber wenig Know-how über korrekte Zeugniserstellung.
- Kandidat E ist so engagiert auf der Suche nach einer neuen Position, dass er seine Zeugnisse einfach mal „optimiert" – und das kann bis zur Komplettfälschung eines Zeugnisses gehen. (Mir wurde mal ein Zeugnis vorgelegt, angeblich unterschrieben vom Vorstandsvorsitzenden eines Automobilherstellers – durch einige Details aufmerksam geworden, ergab eine Überprüfung, dass das Zeugnis komplett gefälscht war.)

Grundsätzlich darf sich ein Arbeitgeber nur „wohlwollend" über einen Mitarbeiter äußern, um seine berufliche Entwicklung nicht zu gefährden. Dass man mit dieser einseitigen Maßnahme natürlich andere Arbeitgeber teils „ins offene Messer" laufen lässt, hat der Gesetzgeber so entschieden. Daher treffen wir in der Praxis fast nur auf sehr schön klingende Zeugnisse, Schlechtleistung oder charakterliche Mängel scheint es in der Welt der Zeugnisse nicht zu geben.

Wie viel ist dann ein Zeugnis überhaupt noch wert? Nichts mehr? Soweit würde ich nicht gehen – man muss sich der Verhältnismäßigkeit der Aussagen bewusst sein, darf nicht jede positive Aussage als pure Wahrheit nehmen, darf aber kritisch werden, wenn „rote Warnlämpchen" angehen. Dann heißt es, den Verdacht zu überprüfen, zum Beispiel durch das Einholen einer Referenz oder direktes Ansprechen des Punktes mit dem Kandidaten.

▶ **Tipp** Lesen Sie den letzten Abschnitt eines Zeugnisses zuerst – hier erfahren Sie oft, wie das Arbeitsverhältnis tatsächlich beendet wurde, ob der Arbeitgeber tatsächlich das Ausscheiden bedauert und gute Wünsche für den Kandidaten hat.

Vollständigkeit des Zeugnisses

Achten Sie darauf, ob alle relevanten Teile vorhanden sind – ein Fehlen kann auch aufschlussreich sein.

Durch den persönlichen Teil wird das Zeugnis eingeleitet: hier werden die persönlichen Daten des Mitarbeiters angegeben sowie die Zeitspanne der Mitarbeit und der Titel der Position.

Die Aufgabenbeschreibung sollte ausführlich und vollständig sein für diese Art der Tätigkeit – wurden hier Tätigkeiten nicht erwähnt oder die unwichtigeren Tätigkeiten hervorgehoben, so deutet das auf ein negatives Urteil des früheren Arbeitgebers hin (vorausgesetzt der Aussteller beherrschte diese Form der Zeugniserstellung).

Darauf folgt üblicherweise eine Leistungsbeurteilung und, so vorhanden, eine Bewertung eines Führungsverhaltens. Ein Fehlen dieser Passagen ist selten, da der Mitarbeiter ein Recht auf diese Zeugnispassagen hat.

Schlussformulierung

Wie bereits erwähnt, wird hier oft der Grund der Trennung angegeben, wobei auch hier oft im Sinne des Mitarbeiters eine „freundliche" Formulierung gewählt wird. So kann ein „aus organisatorischen Gründen" sehr wohl eine unternehmensinterne Umstrukturierung bedeuten, aber eben in manchen Fällen auch „Wir haben ihm gekündigt und sind froh, dass wir ihn los sind".

„Geheimsprache"

Oft wird über Geheimsprache in Zeugnissen geschrieben, aber dieser Begriff geht sicherlich zu weit – für bestimmte Informationen werden gelegentlich Umschreibungen gewählt. Hierzu finden sich im Internet viele Quellen (was also ein „geheim" schon wieder ad absurdum führen würde), daher hier nur einige Beispiele für solche Formulierungen:

> **Beispiele**
> - Wird „Pünktlichkeit", die eigentlich selbstverständlich sein sollte, im Zeugnis erwähnt, kann man sich fragen, welche weiteren außerordentlichen Leistungen dieser Kandidat in diesem Unternehmen noch erzielt hat.

Tab. 7.2 Leistungsbeurteilung (in Schulnoten)

Schulnote	Zeugnistext
sehr gut	Er hat die seine Aufgaben immer zu unserer vollsten Zufriedenheit erfüllt
	Wir waren mit seinen Leistungen stets außerordentlich zufrieden
	Seine Leistungen übertrafen unsere sehr hohen Erwartungen
gut	Er hat seine Aufgaben stets zu unserer Zufriedenheit erledigt
	Wir waren während des gesamten Beschäftigungsverhältnisses mit seinen Leistungen voll und ganz zufrieden
	Die Leistungen haben unseren Erwartungen und Anforderungen stets voll entsprochen
befriedigend	Er hat seine Aufgaben zu unserer vollen Zufriedenheit erledigt
	Seine Leistungen haben unseren Erwartungen und Anforderung in jeder Hinsicht entsprochen
	Seine Leistungen übertrafen unsere Erwartungen
Ausreichend	Er hat die ihm übertragenden Aufgaben zu unserer Zufriedenheit erledigt
	Er hat unseren Erwartungen entsprochen
	Mit seinen Leistungen waren wir zufrieden
mangelhaft	Er hat unseren Erwartungen weitestgehend entsprochen
	Er hat die ihm übertragenen Aufgaben im Großen und Ganzen zu unserer Zufriedenheit erledigt
	Seine Aufgaben hat er oft bewältigt
Ungenügend	Er war stets bemüht, die Aufgaben zu unserer Zufriedenheit zu erledigen
	Er war an seinen Aufgaben sehr interessiert
	Neue Aufgaben betrachtete er als Herausforderung, der er sich mutig stellte

- „Geselligkeit" mag in natura durchaus wünschenswert sein, in Zeugnissen deutet es eher auf ein Problem hin, häufig im Zusammenhang mit Alkohol.
- „Einfühlungsvermögen" kann ein Hinweis sein, dass der private Kontakt zu anderen Mitarbeitern gewisse Grenzen überschritten hat. Dies gilt nicht bei sozialen Berufsfeldern, in denen Einfühlungsvermögen zum Berufsbild gehört.
- Delegation mit „großem/vollem Erfolg" deutet auf einen Drückeberger hin, „Verständnis für die Arbeit" oder ähnliche Formulierungen deuten auf Faulheit hin.
- „Wusste sich gut zu verkaufen" bedeutet keine außergewöhnlichen Vertriebserfolge, sondern dass der Mitarbeiter ein Rechthaber und Wichtigtuer ist.

Schlussformeln sind gesetzlich nicht vorgeschrieben (und daher auch nicht einklagbar), so dass diese Formulierungen ernst genommen werden können, sowohl ein Bedauern über das Ausscheiden als auch Dank und diverse Zukunftswünsche. Wenn diese Sätze fehlen, war der Trennungsschmerz des Arbeitgebers vermutlich überschaubar. Tab. 7.2 gibt eine Übersicht der Leistungsbeurteilung in Schulnoten.

Bitte bedenken Sie auch, dass vor allem in früheren Zeiten von reiferen Kandidaten durch noch nicht so professionelle Erstellung früherer Zeugnisse „Fehler" auftreten können, die aus der heutigen Sicht durch die Wortwahl oder das Fehlen von Zeugnisbestandteilen den Kandidaten schlechter erscheinen lassen, als es beabsichtigt war. Diese Zeugnisse sind mittlerweile selten und werden in absehbarer Zeit aus Bewerbungsunterlagen verschwinden.

7.2.4 „Optimierte" Dokumente

Die individuelle Optimierung von Bewerbungsunterlagen kommt leider nicht so selten vor, wie vielleicht vermutet – sie kann bis zur Vortäuschung von Abschlüssen inklusive gefälschter Diplomurkunden gehen oder zur Komplettfälschung von Arbeitsstellen samt Arbeitszeugnissen. Speziell bei Bewerbungsunterlagen kann man zumindest in einigen Fällen Verdacht schöpfen bei schlampiger Arbeit der Fälscher. Kopierfehler (Passungen von Urkundenbestandteilen), seltsame Formulierungen in Zeugnissen, keine beglaubigten Kopien oder Originale oder fehlerhafte Briefköpfe auf Zeugnissen können Indizien für Fälschungen sein. In solchen Fällen fordern Sie doch die Originalbelege beim Kandidaten an – oder fragen Sie bei konkretem Verdacht eventuell bei einem früheren Arbeitgeber nach.

7.2.5 Recherchen

Eine weitere Möglichkeit bieten „Background-Checks" im Internet – das kann funktionieren, in manchen Fällen ist das allerdings auch eher sinnlos (googeln nach Kandidaten „Thomas Müller" wird über eine Million Suchergebnisse anzeigen)

Ein weiterer Aspekt bei der Internetrecherche ist die Respektierung der Privatsphäre. Mitarbeiter und Kandidaten haben ein Recht auf Privatleben, wilde Partyfotos, die von Freunden ins Netz gestellt wurden, stehen nicht unbedingt in Zusammenhang mit der beruflichen Leistungsfähigkeit oder Passung auf das zu besetzende Jobprofil.

7.3 Interviews

7.3.1 Das erste Gespräch zur groben Klärung der Eignung und einiger Rahmendaten

Das erste Gespräch kann telefonisch erfolgen oder als persönliches Kennenlernen. Die telefonische Variante hat den Vorteil, dass viel Zeit und Aufwand eingespart wird. Hier lassen sich auch viele eher formale Fragen im Vorfeld klären, wie Reisebereitschaft, Gehaltsvorstellungen, Abklärung von möglichen Startterminen (Kündigungsfristen). Das erste Telefoninterview soll und kann nicht abklären, ob jemand für eine Position geeignet ist – es kann in manchen Fällen allerdings mit geringem Aufwand festgestellt werden, dass jemand aus bestimmten Gründen NICHT passt. Als erster Filter ist ein Telefonat ein hervorragendes Mittel – und es bleibt mehr Zeit für die Treffen mit Kandidaten, bei denen sich der Aufwand des persönlichen Interviews lohnt. Letztlich haben auch Kandidaten, die aus leicht erkennbaren Gründen NICHT passen, sich eine Menge Reiseaufwand gespart.

Solche Telefoninterviews müssen aber natürlich genauso mit dem Kandidaten vereinbart werden wie ein normales Interview. Wenn Sie feststellen, dass Sie einen Kandidaten persönlich kennenlernen wollen, vereinbaren Sie gleich ein zweites Gespräch. Wenn der Kandidat für die Position nicht geeignet ist, sagen Sie ihm gleich am Ende des Gespräches höflich ab.

7.3.2 Persönliche Interviews

Teilnehmer: Sinnvollerweise sollten von der Seite des Unternehmens sowohl der Fachvorgesetzte und ein Personaler anwesend sein. Wurde der Kandidat durch einen Headhunter ins Spiel gebracht, sollte dann jeweils besprochen werden, ob der Personalberater den Kandidaten vorstellt und aktiv am Gespräch teilnimmt oder eine beobachtende Rolle einnimmt.

Um möglichst aussagefähige Ergebnisse des Interviews zu erreichen, sollte es (teil-)strukturiert durchgeführt werden, so dass alle Kandidaten für die Position die gleichen Fragen gestellt bekommen. Die Zuverlässigkeit des Verfahrens steigt, die Struktur hilft bei der Gesprächsführung (Interviewer können nicht mehr so leicht aus- oder abschweifen).

Die manchmal durchgeführten Stressinterviews finde ich persönlich nicht sehr sinnvoll, da man in einer harmonischen Gesprächssituation mehr über sein Gegenüber erfährt. Zudem sind die Stress-Situationen, die in manchen beruflichen Situationen vorkommen, anders geartet als in einem Stressinterview, daher gibt es auch keinen wirklichen Erkenntnisgewinn.

Nach den einleitenden Worten und den Vorstellungen der Teilnehmer erfolgt meist ein biografischer Interviewteil. In der Praxis passiert es, dass das Interview fast nur aus der biografischen Phase besteht – hier wird Potenzial verschenkt. Im Praxisorientierten Teil finden Sie viele weitere Möglichkeiten, ein Interview valider, abwechslungsreicher und „tiefschürfender" zu gestalten, zum Beispiel durch den Einbau von kurzen Rollenspielen.

7.3.3 Hausaufgaben

Ein selten genutztes Mittel in unserem Recruiting-Puzzle sind Hausaufgaben. Fragen Sie doch einen Kandidaten, der noch am Anfang seiner Laufbahn steht, ob er nicht zum nächsten Interview eine Liste mitbringen will, welche Nutzenargumentationen ihm einfallen zu einem Produkt Ihres Unternehmens. Ein erfahrener Kandidat kann sich ja Gedanken zum Markt machen, welche Besonderheiten er erwartet, welche Unternehmen Kunden sein könnten, ob er sich eine Diversifizierung in andere Bereiche vorstellen könnte … Die

Aufgaben sollen aber bitte immer dem Level und dem Kenntnisstand eines Kandidaten entsprechen, verlangen und erwarten Sie keine druckreifen Seminararbeiten, sondern ein oder zwei Seiten mit Überlegungen und Ideen.

7.3.4 Probearbeitstag – der Kandidat auf Besuch

Eine sehr gute Möglichkeit, Eindrücke über die Passung von Kandidat und Team als auch von Kandidat und Organisation zu erhalten, ist ein Probetag. Hier ist der Kandidat zu Besuch, läuft mit seinen Kollegen mit, kann Fragen stellen, darf aber auch Fragen beantworten, erlebt die Atmosphäre im Unternehmen oder zumindest in der Abteilung. Für Kandidaten ist dies ein sehr wertvoller Einblick in ein potenzielles neues Unternehmen, mit dessen Hilfe sie besser entscheiden können, ob sie in das Unternehmen passen – und vice versa. Auch das Team erhält einen ersten Eindruck, ob und wie der Kandidat dazu passen könnte. Oftmals lassen sich auch die Fachkompetenzen eines Kandidaten nach einem solchen Tag deutlich exakter einschätzen als nur anhand von Interviewfragen.

Selbstverständlich kann solch ein Probearbeitstag nur Kandidaten aus der letzten Recruiting-Runde angeboten werden.

7.3.5 Critical Incidents

Critical Incidents werden oftmals genutzt, um ein Anforderungsprofil zu erstellen. Ich schlage vor, diese „Denke" der Critical Incidents auch auf weitere Bereiche anzuwenden. Gab es Beinahe-Unfälle in der Berufslaufbahn des Kandidaten, die aber nicht zu wirklichen Desastern führten? Hat ein Kandidat in manchen Fällen einfach Glück gehabt, dass nichts Ernsthaftes passiert ist? Hat sein Vorgesetzter den vergraulten Kunden vielleicht noch rechtzeitig wieder ins Boot holen können? Trägt jemand die Plakette „30 Jahre Unfallfrei", weil die anderen Verkehrsteilnehmer auf ihn aufgepasst haben und seine Fehler korrigieren konnten? Solche Situation zu erfahren, ist nicht trivial. Man muss gut zuhören, auch bei Anekdoten etc. Eine Möglichkeit ist, bei den Referenzen des Kandidaten nachzufragen, ob es „Beinahe-Unfälle" gegeben hat.

7.4 Tätigkeitsanalyse

Um die konkreten Anforderungen einer Position bezüglich Leistung, auszuführenden Tätigkeiten und deren Bedingungen zu ermitteln, bietet es sich an, Wichtigkeit und Häufigkeit zu ermitteln. Der Mitarbeiter macht

- was
- wie

Tab. 7.3 Beispiel für einen Aspekt bei einer Tätigkeitsanalyse

Abstrakte Anforderung	Stellenbezug	Operationalisierung	Fragen, Aufgaben etc.
Teamfähigkeit	Beispiel: muss zwischen Marketing und Vertriebsabteilungen koordinieren, Verständnis und Zusammenarbeit fördern	„nimmt Anregungen anderer auf", kooperiert auch bei Marketingaufgaben seiner Vertriebsmannschaft	(z. B. Situation Marktbeobachtung durch Vertrieb...)
			Für das Interview: – Biografie-orientierte Fragen
			Situative Fragen
			Aufgaben für AC

- mit wem
- wann
- wozu
- wie oft

Es lohnt sich, die Antworten kritisch zu hinterfragen, sowohl bezüglich Wichtigkeit als auch tatsächlicher Häufigkeit. Ansonsten landet man wieder bei Anforderungen Marke „eierlegende Wollmilchsau" auf höchstem Ausprägungslevel. Mit solchen, sehr anspruchsvoll klingenden Anforderungsprofilen, die jeder aus den Stellenanzeigen kennt, ist in der konkreten Situation nicht geholfen. Weder ist es sinnvoll, überqualifizierte Mitarbeiter auf sie unterfordernde Positionen zu besetzen, noch ist die abstrakte Formulierung der Anforderungen praktikabel. Es sollte also wiederum darauf geachtet werden, dass nicht Gemeinplätze wie Teamfähigkeit[3] genannt werden, sondern diese auf konkretes Verhalten transportiert wird. Eine Übersicht gibt Tab. 7.3.

Die einzelnen Anforderungen des Anforderungsprofils sollten dann noch gewichtet werden nach Bedeutsamkeit für die Position sowie nach Häufigkeit der Anforderung.

Dies kann dann z. B. wie in Tab. 7.4 grafisch dargestellt werden.

Wichtig ist hierbei die Unterscheidung zwischen Wichtigkeit einer Anforderung und dem geforderten Grad der Ausprägung. Erfolgskritische Faktoren muss man bei der Auswahlentscheidung anders behandeln als eher marginal wichtige Dimensionen oder sogar unwichtige Faktoren (für diese! Position nicht erfolgskritisch, für andere Positionen sehr wohl – ansonsten könnte man sich diese Dimension bzw. diese Anforderung komplett sparen!).

Ein weiterer wichtiger Punkt für eine funktionierende Skala ist die Trennschärfe der Dimensionen. Eine inhaltlich zu enge Abhängigkeit einzelner Dimensionen untereinander bewirkt nicht nur Schwierigkeiten bei der Beobachtung oder Evaluierung, sondern führt ebenfalls zu implizierten Umgewichtungen einzelner Dimensionen.

---

[3] Ist die reflexhaft geforderte Teamfähigkeit eigentlich wirklich für jede Position notwendig oder sinnvoll? Gibt es nicht sehr leistungsfähige Mitarbeiter, die ihre Aufgaben hervorragend lösen, aber eben lieber allein statt im engen Teamkontakt? Diese Frage stellt auch Fredmund Malik in seinem lesenswerten Bestseller: Führen, Leisten, Leben. Frankfurt a. M. 2013.

7.4 Tätigkeitsanalyse

Tab. 7.4 Übersichtliche Zusammenfassung in Kandidaten-Auswertungsbogen

Merkmal	Bedeutung für die Position	Gewicht aktuelle Position
		Ggf. auch schon Prognose für zukünftige veränderte Ausrichtung der Position
	1 3 5 7	
Kognitive Fähigkeiten:		20 %
Mathematische Denkfähigkeit		25 %
Kopfrechnen		15 %
Analytische Fähigkeiten		35 %
Persönlichkeit:		
Aufgabenbereiche: Verwaltung		

Ebenso ist darauf zu achten, dass Skalen anforderungsgerecht gewählt werden, bei denen ein „zu wenig" genauso negativ ist wie ein „zu viel". Durch Ungenauigkeit in diesen beiden Punkten leidet die gesamte Exaktheit dieser Technik.

Als Beispiel nehmen wir jetzt mal die immer geforderte Kommunikationsfähigkeit: „Fähigkeit und Bereitschaft, eindeutig, verständlich, adressatengerecht, sachbezogen und erfolgreich zu kommunizieren." Beobachtbare Aspekte können hierbei sein:

- spricht deutlich
- formuliert flüssig und sicher
- spricht in angemessener Geschwindigkeit
- spricht grammatikalisch richtig
- spricht mit dem für den Empfänger angemessenen Umfang an Fremd- und Fachbegriffen

Die Arbeits- und Anforderungsanalyse führt zu

- den Anforderungsdimensionen
- dem Beurteilungs- oder Bewertungsmaßstab
- Verrechnungsmodus (unterschiedliche Gewichtung)
- Interviewfragen

▶ Bei Differenzen zwischen Soll- und Ist-Werten bei Kandidaten ist zu prüfen, ob diese wirklich zu den erfolgskritischen Faktoren für diese Position gehören (z. B. bei Profiling-Instrumenten oder nicht maßgeschneiderten Interviewleitfäden etc.). Ist dieser Faktor als relevant bestätigt, sollte man überlegen, ob die vorhandene Differenz durch Personalentwicklungsmaßnahmen verringert werden kann oder ob es sich um sehr stabile Faktoren handelt, die sich einer (Selbst-)Beeinflussung entziehen.

7.5 Bewertungsmaßstäbe für die Personalauswahl

7.5.1 Kriterienorientierte Bewertung – der Vergleich mit Anforderungen

Es ist möglich, bei der Auswertung absolute Maßstäbe anzulegen. Das ergibt dann bei mehreren Kandidaten eine Rangreihenfolge nach absoluter Leistungsfähigkeit – zum Beispiel, wer die meisten Rechenaufgaben im IQ-Test richtig beantwortet hat, ist „Sieger". Dies ist allerdings nicht sinnvoll für unsere Aufgabenstellung, wir wollen ja keine Kandidatenolympiade durchführen, sondern den richtigen Mann an die richtige Position bringen. Daher muss das Kriterium für die Eignung das Matching zwischen Kandidat und Stellenanforderung sein – wer hier bei den relevanten Kriterien die engste Übereinstimmung hat, passt am besten auf die vakante Position (vgl. Abb. 7.9).

7.5.2 Ipsative Bewertungen – die Betrachtung einer Person

Diese Form der Bewertung betrachtet ausschließlich die Person selbst, ohne Relationen zu absoluten Werten oder zu anderen Personen(kreisen) anzustellen. Dadurch sind ipsative Bewertungen (und damit auch ipsative Methoden oder Instrumente) interessant für Selbstreflektion, Coaching, Personalentwicklung etc., aber nicht geeignet für die Diagnostik im Bereich Job. Die gesamte Gruppe von Instrumenten, die nach dem DISG-Verfahren aufgebaut sind, eignet sich daher nicht für die Personalauswahl, sondern eher für Personal- oder Organisationsentwicklung.

7.5 Bewertungsmaßstäbe für die Personalauswahl

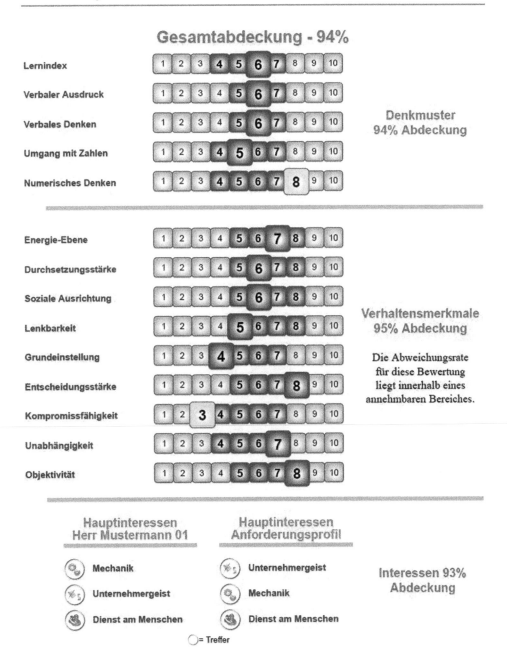

Abb. 7.9 *Links* eine hohe Passung von Anforderungsprofil und Kandidat (A-Kandidat), *rechts* ein Kandidat, der seine Stärken in einer anderen Position besser einbringen kann

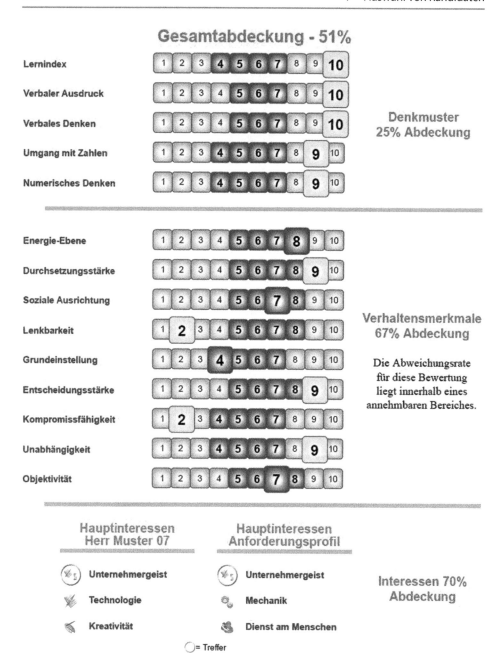

Abb. 7.9 (Fortsetzung)

7.5.3 Normorientierte Bewertung (Benchmark) – der Vergleich mit anderen: normative Tests

Bei diesen Verfahren wird die Testperson in Relation gesehen mit einer Referenzgruppe. Man kann nach allgemeinen oder absoluten Normen (alle Anderen) oder aber auch nach relativen oder spezifischen Normen eine Bewertung ansetzen. Die interindividuelle Vergleichbarkeit ist für Stellenbesetzungen notwendig und sinnvoller als eine nur auf die Person selbst bezogene Beurteilung (ipsativ).

Da der Erfolg auf einer Position aber von der Passung von Jobanforderungen und individuellen Eignungen abhängt, ist immer das „Soll"-Anforderungsprofil die Bewertungsnorm (erstellt durch Befragung, aus Mustern vergleichbarer Positionen oder – als Königsweg – über ein Benchmarking aus besonders erfolgreichen Stelleninhabern dieser Position).

8 Das Interview – die Durchführung

▶ In diesem Buch finden Sie keine seitenlangen Interviewkataloge mit den üblichen Fragen. Es wäre unpraktisch, denn die Fragen müssten Sie die dann abtippen (lassen). Außerdem gäbe es kein Auswertungssystem, das Sie direkt für den Vergleich von Interviews nutzen können. Daher finden Sie entsprechende Fragen und ein Auswertungssystem auf der Website zum Buch: www.personalvertrieb.de. Dort können Sie dann den Interview-Musterbogen herunterladen und die für Ihren Einsatz wichtigen Fragen übernehmen. Hier geht es eher um die prinzipiellen Möglichkeiten und Techniken.

Interviews sind wichtige Bestandteile in Auswahlprozessen. Sie sind beliebt und von Kandidaten akzeptiert, und es sind zudem bei richtiger Durchführung auch valide Instrumente. Die Vorteile: hohe Akzeptanz bei Kandidaten, persönlicher Eindruck, Möglichkeit der Beurteilung durch mehrere Interviewer, individuelle Anpassung an das tatsächliche Suchprofil, hohe Aussagekraft und Zuverlässigkeit bei der geeigneten Durchführung.

Diese guten Werte an Aussagekraft und Zuverlässigkeit lassen sich durch unprofessionelle Interviews allerdings mühelos in Richtung Null verändern. Das passiert leider recht oft, denn wie viele Führungskräfte haben schon an einem professionellen Interviewtraining erfolgreich teilgenommen, das durchaus auch mehrere Tage dauern kann?

Wichtigstes Ziel der Interviews ist das Sammeln von relevanten Informationen, die über die im Lebenslauf erkennbaren hinausreichen sollen. Auf der Kandidatenseite stehen ebenfalls Informationsgewinnung (sowohl intellektuell als auch emotional – Bauchgefühl, Chemie) als Ziel. Daher ist für Interviewer auch der Aspekt der „Werbung" bei gesuchten Kandidaten ein wichtiger Punkt (das bedeutet aber nicht, den Redeanteil von max. 30 % zu überschreiten oder Sachverhalte über die Maßen „schönzufärben" – siehe Metavereinbarung).

Es existieren unterschiedliche Interviewsysteme, die alle unterschiedliche Stärken und Schwächen aufweisen.[1] Das Verfahren, das die höchsten Vorhersagewerte sowie weniger Defizite als die übrigen aufweist, ist das sogenannte Multimodale Interview, auf das wir uns im Folgenden konzentrieren. Schließlich ist ein qualitativ hochwertiges Interview mit einer entsprechend hohen Validität ($r = 0,83$ lt. Schuler) einer der wichtigsten Bausteine im Auswahlverfahren. Weitere Vorteile sind, dass bei einem entsprechend vorbereiteten und strukturierten Interview auch bei nur einem Interviewer die Objektivität sehr hoch ist, d. h. man kann sich ggf. den zweiten Interviewer/Beobachter sparen.

8.1 Der Aufbau des Multimodalen Interviews

Üblicherweise umfasst diese Interviewform acht Komponenten, die teilweise aufeinander aufbauen und daher in der beschriebenen Reihenfolge durchgeführt werden sollen.

- **Gesprächsbeginn**: Kurzer informeller Teil direkt nach der Begrüßung, um eine offene und freundliche Atmosphäre zu schaffen (keine Beurteilung in dieser Phase).
- **Selbstvorstellung des Kandidaten:** Der Kandidat erzählt in freier Form über seinen Werdegang, je nach Kandidat (Berufserfahrung) mit Schwerpunkt auf bisherige Berufserfahrung oder Ausbildung, auch jeweils auf Berufswahl und die Erwartungen hierzu.
- **Freies Gespräch**: Fragen aufgrund des Lebenslaufs oder der Selbstdarstellung des Kandidaten. Eher offene Frageformen.
- **Berufsinteressen, Berufs- und Unternehmenswahl**: Der Kandidat soll berufsbezogene Interessen und Motive, ggf. Hintergründe („familiäre Prägung") darlegen, auch zu Arbeitgeberwahl(en) und Wechselmotiven/Situationen. Auch Selbsteinschätzung und praxisbezogene Kenntnisfragen werden hier gestellt.
- **Biografiebezogene Fragen**: Anhand der Dimensionen des Anforderungsprofils werden Fragen zum Verhalten und zu Eigenschaften gestellt. Beginnend mit weiten Fragestellungen wird zunehmend auf typische Verhaltensweisen verengt, immer verbunden mit Schilderungen von konkreten Beispielen aus der bisherigen Berufspraxis.
- **Realistische Tätigkeitsinformation**: In diesem Gesprächsteil wird realistisch (!) über das Unternehmen und die Anforderungen an die Position gesprochen, auch über Aspekte, die aus Sicht des Kandidaten für die Selbstselektion („Will und kann ich hier arbeiten?") wichtig sind. Hier sollten nicht nur positive Spotlights aufgezeigt werden, sondern auch Probleme des Unternehmens und der alltäglichen Arbeit. Es nutzt nichts, durch Schönfärberei einen Kandidaten zur Unterschrift zu manipulieren, um nach einiger Zeit einen unzufriedenen Mitarbeiter zu haben, der nach der nächsten Gelegenheit

---

[1] Einen guten Überblick finden Sie bei Prof. Dr. Heinz Schuler: Das Einstellungsinterview, Göttingen, Bern, Toronto, Seattle 2002. Dort werden das Behavior Description Interview, das Situative Interview, das Entscheidungsorientierte Interview sowie das von ihm entwickelte Multimodale Interview ausführlich dargestellt.

zum Absprung sucht. Menschen können mit realistischen Darstellungen samt negativen Aspekten umgehen, wenn sie sich für diese Situation geeignet halten.
- **Situative Fragen**: Nach der kurzen Schilderung von erfolgskritischen Situationen wird nach dem (fiktiven) Verhalten des Kandidaten in diesen konkreten Fällen gefragt.
- **Gesprächsabschluss**: Der Kandidat kann Fragen stellen, Unklarheiten können geklärt und Information über die nächsten Schritte ausgetauscht werden. Bei eindeutigem Befund der „Nicht-Passung" ist auch eine direkte Absage möglich. Eine Zusage sollte nicht vor der Auswertung sowie der Berücksichtigung der anderen Faktoren stattfinden, also nicht direkt nach dem Gespräch.

Wichtige Überlegungen vor einem Interview sind:

- Welche Informationen brauche ich von den Kandidaten?
- Wie bekomme ich diese Informationen? Alleine durch das/die Interview/s, oder sind zusätzliche Maßnahmen und Quellen notwendig?
- Wie gewinne ich aus diesen Informationen ein Urteil?
- Kann ich die Informationen auch weiterhin nutzen, z. B. für Feedbackgespräche oder Personalentwicklung.

Weitere Überlegungen, aufbauend auf dem für die konkrete Position definierten Anforderungsprofil, sind:

- Know-how, Fachkenntnissen, sowohl deklarativ als auch prozedural
- Persönlichkeit (*Wie* soll der zukünftige Kandidat den Job erledigen?)
- kognitive Fähigkeiten (Welche intellektuellen Fähigkeiten muss der Kandidat mitbringen, um weder unter- noch überfordert zu sein? oder auch: *Kann* ein Kandidat die Aufgaben erledigen?)
- Aufgabenfelder, d. h. konkrete Tätigkeiten in der täglichen Praxis, um die Interessenlage des Kandidaten beurteilen zu können – *Will* er den Job machen und wird er auch noch mittelfristig mit den täglichen Aufgaben zufrieden sein?

Ein wichtiger Grundsatz, sowohl im Interview als auch bei Assessment Centern ist, dass man weg von abstrahierenden, immer auch interpretierbaren Aussagen kommen muss. Hier ist der subjektive Faktor zu hoch, der Beobachter wird zum Interpreten. Man sollte sich auf wirklich beobachtbares Verhalten konzentrieren, bei der Beschreibung tatsächlich Verben (Tu-Wörter – welch treffende Vokabel) benutzen.

8.1.1 Durchführung der Interviews

Interviewer Optimal sind zwei Interviewer pro Interview, bei einem gut geführten Multimodalen Interview kann ggf. auf den zweiten Interviewer (Beobachter) verzichtet werden.

Abb. 8.1 Subjektive Wahrheit: Redeanteile bei Interviews

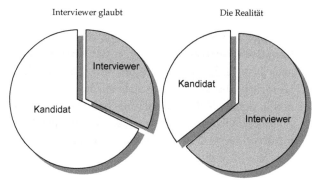

Es bieten sich in Interviewtechniken ausgebildete Mitarbeiter an. Bei mehreren Interviews kann auch die Möglichkeit eines Gespräches mit einem zukünftigen Kollegen (gleiches Level) interessant sein.

Wer?
Hier bieten sich also z. B. der Fachvorgesetzte und ein erfahrener „Personaler" an. Zwei Teilnehmer auf Unternehmensseite ergeben genauere Ergebnisse (vier Augen sehen mehr als zwei), allerdings muss hier eine gute Aufgabenverteilung vereinbart werden. Der Aufwand für die Interviews steigt natürlich entsprechend an. Die Auswertung der Interviews sollte dann jeder für sich durchführen und erst im Anschluss die Ergebnisse besprochen werden. Den Mehraufwand durch einen zweiten Teilnehmer kann man sich bei gut vorbereiteten (teil-) strukturierten Interviews sparen, da die Auswertungsstruktur genug „Objektivierung" darstellt für befriedigende Ergebnisse.

Wie lange?
Je nach Level von ca. 45 min (Berufsanfänger) bis 1,5 h für Führungskräfte

Wo?
In ruhiger Umgebung, ohne Störung durch Telefon, Mitarbeiter etc.

Wann?
Denken Sie bei Einladungen zu Interviews bei auswärtigen Kandidaten auch an Reisezeiten und legen Sie diese Termine, falls gewünscht, eher in die Tagesmitte als an den frühen Morgen.

Redeanteile
Die Redeanteile im Interview sollen bei 30 % bei Interviewern und 70 % auf Kandidatenseite liegen. Ein Interview ist keine Firmenpräsentation oder Selbstdarstellung, auch wenn diese Fehler sehr häufig sind. Vergleiche hierzu auch Abb. 8.1.

Angenehme Atmosphäre oder Stressinterview

Man kann Kandidaten durch unangenehme, unverständliche bis sinnlose Fragen irritieren – und erhofft sich dadurch Infos zu Frustrationstoleranz und Stressresistenz der Kandidaten. Manche Interviewer unterbrechen oder provozieren ihre Gesprächspartner sogar, um das Selbstbewusstsein und die Bereitschaft zur sachlichen Gesprächsführung herauszufordern. Ich persönlich bevorzuge eine angenehme Gesprächsatmosphäre, die es dem Kandidaten einfacher macht, sich zu öffnen. Vertrauensvoller Umgang ermöglicht es, eine gegenseitige Wertschätzung zu etablieren und von den Kandidaten mehr und klarere Informationen zu erhalten. Die Idee, auch Infos über das Verhalten in beruflichen Stresssituationen vorhersagen zu können, indem sie im Interview unter Stress gesetzt werden, halte ich für sehr gewagt und sie wird von der Wissenschaft meines Wissens nicht unterstützt. Sie verschlechtern die Gesprächssituation, verringern vielleicht das Interesse des Kandidaten an der Position und erfahren kaum Verwertbares, da es sich um jeweils andere, kaum vergleichbare Stresssituation handelt.

Notizen

Immer! Ein absolutes Muss, denn nach mehreren Interviews oder nach einigen Tagen können sonst wesentliche Informationen und Eindrücke verloren oder unnötig verfälscht sein. Auch hier noch mal die Empfehlung von teilstrukturierten Interviews.

8.1.2 Critical Incident Technique (CIT)

Diese im Militär entwickelte Technik geht davon aus, dass neben den alltäglichen Situationen besonders kritische Situationen über Erfolg/Misserfolg entscheiden. Ob eine Handlung in einer Kritischen Situation tatsächlich zu einem Unglück führt, hängt von vielen Faktoren an. Nehmen wir als Beispiel den Straßenverkehr: Es gibt Autofahrer, die seit 40 Jahren unfallfrei fahren, also auf den ersten Blick sichere und gute Autofahrer. Wenn aber an der Unfallfreiheit auch Dritte ursächlich beteiligt waren? Wenn das Missachten der Vorfahrt nur zu keinen Unfällen führte, weil andere Autofahrer vorsichtig waren? Wenn an der überfahrenen roten Ampel glücklicherweise kein Querverkehr kam? Wenn während der Fahrt nach der Feier mit reichlich Alkohol nur aus Zufall kein Unfall passierte und keine Polizeikontrollen in der Nähe waren? Ist das dann tatsächlich ein guter Autofahrer? Wäre es sinnvoll, zu erfahren, ob solche Situationen vorgekommen sind, und würde diese Information die Einschätzung der Qualität als Fahrer beeinflussen?

Übertragen auf die berufliche Situation bedeutet das, dass wir bei Kandidaten versuchen, solch kritische Situationen aufzuklären. Entweder situativ (Im Interview: Was würden Sie in folgender Situation …) oder retrospektiv (Nachfragen bei Referenzgebern, ehemaligen Arbeitgebern etc.). Auch bei der Erstellung des Anforderungsprofils kann bei Interviews mit Vorgesetzten, Kollegen und ggf. dem aktuellen Stelleninhaber ermittelt werden, welche Situationen (erfolgs-) kritisch sind oder sein können und welches Verhalten oder welche Reaktion positiv oder negativ wirken würden. Hieraus lassen sich dann konkrete situative Fragen für das Interview erstellen.

- Identifikation erfolgsrelevanter Situationen (aus diesem Material lassen sich dann auch die situativen Interviewfragen erstellen)
- Sammlung unterschiedlicher Handlungen/Verhaltensweisen in dieser Situation
- Skalierung: Wie verhalten sich erfolgreiche Stelleninhaber in dieser Situation, wie weniger erfolgreiche? Diese Skalierung ergibt dann die anzuwendende Bewertungsskala.

8.2 Interview-Modelle

8.2.1 Biografischer Ansatz[2]

Diesem Ansatz liegt die Überlegung zugrunde, dass Verhalten in bestimmten Situationen der Vergangenheit der beste Prädiktor („Vorhersager") sind für entsprechende zukünftige Situationen. Hier ist es daher sinnvoll, insbesondere nach erlebten „kritischen Ereignissen" (siehe critical incident theory) des Interviewten zu fragen.

Beispiel

„Wie verbinden Sie die Sales-Strategie Ihres aktuellen Unternehmens mit dem Tagesgeschäft und wie sorgen Sie dafür, dass diese Strategie auch durch Ihre Mitarbeiter umgesetzt wird?"
    Antwort:_____
    Nachfrage: *„Nennen Sie bitte ein Beispiel aus der jüngeren Vergangenheit. Wie sind Sie konkret vorgegangen?"*

Beispiel Berufsbild Vertriebsleiter

„Wann hat in Ihrem Sales-Team das Ergebnis eines guten Mitarbeiters stark nachgelassen – was waren die Ursachen und wie haben Sie diese erkannt?"
    Antwort: _____
    „Als Sie die Ursachen kannten, was haben Sie konkret unternommen und welches Ergebnis brachte Ihr Einsatz?"

Auswertung:
    Zu den jeweiligen Fragen sollten vor dem Interview Auswertungskriterien erarbeitet werden, nach denen für die Antworten Punkte vergeben werden. Dadurch werden die Interviews vergleich- und bewertbar.

---

[2] *Nach Heinz Schuler: Das Einstellungsinterview,* Göttingen, Bern, Toronto, Seattle 2002.

Die Auswertung kann nach folgendem Schema erfolgen:
Ergebnis:

1 Punkt:	Hat sich noch keine Gedanke über diese Frage gemacht, kennt die Situation nicht, kann kein Beispiel nennen.
2 Punkte:	Zwischenkategorie
3 Punkte:	Hat die Situation bereits erlebt, hat Schwierigkeiten, eine adäquate Lösung zu finden.
4 Punkte:	Zwischenkategorie
5 Punkte:	sehr gute Lösung. Hat sich bereits Gedanken gemacht und eine gute Lösung gefunden, sieht verschiedene Aspekte dieser Situation und der Lösung, kann dies klar verständlich darlegen.

Der Fragebogen für das Interview mit Kandidaten für die Position des Vertriebsleiters kann dann beispielsweise folgendermaßen aussehen:

Beispiel Team und Motivation

„Wann hat in Ihrem Sales-Team das Ergebnis eines guten Mitarbeiters stark nachgelassen – was waren die Ursachen und wie haben Sie diese erkannt?"
    Antwort:
    _____
„Als Sie die Ursachen kannten, was haben Sie konkret unternommen? Welche Ergebnisse brachte Ihr Einsatz?"

1 Punkt:	Hat bisher immer abgewartet, bis der Mitarbeiter wieder von selbst leistungsfähiger wird. Kennt nur wenige Möglichkeiten, Hintergründe von Leistungsabfall zu erkennen. Nachlassende Motivation erkennt er erst spät.
2 Punkte:	Zwischenkategorie
3 Punkte:	Hat Demotivation von Mitarbeitern erlebt, führte ein „Motivationsgespräch". Ergebnisse waren teils positiv, aber mehrmals nicht von Dauer.
4 Punkte:	Zwischenkategorie
5 Punkte:	Hat die Ursachen der Leistungsschwäche schnell erkannt, hat in Mitarbeitergespräch eine Lösung gefunden, um die Hindernisse zu beseitigen. Sieht seine Aufgabe als Unterstützer seines Teams, setzt sich entsprechend ein. Hat ein sehr gutes Verhältnis zu seinen Teammitgliedern. Er kennt verschiedene Lösungen für verschiedene Ursachen von nachlassender Leistung.

Nutzen Sie Informationen aus unterschiedlichen Quellen, um Fragen, insbesondere auch Critical Incidents, zu formulieren. Hier bieten sich Referenzen, Unterlagen oder Informationen aus den letzten Jahren (Ranglisten der Vertriebsmitarbeiter, Wettbewerbe, Stornoquoten, Zielerreichung beim leistungsbezogen variablen Gehalt, gewonnene oder verlorene Kunden etc.) an.

8.2.2 Situativer Ansatz

Theorie: Hier geht man von der Idee aus, dass sich Menschen entsprechend ihren Zielen und Absichten verhalten. Bei der Schilderung zukünftiger, kritischer Ereignisse durch den Interviewer soll der Interviewte sich vorstellen, diese Situationen zu bewältigen.

Beispiel

„Stellen Sie sich vor, Ihr größter Kunde möchte den Rahmenvertrag für das folgende Jahr nur abschließen, wenn er automatisch ohne Mindestbestellmenge 10% Rabatt erhält. Wie gehen Sie vor?"
Antwort:

1 Punkt:	Gewährt den Rabatt/Lehnt den Rabatt ab – jeweils ohne Berechnung der Auswirkungen. Entscheidet auch diese Frage vor allem aus dem Bauch.
2 Punkte:	Zwischenkategorie
3 Punkte:	Rechnet die Liefermengen der letzten Jahre hoch auf das nächste Jahr, gewährt den Rabatt.
4 Punkte:	Zwischenkategorie
5 Punkte:	Zieht viele Möglichkeiten in Betracht, auch dass Hauptkunde auf zweiten Lieferanten ausweichen will. Holt Informationen ein. Berechnet Deckungsbeitrag bei diversen Szenarien, entscheidet erst nach Abwägung aller Informationen. Verhandelt die Rabatthöhe auf 5%.

Wichtig bei situativen Fragen ist, dass sie realistische Situationen skizzieren, die vorstellbar sind, dass die Schilderung kurz und knapp erfolgt und dass Situationen, in denen eine sozial erwünschte Antwort nahe liegt, vermieden werden.

Diese Fragetechnik kann auch durch Fallbeispiele oder Rollenspiele (siehe Rollenspiele) erweitert werden.

8.3 Interviewtechniken

Eigentlich gibt es nur zwei Arten von Fragen im Interview: gute Fragen und schlechte. Trotzdem systematisieren wir jetzt mal die unterschiedlichen Interviewtechniken, Fragearten, gliedern sie mit Beispielen, um praktischen Nutzen zu liefern. Weitere praktische Unterstützung finden Sie auf der Website www.personal-vertrieb.de, auf der weitere Fragen aufgeführt sind und zu einem (teil-)strukturierten Interview zusammengefügt werden können. Bitte beachten Sie die Hinweise zum Login am Anfang des Buches.

8.3.1 Arten von Fragen

Geschlossene Fragen lassen sich meistens mit „ja", „nein" oder „ich weiß nicht" beantworten. Dies ist wenig informativ, dient eher der Verifikation denn der Informationsgewinnung. **Offene Fragen** provozieren informativere Antworten.

- *„Was ..."*
- *„Wie ..."*
- *„Warum ..."*
- *„Wozu ..."* (besser als „Warum", das auch im Alltag eher zur Verteidigung einlädt)
- *„Wann haben Sie ..."*

Formulieren Sie Fragen um. Statt „Arbeiten Sie lieber im Team oder allein?" besser „Welche Vor- und Nachteile erleben Sie bei Teamarbeit?"

Reflektorische Fragen[3]
Konkrete Erlebnisse werden als Anlass genutzt, damit der Interviewte über das Gesagte reflektiert und Deutung und Interpretation übernimmt.

- *„Was sagt das über Sie aus?"*
- *„Wie und warum würden Sie das heute anders machen?"*
- *„Was haben Sie aus dieser Situation gelernt?"*

Reflektorische Fragen bezüglich des Selbstbildes
„Schildern Sie bitte,

- *was Sie von anderen unterscheidet?*
- *was Sie markant wirken lässt?*

Reflektorische Fragen bezüglich des Fremdbildes
Schildern Sie bitte

- *was man an Ihnen besonders schätzt?*
- *in welchen Situationen Sie nicht so gut ankommen?*
- *wie Person XY Sie beschreiben würde?*

(Hier empfehlen sich Kollegen, Vorgesetzte, Kunden als „Referenzgeber")

---

[3] Nach Prof. Dr. Martin Kersting, „Optimierung der Interviewtechnik – Auswahlgespräche noch zielgerichteter führen", BDU-Berater-Workshop.

Reflektorische Fragen bezüglich persönlicher Quintessenz
Schildern Sie bitte,

- *ob und was Sie daraus gelernt haben?*
- *ob und wie Sie sich dadurch verändert haben?*

Reflektorische Fragen bezüglich üblicher Verhaltensweisen
Schildern Sie bitte,

- *Ihre Philosophie im Umgang mit ...* (Kunden, Mitarbeitern, Wettbewerbern, anderen Abteilungen..)
- *Ihre übliche Herangehensweise an ....*

Reflektorische Fragen bezüglich Werten und Prioritäten
Schildern Sie bitte

was Ihnen hierbei besonders wichtig war?
was für Sie dabei im Vordergrund stand?
warum Ihnen das wichtig ist?
worauf Sie besonders geachtet haben?

Reflektorische Fragen bezüglich Motivation
Beschreiben Sie bitte,
was bringt Sie dazu, ...?
was würden Sie vermissen?
wo wären Ihre Grenzen?
was fasziniert Sie an ...?
warum wollen Sie ...?
welche Tätigkeit macht Ihnen (weniger) Freude ...?

8.3.2 Dilemmata-Technik

Der Interviewte muss aus gleich attraktiven Alternativen wählen, welche Antwort für ihn zutreffend wäre. Damit wird versucht, „sozial erwünschte" Antworten zu reduzieren und die dahinter liegenden Konzepte zu erkennen.

> **Beispiele**
> *„Möchten Sie lieber im Team arbeiten oder wollen Sie sich lieber auf Ihre eigene Arbeit konzentrieren?"*
> *„Besuchen Sie einen Neukunden lieber spontan, also „kalt", wenn Sie in der Nähe sind, oder vereinbaren Sie Gesprächstermine immer vorab telefonisch?"*

8.3.3 These-Antithese

Vom Interviewten (implizit oder explizit) aufgestellte Thesen werden mit Gegenthesen konfrontiert. Hier lassen sich neben der Argumentationsfähigkeit auch Konzepte des Interviewten erkennen.

> **Beispiel**
>
> Interviewer: *„Wer sich anstrengt, hat auch Erfolg."*
> Antithese: *„Leistungsmotivation hat nicht viel mit Erfolg zu tun." Was sagen Sie zu Personen, die unternehmensinterne Kontakte als viel wichtigere Erfolgsquelle sehen und sich darauf konzentrieren?*

Eine weitere mögliche Spielart im Interview ist die Einnahme der Gegenposition:

> Ich spiele jetzt mal einen kritischen Kollegen/Mitarbeiter/den Advocatus Diaboli: …

8.3.4 Sokratischer Dialog

Über das anhaltende Nachfragen über die Hintergründe der Aussagen wird über die permanente Vertiefung in die Thematik letztlich die Ebene der Einstellungen und Motive erreicht. Ein sokratischer Dialog ergibt sich immer erst im Gespräch, daher kann er nicht explizit vorbereitet werden, man kann sich aber diese Technik aneignen. Beispielhaft könnte man eine Aussage folgendermaßen in einen sokratischen Dialog überführen.

> **Beispiel**
>
> - Kandidat: *„Ich bin ein sehr guter Außendienstler."*
> - Interviewer: *„Was bedeutet für Sie 'ein sehr guter Außendienstler'"?*
> - Kandidat: *„Dass jemand gerne vor Ort bei Kunden ist, eine gute Beziehung zu seinen Kunden pflegt und auch gut verkaufen kann."*
> - Interviewer: *„Wie kommen Sie darauf, dass **Sie** ein 'sehr guter Außendienstler sind' sind? Mit wem vergleichen Sie sich?"*
> - Kandidat: *„Mit den Kollegen aus meinem jetzigen Unternehmen."*
> - Interviewer: *„Sehen Sie sich im Vergleich mit Ihren Kollegen als überdurchschnittlichen Verkäufer an?"*
> - Kandidat: *„Ja, da liege ich sicher im oberen Drittel."*
> - Interviewer: *„Welche Anzeichen oder Kennzahlen sind es denn genau, die Ihnen den Eindruck geben, dass Sie besser sind als zwei Drittel Ihrer Kollegen?"*
> - Kandidat: *„Das erkenne ich an der Kundenzufrieden, meine Kunden fühlen sich sehr gut betreut."*

- Interviewer: *„Gibt es denn Erhebungen zu Kundenzufriedenheit bei allen Kunden Ihres Unternehmens, die sich einzelnen Außendienstmitarbeitern zuordnen lassen?"*
- Kandidat: *„Nein, solche Untersuchungen gibt es nicht. Aber ich höre auf Meetings immer, welche Probleme bei anderen Kunden auftreten – mit meinen Kunden gibt es fast nie Schwierigkeiten. Also sind sie zufrieden und ich mache einen guten Job."*
- Interviewer: *„Also sehen Sie einen erfolgreichen Verkäufer als jemanden, der eine hohe Kundenzufriedenheit erreicht?"*
- Kandidat: *„Ja, aber natürlich nicht nur. Die Umsatzergebnisse sind auch sehr wichtig. Meine liegen immer in der oberen Hälfte."*
- Interviewer: *„Also definieren wir sehr gute Vertriebsmitarbeiter als die, die überdurchschnittlich verkaufen und eine hohe Kundenzufriedenheit sicherstellen?"*
- Kandidat: *„Ja. Aber man muss auch berücksichtigen, dass es verschieden schwierige Verkaufsgebiete und Kunden gibt."*
- Interviewer: *„Im Vergleich zu Ihren Kollegen: gibt es in Ihrem Verkaufsgebiet denn Besonderheiten?"*
- Kandidat: *„Ja, ich betreue unseren umsatzstärksten Kunden, der uns seit 25 Jahren treu ist."*
- Interviewer: *„Dann läuft Ihr Geschäft ja sehr gut. Ihr Stammkunde wird vermutlich ziemlich viel Betreuung benötigen ...?"*
- Kandidat: *„Ach nein, das sind seit Jahren eingespielte Prozesse, sein Bedarf ist zwar hoch, aber immer aus dem Standardsortiment."*
- Interviewer: *„Das klingt so, als liefe es bei diesem Kunden fast von allein?"*
- Kandidat: *„Naja, das wäre auch übertrieben, aber ein Besuch pro Monat reicht aus, manchmal kann ich sogar Termine telefonisch erledigen."*
- Interviewer: *„Wenn dieser Kunde so viel Umsatz bringt, aber recht wenig Arbeitsaufwand für Sie bedeutet, haben Sie ja jede Menge Zeit für Neukundenakquise."*
- Kandidat: *„Ja, eigentlich schon. Aber die Kundenbetreuung liegt mir mehr als die Kaltakquise."*
- Interviewer: *„Wenn Sie Ihre Aufgaben und Ihre Kundenstruktur so beschreiben, könnte es sein, dass Sie besser in eine Rolle als Kundenbetreuer denn als Neukunden-Akquisiteur passen?"*
- Kandidat: *„Ja, das ist so gesehen richtig. Da fühle ich mich wohler und erziele bessere Ergebnisse als bei der Jagd nach Neukunden."*
- Interviewer: *„Gäbe es dann vielleicht eine Aufgabe für Sie, in der Sie sich eher sehen als im Außendienst mit dem hohen Anteil an Akquise?"*
- Kandidat: *„Ja, in Ihrem Unternehmen wäre es für mich sinnvoller, dass ich eher in der Kundenbetreuung als im Außendienst arbeite. Hier gibt es eine andere Aufgabenverteilung, als ich sie bisher kenne."*
- Interviewer: *„Könnten Sie sich denn vorstellen, bei uns in der Kundenbetreuung zu arbeiten? Die Aufgaben dort sind..."*

In der Praxis wird ein sokratischer Dialog selten so ausführlich sein – an diesem Beispiel erkennt man aber die Fragearten.

Welche Fragen eignen sich für einen sokratischen Dialog?
Der sokratische Dialog eignet sich insbesondere für die folgenden Arten von Fragen:

- Erkennen von Überzeugungen und Glaubenssätzen: (*„Ich bin ein sehr guter ..."*)
- Klären der persönlichen Definitionen: (*„Was verstehen Sie unter ...?" „Was ist ein ...?"*)
- Konkretisierung von allgemeinen Aussagen und Herstellung des Bezuges zum Alltag: (*„Wie kommen Sie darauf...?" „Was bedeutet das konkret für Sie?" „Wie wirkt sich das bei Ihnen konkret aus...?"*)
- Suche nach Alternativen und zielführenden Erkenntnissen: („Alternative Kundenbetreuung statt Kaltakquise")
- Ziele erkennen und benennen: (Angebot Kundenbetreuung)

In dieser Art von Dialog, in der der Interviewer die Aussagen eines Gesprächspartners aufnimmt und durch Fragen immer weiter in die Tiefe geht, kommt man oft zu aufschlussreichen Informationen.

Diese Fragetypen können auch nur einzeln verwendet werden, um Sachverhalte zu klären und tiefer in das Thema einzutauchen.

Im obigen Beispiel erfahren wir einiges über einen Vertriebsmitarbeiter, der von den Verkaufszahlen überdurchschnittlich erfolgreich ist. Er selbst sieht sich im oberen Drittel der Vertriebsmitarbeiter – seine Verkaufszahlen liegen aber „nur" immer in der oberen Hälfte. Dies könnte ein Hinweis für eine Selbstüberschätzung sein. Auch die hohe Kundenzufriedenheit relativiert sich: der treue Hauptkunde wird vermutlich so zufrieden sein mit den Produkten, dass er relativ selten Anlass sieht für Klagen. Ein Verkaufsgebiet, in dem der umsatzstärkste Kunde sitzt, wird schon fast von allein, also ohne weitere Akquise, einen überdurchschnittlichen Umsatz aufweisen. Kurz gefasst: dieser Kandidat erzielt überdurchschnittliche Ergebnisse in der Verkaufsrangliste und eventuell auch in der Kundenzufriedenheit, ist aber für eine Position mit Akquise von Neukunden eine Fehlbesetzung.

8.3.5 Schwächenanalyse

> Kleine Fehler geben wir gern zu, um den Eindruck zu erwecken, wir hätten keine großen.
> Francois Duc de La Rochefoucauld

Stärken und Schwächen sind selten absolute Größen, sondern in unserem Kontext abhängig von den konkreten Anforderungen der vakanten Position. Grundsätzlich sollten wir uns auf die Stärken von Menschen konzentrieren, wie schon häufiger angesprochen.

Abb. 8.2 Verhaltensdreieck von Ghiselli (nach Prof. Dr. Martin Kersting). (Quelle: muss noch recherchiert werden oder unveröffentlicht???)

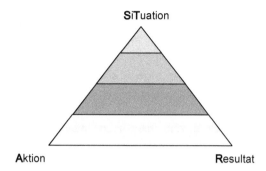

Schwächen von Mitarbeitern zu kennen ist dann nur wichtig, um Fehler bei der Arbeit zu vermeiden, Hilfestellungen zu ermöglichen oder Kontrollen durchzuführen.

Nachdem mittlerweile eine Unzahl an Bewerbungsratgebern in Buchform oder im Internet existiert, bereiten sich die meisten Kandidaten auf Interviews vor – und welches sind die in der Öffentlichkeit bekanntesten Interviewfragen? „Was sind Ihre Stärken und Schwächen?" Wenn Sie hier nicht mit auswendig gelernten Plattitüden abgespeist werden wollen, verzichten Sie zumindest auf die Frage nach den Schwächen, wenigsten in dieser platten Form. Formulieren Sie die Fragen etwas subtiler.

> **Beispiel**
>
> Verstärkung als Beginn:
> *„Sie haben ausgezeichnete Noten im Studium. Welche Fächer haben Ihnen weniger gelegen?"*
> Oder Selbsteröffnung:
> *„Meine Französischkenntnisse sind miserabel. Wie sieht es bei Ihnen aus?"*
> *„Wenn ich Ihnen einen dicken Katalog mit Seminarangeboten aus allen Bereichen wie Persönlichkeitsentwicklung, Psychologie, Vertriebstrainings etc. anbiete und Sie sollen sich zwei oder drei Seminare aussuchen, welche würden Sie wählen?"*

8.3.6 Systematisches Nachfragen (STAR-Ansatz)

Auch bei einem Gesprächsleitfaden reicht es nicht, die einzelnen Punkte mit der ersten Antwort „abzuhaken", solange die wesentlichen Aspekte noch nicht ausreichend ausgeführt wurden. Hier empfiehlt sich ggf. auch mehrmaliges Nachfragen, bezüglich Detaillierung als auch der Antworttiefe.

Ein schönes Modell dafür ist das Verhaltensdreieck von Ghiselli (Abb. 8.2).

Tabelle 8.1 veranschaulicht das systematische Nachfassen.

Weitere Fragemöglichkeiten können nach Handlungs- oder Ergebnisorientierung gegliedert werden:

Tab. 8.1 Anhand des STAR-Modells kann man anhand jeder Information zu einem der drei Aspekte die beiden anderen nachfassen

Teilnehmer	Interviewer
Damals war … (Situation)	Was haben Sie damals gemacht und was waren die Ergebnisse Ihrer Bemühungen?
Wir machten XY … (Aktion)	Wie war denn die Ausgangssituation und welche Ergebnisse erzielten Sie mit Ihren Maßnahmen?
Wir erreichten … (Resultat)	Wie gestaltete sich die Situation vor Ihrem Eingreifen – was taten Sie genau, um dieses Ergebnis zu erreichen?

Handlungsorientierte Nachfragen

- *Schildern Sie bitte, WAS Sie getan haben …* (Episodisch)
- *Schildern Sie bitte, WIE Sie das getan haben …* (Episodisch)
- *Schildern Sie bitte, WARUM Sie so vorgegangen sind.* (Reflektorisch)
  - *Was sagt das über Sie aus?*

Ergebnisorientierte Nachfragen

- *WELCHE Konsequenzen hatte Ihr Verhalten?* (Episodisch)
- *Wie profitierte das Unternehmen von Ihren Handlungen?* (Episodisch)
- *Bewerten Sie das Ergebnis heute anders als damals?* (reflektorisch)
  - *Wenn ja, warum?*
  - *Was sagt das über Sie aus?*

Diese Fragen können Sie ganz konkret formuliert zu jeder Berufsstation und Situation anbringen, die im Interview angesprochen wird (oder werden soll). Bei der Antwort achten Sie bitte auf konkrete Antworten und fragen Sie bei zu allgemeinen Antworten dezidiert nach. „Was genau war Ihre Aufgabe bei dieser Messe" – „Wie haben Sie die Stornoquote konkret senken können?" Erfahrungsgemäß berichten Kandidaten in Interviews fast immer nur zwei der drei Aspekte, so dass sich genug Nachfragen ergeben.

8.3.7 Rollenspiel

Eine in Deutschland nicht sehr weit verbreitete Technik ist das Rollenspiel, in dem, angekündigt, der Interviewer als auch der Kandidat je einen Part spielen. Hier kann man dann ganz konkret beobachten, wie ein Kandidat in bestimmten, realistischen Situationen agiert und reagiert. Bleiben Sie nah an tatsächlichen Situationen und bei konkreten Produkten/Dienstleistungen etc.

> **Beispiel**
>
> *Ich spiele einen Kunden, bei dem die letzte Lieferung deutlich zu spät kam – und dann auch noch mangelhaft war. Ich bin sehr enttäuscht und will die Beziehung beenden, die noch offenen Bestellungen stornieren. „Hallo Herr XY, gut dass ich Sie erreiche. Ich bin ziemlich sauer – Sie können sich denken, warum. Die letzte Lieferung ist 2 Wochen nach dem versprochenen Liefertermin eingegangen. Das hat uns richtig Umsatz gekostet – einige unserer Projekte haben sich deutlich verzögert. Außerdem waren ca. 10 % der Netzwerkkabel falsch konfektioniert – die Netzwerke funktionierten nicht, es hat Stunden gedauert, den Fehler zu finden."....*

Ich persönlich bin bei Rollenspielen eher zurückhaltend, da manche Menschen mit solchen Spielsituationen nur schwer zu recht kommen beziehungsweise das Ergebnis nicht aussagekräftig ist. Insbesondere die Empathie, die in den realen Situationen vorhanden wäre, lässt sich in den Rollenspielen oft nicht spontan simulieren.

8.3.8 Weitere Techniken

Pausen Eine bewusst eingesetzte Pause steigert die Spannung – und bringt in vielen Fällen den Kandidaten zum Reden. Insbesondere, wenn ein Kandidat auf eine Frage nur sehr kurz antwortet oder eine der in vielen Bewerbungsratgebern empfohlenen Standardantworten gibt(„Meine Schwäche ist Ungeduld und Perfektionismus") – kann ein fragender Blick und längeres Schweigen etliche Kandidaten zu offeneren Antworten bewegen.

Falls die Beherrschung einer **Fremdsprache** zu den Anforderungen gehört: im Gespräch in die Fremdsprache wechseln. (Dies sollte aber fairerweise am Anfang des Interviews angekündigt werden).

8.3.9 Das standardisierte oder (teil-)strukturierte Interview

Alle Kandidaten mittels der gleichen Fragen zu interviewen, hat mehrere Vorteile:

- Vergleichbarkeit über verschiedene Kandidaten
- Vergleichbarkeit über verschiedene Interviewer
- Höhere Objektivität und Messqualität
- Entlastung der Interviewer
- Geringere Anfälligkeit für Gestaltung durch Kandidaten
- Höherer Anforderungsbezug
- Mehr Aspekte werden erfasst

Aber: Ein Interview sollte nicht aus einem abgelesenen Fragebogen bestehen, das erinnert an eine Testsituation und verringert die Akzeptanz. Daher ist es, zumindest ab einem bestimmten Karrierelevel (Führungskraft), eine gute Idee, teilstrukturierte Interviews zu führen. Einige Kernfragen werden harmonisch in einen Dialog eingebunden, so dass keine Verhöratmosphäre entsteht.

8.3.10 Rechtlich unzulässige Fragen

Das Fragerecht des Arbeitgebers wird durch das Persönlichkeitsrecht des Kandidaten begrenzt. Unzulässig sind daher immer Fragen nach der Privatsphäre des Bewerbers, Ausnahmen bestehen für sogenannte Tendenzbetriebe, z. B. kirchliche Arbeitgeber.

Falls Sie doch unzulässige Fragen stellen, hat der Kandidat das Recht, bei der Beantwortung dieser Frage(n) zu lügen. Sollte es zu einer Einstellung kommen, ergeben sich aus den Lügen auch später keine Konsequenzen für den Mitarbeiter/Ex-Kandidaten, so kann zum Beispiel der Arbeitsvertrag nicht deswegen angefochten werden. Hier einige Beispiele:

- **Krankheit**: Diese müssen von Kandidaten nur wahrheitsgemäß beantwortet werden, wenn die Erkrankung auch zukünftig noch Einfluss auf den angestrebten Arbeitsplatz oder die Arbeitsleistung hat. Hier müsste mit einer erheblichen Beeinträchtigung der Arbeitsleistung zu rechnen sein. Überstandene Krankheiten müssen von Kandidaten nie erwähnt werden. Ansteckende Krankheiten, die Mitarbeiter oder Kunden anstecken könnten, müssen hingegen offengelegt werden. Dazu zählt auch die Frage nach einer HIV-Erkrankung laut einer höchstrichterlichen Entscheidung.
- **Partei- oder Gewerkschaftsmitgliedschaft:** Diese Frage nach einer Partei- oder Gewerkschaftsmitgliedschaft ist unzulässig, außer Sie sind in/für einen Tendenzbetrieb tätig.
- **Vorstrafen**: Fragen nach Vorstrafen sind nur dann zulässig, wenn der Kandidat sich um eine besondere Vertrauensstellung bewirbt, also zum Beispiel als Bankberater (mit Bargeldkontakt).
- **Hobby**: Die Frage ist zulässig, wenn eine Verbindung zur Vakanz besteht, z. B. die Ausübung des Golfsports bei der Position „Account Manager bei einem Hersteller von Golfausrüstung".
- **Vermögensverhältnisse**: Fragen nach den Vermögensverhältnissen eines Kandidaten sind nur in den Fällen zulässig, in denen geordnete Vermögensverhältnisse eines Mitarbeiters beruflich wichtig sind, wie z. B. bei einem Kassierer, einem Vermögensverwalter, aber auch bei einem Leitenden Angestellten. Unzulässig ist die Frage, ob gegen den Kandidaten eine Gehaltspfändung besteht.
- **Schwangerschaft**: Auch nach einer Entscheidung des Europäischen Gerichtshofes ist diese Frage nach dem Bestehen einer Schwangerschaft unzulässig, da es (fast) keine Tätigkeit gibt, die durch die Schwangerschaft einer Mitarbeiterin dauerhaft nicht ausgeübt werden könnte.

- **Scientology Mitgliedschaft**: Diese Frage wird als zulässig erachtet und ein Einsatz kann auch sinnvoll sein. Eine Mustererklärung finden Sie auf der Website zum Buch. www.personal-vertrieb.de
- **Graphologisches Gutachten:** Sollten Sie trotz meiner Warnungen aufgrund der nicht vorhandenen Aussagekraft die wenig zuverlässige Methode der Graphologie einsetzen wollen, müssen Sie vor der Auswertung der Schriftprobe die Einwilligung des Kandidaten einholen.

8.3.11 Die Hauptfehler bei Interviews

Die folgenden Fehler sind in Interviews weit verbreitet, können aber leicht vermieden werden:

Vermeidbare Fehler bei Interviews

Keine/schlechte Vorbereitung: einmal den Lebenslauf überfliegen reicht nicht!

Kein/mangelnder Anforderungsbezug: Wissen, was konkret gefordert ist, sonst erkennt man nicht, ob man vor sich hat, was man sucht.

Geringe Wertschätzung der Kandidaten: Leider entsteht in Interviews noch zu oft der Eindruck, ein Kandidat sei ein Bittsteller und darf eigentlich froh sein, wenn er in diesem tollen Unternehmen arbeiten darf.

Keine/mangelnde Strukturierung: Eine klare Struktur hilft dem Interviewer und dem Kandidaten.

Zu hoher Redeanteil des Interviewers: Ein Interview ist keine Firmenpräsentation, kein Ereignis für Selbstbeweihräucherung und auch kein Anekdoten-Vortrag.

Zu geringe Schwierigkeit der Fragen: Kandidaten monieren eher zu leichte Fragen oder Fragen ohne erkennbaren Bezug zur Aufgabe als zu schwere Fragestellungen. Leichte Fragen können fast alle beantworten, die ganz konkreten, etwas schwierigeren nur die wirklich geeigneten Kandidaten. Dadurch ergibt sich eine weitere Spreizung der Ergebnisse.

Keine/unzureichende Bewertungsregeln: Daraus folgen Rankingfehler.

Keine/unzureichende Dokumentation: (Aufzeichnungen aus dem Eignungsinterview unterliegen dem Datenschutz!)

8.4 Referenz-Check

Ein zu wenig genutzter Informationskanal ist die Einholung von Referenzen, vor allem ab mittlerer Hierarchieebene eine wichtige Informationsquelle. Hier kommt es wesentlich an auf die Art der Beziehung, die man beim Einholen einer Referenz in kurzer Zeit zum Referenzgeber aufbauen kann. Je vertrauenswürdiger der Referenzgeber den Fragenden einschätzt, desto mehr Informationen wird er bei den richtigen Fragen preisgeben. Hier empfiehlt sich daher auch eine gleichrangige Ebene, eine Referenz beim Vorstand sollte auch besser von einem Vorstand als einem Personalsachbearbeiter eingeholt werden.

- Hier bewähren sich Fragen wie: *„Würden Sie Herrn XY heute wieder einstellen, wenn bei Ihnen eine Position (Vakanz bei Ihrem Unternehmen) frei wäre?"*
- Bei Führungskräften: *„Würden Sie, falls Sie Kinder haben oder hätten, diesen eine Position unter Herrn XY empfehlen/sie bei Herrn XY zur Ausbildung schicken?"*

Auch bei der Referenzeinholung bietet sich das Prinzip „Critical Incidents" als Denkmodell an. Führen wir uns in diesem Zusammenhang das Szenario Straßenverkehr beispielhaft vor Augen. Es gibt Autofahrer, die tragen stolz als „Referenz" Aufkleber ihrer Versicherung auf dem Auto wie „25 Jahre Unfallfrei".

Diese Plakette beweist offen sichtbar die Fahrkünste dieses Fahrers. Oder vielleicht doch nicht? Sie kann hindeuten auf einen sehr sicheren Verkehrsteilnehmer, ist aber kein Beweis. Schließlich können 25 Jahre in kritischen Situationen alle anderen Verkehrsteilnehmer gut aufgepasst und gut reagiert haben, so dass es zu keinen Unfällen kam. Der „Preisträger" könnte im schlimmsten Fall ein sehr schlechter Autofahrer sein mit viel Glück und vielen anderen, besseren Verkehrsteilnehmern, die viele Beinahe-Unfälle verhindert haben. Oder er saß nur dreimal im Jahr selbst am Steuer …

Übertragen auf den Beruf kann es also sein, dass es viele Jahre bei einem Kandidaten zu keinen „Katastrophen" kam, sich anbahnende Beinahe-Unfälle gerade noch verhindert werden konnten. Hat ein Kollege die misslungene Kundenpräsentation noch gewendet? Ein Projekt, das an die Wand zu fahren drohte, wurde in letzter Minute durch einen Feuerwehreinsatz gerettet? Die Dame aus dem Vertriebsinnendienst hat den erbosten Kunden durch ihren Charme wieder beruhigt und den Auftrag gesichert?

Fragen Sie also den Referenzgeber konkret, ob es zu „Beinahe-Unfällen" kam, bei denen der Kandidat beteiligt war, welche Rolle er innehatte und welche Verantwortung er trug – und ob der Referenzgeber den Eindruck hat, dass diese Situationen zu erheblichen Lernerfolgen beim Kandidaten geführt haben. Da diese Art von Fragen nicht sehr häufig gestellt werden, lassen Sie dem Gesprächspartner genug Zeit, sich in die Fragestellungen hineinzudenken und dann entsprechende Situationen Revue passieren zu lassen.

Fazit

Welche Methoden und Informationsquellen zur Kandidateneinschätzung existieren und wie aussagekräftig sind sie wirklich? Wie hoch ist der Aufwand, bzw. bei welchem Aufwand wird was empfohlen? Tabelle 8.2 gibt eine Übersicht.

Tab. 8.2 Übersicht über Methoden und Informationsquellen zur Kandidateneinschätzung

Schriftliche Unterlagen Lebenslauf Anschreiben	wichtig	Mindestanforderung
Unstrukturiertes Inteview	nicht sehr aussagekräftig	Nicht ausreichend
Halbstrukturiertes Inteview	sehr geeignet (Führungskräfte)	Mindestanforderung
Strukturiertes Interview	sehr geeignet	Mittlerer Aufwand
Multimodales Interview	Sehr geeignet bzw. optimal	Für perfekte Ergebnisse
Stressinterview	wenig Aussagekraft	Keine Empfehlung
Critical Incidents	interessante Methode	Mittelhoher Aufwand
Referenzen	kann wichtige Infos bringen	Mittlerer Aufwand
Zeugnisse Schulzeugnisse Arbeitszeugnisse	zur Ergänzung	Mindestanforderung, aber eher um „kritische Faktoren" in Zeugnissen auszuschließen
Leistungstest	schwirig je nach Aufgabenmix der Position	Nur mit positionsrelevanten Aufgaben, teils hoher Aufwand
Intelligenztest	Wichtig, insbesondere bei intellektuell anspruchsvollen Aufgaben	Empfehlung: Kombination aus diesen drei Testverfahren
Persönlichkeitstest	wichtig	
Motivationstest	wichtig	
Graphologie Astrologie	nicht wissenschaftlich, keine Aussagekraft	Bitte sofort in Ablage P (wie Papierkorb)

8.5 Beurteilungsfehler beim Beurteiler

> Klar sieht, wer von fern sieht, nebelhaft, wer Anteil nimmt.
> Laotse

Fremdbeurteilung hat immer etwas mit der eigenen Biografie, dem Wertesystem eines Menschen und seinen persönlichen Einstellungen zu tun. Hier unterliegen wir alle mehr oder weniger großen Vor-Urteilen, „Selbstüberlistungen", selbsterfüllenden Prophezeiungen oder anderen psychologischen (Selbst-) Beeinflussungen. Hier hilft nur das Wissen um diese Gefahren, das bewusste Achten auf diese Fallstricke, um diese Phänomene wahrzunehmen und gegebenenfalls gegensteuern zu können. Die Selbstwahrnehmung eines Kandidaten ist sicherlich sehr subjektiv, die Fremdwahrnehmung durch Dritte ist allerdings auch nicht „objektiv".

> Manche sehen mit dem rechten und mit dem linken Auge genau dasselbe und glauben, das sei Objektivität.
> Stanislav Jerzy Lec

Die meisten Fehler durch den Beurteiler entstehen bereits beim ersten Eindruck.

- **Situationsfehler**: Ein Verhalten wird einer Person zugeschrieben, obwohl es an der Situation hängt. Einfaches Beispiel: Der Kandidat wird als unpünktlich beurteilt, seine Verspätung rührte aber daher, dass ihm ein anderer Autofahrer aufgefahren ist.
- **Gleichheit:** Gleichheiten wie z. B. die gleiche besuchte Uni, Kinder im gleichen Alter, dasselbe Hobby – all diese Punkte steigern die Sympathie. Das ist auch gut und sollte für eine harmonische und entspannte Atmosphäre genutzt werden. Diese Faktoren können aber die Beurteilung eines Kandidaten positiv beeinflussen, wenn man sich als Beurteiler diesen Effekt nicht bewusst macht.
- **Ungleichheit:** Der gleiche Effekt mit umgekehrten Vorzeichen ist bei Ungleichheit festzustellen.
- **Reihenfehler:** Hier gibt es zwei verschiedene Fehlermöglichkeiten. Nach einer Reihe von unterdurchschnittlichen Kandidaten wird der erste durchschnittliche wiederum zu gut bewertet. Die Reihe von schlechten Eindrücken hat das Erwartungsniveau unterbewusst gesenkt. Umgekehrt kann nach einigen überdurchschnittlich guten Kandidaten ein durchschnittlicher Aspirant schlechte Karten haben, da er in den Bewertungen der Beurteiler schlechter abschneidet, als es seinen Fähigkeiten entspricht. Wiederum hat sich der Bezugsrahmen kurzfristig verschoben.
- **Halo-Effekt, die blendende, überstrahlende Eigenschaft:** Eine einzelne, stark ausgeprägte Eigenschaft eines Menschen überstrahlt andere Merkmale, sie werden vernachlässigt in der Beurteilung oder fälschlicherweise von dem starken Merkmal beeinflusst. Der Begriff stammt von der Überstrahlung des Mondes (Halo, Hof um den Mond herum).
Spricht ein Kandidat rasch, mit gehobenem Vokabular und erscheint er besonders eloquent, wird er oftmals als intelligenter beurteilt, als er ist. Eloquenz und Sprachgewandtheit korreliert nur bis zu einem gewissen Grad mit Intelligenz. Eine besonders

hohe Ausprägung der Eloquenz lässt nicht in jedem Fall den Rückschluss auf eine entsprechend Intelligenz zu. Einfach ausgedrückt: Auch Unsinn kann sehr hochtrabend formuliert werden, selbst wenn es nicht für jeden sofort erkennbar ist – es bleibt Unsinn. Wir Menschen sind aber so konstruiert, dass wir diesem Überstrahlungseffekt relativ leicht erliegen. Schon in der Schule gelten schöne Kinder als intelligenter, als sie sind. Der *Halo-Effekt* bewirkt, dass ein Beurteilungsmerkmal durch eine (unbewusste) Überbewertung durch den Beurteiler auf andere oder mehrere andere ausstrahlt (z. B. Integrität, Sozialverhalten, Zuverlässigkeit) bzw. geringere Kompetenzen auf diesem Bereich „überstrahlt". Der Beurteiler bewertet ein Merkmal über und andere unter oder falsch.

- **Nikolaus-Effekt:** Der Nikolaus-Effekt (oder auch „Recency-Effekt") bedeutet, dass der Beurteiler bei der Bewertung Ereignisse, die erst kürzlich stattgefunden haben, stärker als sinnvoll in eine Beurteilung einbezieht.
  Beim **Primacy-Effekt („First-Impression-Effekt")** werden in der Beurteilungsperiode bzw. Sequenz zuerst erhaltene Informationen oder Eindrücke stärker bewertet als spätere und somit übergewichtet.
- **Kleber-Effekt:** Längere Zeit nicht beförderte Mitarbeiter werden von Beurteilern unbewusst unterschätzt und entsprechend schlecht bewertet, genannt **Kleber-Effekt**.
- **Benjamin-Effekt**: Je kürzer ein Mitarbeiter einen Arbeitsplatz innehat und je jünger er ist, umso strenger fällt die Beurteilung aus.
- **Hierarchie-Effekt:** Mitarbeiter, die in der Hierarchie höher angesiedelt sind, werden besser bewertet.
- **Lorbeereffekt:** Er verführt Beurteiler dazu, in der Vergangenheit erreichte „Lorbeeren" eines Kandidaten zu stark zu berücksichtigen ohne unmittelbaren Bezug zur aktuellen Beurteilung.
- **Andorra-Effekt** (nach dem Roman von Max Fritsch) oder *Self-fulfilling prophecy*: Eine Sich-selbst-erfüllende Prophezeiung des Beurteilers bzw. des zu Beurteilenden führt dazu, dass die Prognose eintrifft. Beispiel: Schüler, denen ihre Lehrer (berechtigter- oder unberechtigter weise) eine hohe Intelligenz zusprechen, erhalten in Prüfungen bei gleicher Leistung bessere Benotungen als andere Schüler.

Auch verschiedene Anspruchsniveaus bzw. Maßstäbe führen zu Maßstabsproblemen mittels unbewusster Verzerrungen der Beurteiler:

- Die **Tendenz zur Mitte** führt zu überproportional häufigen mittleren Urteilswerten.
- **Tendenz zur Milde** fördert die verzerrende Maßstabsanwendung durch die Abweichungen der Beurteilungen nach oben (im Vergleich zu anderen Beurteilern). Das Anspruchsniveau ist niedriger.
- Das Gegenteil ist die **Tendenz zur Strenge**: durch ein zu hohes Anspruchsniveau verwenden Beurteiler einen unzutreffenden Maßstab. Das Ergebnis ist eine häufig zu niedrige Einstufung verglichen mit anderen Beurteilern.
- Der **Sympathiefehler** verzerrt die Maßstabsanwendung, wenn besonders sympathisch wirkende Kandidaten unbewusst positiver bewertet werden als andere. Umgekehrt wird daraus der *Antipathie-Effekt*.

Testverfahren/Diagnostik

9

Die Muster einer Persönlichkeit erkennen wir erst, wenn wir etwas zurücktreten. (Friedemann Stracke: Menschen verstehen – Potenziale erkennen. Leonberg 2009)

Zur Einleitung in das Thema „Diagnostik" führen wir einen kleinen Test durch. Neueste wissenschaftliche Erkenntnisse machen es möglich, dass wir auch in diesem Buch einen individuellen Persönlichkeitstest durchführen. Ich lade Sie herzlich ein, an diesem wissenschaftlichen Experiment teilzunehmen. Sie werden interessante Neuigkeiten über sich erfahren und die Möglichkeiten, die moderne Testverfahren bieten. Bitte konzentrieren Sie sich bei der Ausarbeitung, kleine Rechenfehler in der Durchführung können schon zu fehlerhaften Ergebnissen führen.

Test

Multiplizieren Sie bitte Ihre Körpergröße in Metern (also z. B. 1,83) mit Ihrer Postleitzahl und addieren den Geburtsmonat (Januar = 1, Februar = 2 ...).

Ihre Körpergröße: 1,__ m
Multipliziert mit Ihrer Postleitzahl _____
addieren Sie Ihren Geburtsmonat (Januar = 1) _____
Ihr persönliches Ergebnis: _____

Haben Sie Ihren Wert errechnet? Jetzt konzentrieren Sie sich bitte noch 10 Sekunden auf diese Zahl, in dieser Zeit wird Ihre persönliche und unverwechselbare Auswertung erstellt und mit noch geheimer Hochtechnologie in dieses Buchexemplar übertragen.

Unten finden Sie Ihr individuelles Testergebnis. Lesen Sie es gründlich durch und bewerten Sie dann, wie gut diese Beschreibung auf Sie zutrifft. Ihr absolut individuelles und ganz persönliches, vertrauliches **Persönlichkeitsprofil**:

„Sie brauchen die Zuneigung und Bewunderung anderer, dabei neigen Sie zu Selbstkritik. Zwar hat Ihre Persönlichkeit einige Schwächen, doch können Sie diese im Allgemeinen ausgleichen. Sie haben beträchtliche Fähigkeiten, die brachliegen, statt dass Sie sie zu Ihrem Vorteil nutzen. Äußerlich diszipliniert und kontrolliert, fühlen Sie sich ängstlich und unsicher. Mitunter zweifeln Sie ernstlich an der Richtigkeit Ihres Tuns und Ihrer Entscheidungen. Sie bevorzugen ein gewisses Maß an Abwechslung und Veränderung, und Sie sind unzufrieden, wenn Sie von Verboten und Beschränkungen eingeengt werden. Sie sind stolz auf Ihr unabhängiges Denken und nehmen anderer Leute Aussagen nicht unbewiesen hin. Doch erachten Sie es als unklug, sich anderen zu freimütig zu öffnen. Manchmal verhalten Sie sich extrovertiert, leutselig und aufgeschlossen, manchmal auch introvertiert, skeptisch und zurückhaltend. Ihre Wünsche scheinen mitunter eher unrealistisch."

Und, wie gut trifft diese Auswertung jetzt auf Sie zu?

(Von 1 = „Überhaupt nicht" bis 5 = „Trifft voll und ganz zu")

Sie sind überrascht über die hohe Treffgenauigkeit dieses Ergebnisses? Trotz der völlig abstrusen Fragen? Alles eine Frage der modernen Wissenschaft? Oder doch nur der Täuschung durch persönliche Validierung? Dieses kleine Experiment zeigt Ihnen den sogenannten Barnum-Effekt oder auch Forer-Effekt: Menschen akzeptieren sehr oft vage und allgemeingültige Aussagen über die eigene Person als zutreffende Beschreibung.

Lesen Sie sich doch „Ihr Ergebnis" noch einmal durch: Was davon trifft auf Sie zu – aber nicht auf Ihre Nachbarn oder Freunde? Sind die Aussagen nicht so butterweich, dass sich darin jeder wiederfinden kann – wenn er denn will?

Das obige „Testergebnis" erzielt weltweit bei Tests große Akzeptanz als treffende individuelle Beschreibung von Testpersonen (besser als 4,2 von 5). Diese Ergebnisse zeigen, dass „der Mensch" sich gerne täuschen lässt (zumindest über sich selbst).

Eine Aussage über die Gültigkeit (oder Wahrheit) eines Tests darf daher niemals durch die Testpersonen durchgeführt werden. (Manch ein Test wirbt mit unglaublich hoher Validität, die durch die Selbstbeurteilung der Testpersonen gemessen wurde. Ein unglaublicher Unsinn, wie nach unserem kleinen Experiment klar sein sollte.)

Diesen Effekt finden Sie vor allem im Bereich Wahrsagerei, Horoskopen etc., aber eben auch in wissenschaftlich nicht fundierten Diagnostikverfahren.

Ein weiterer Aspekt, der die subjektive Akzeptanz von Testergebnissen beeinflusst: Je positiver die Aussagen über den Testee, desto größer ist auch dessen Zustimmung (surprise, surprise, wer wehrt sich schon gegen Komplimente oder um den Bart gestrichenen Honig?). Werbeaussagen zur hohen Aussagekraft von Tests, die durch die große Zustimmung der Testteilnehmer zu den Ergebnissen belegt wird, liegen auch nur wenig über der Ebene von Horoskopen!

9.1 Testverfahren – Argumente dafür und dagegen, Tatsachen und Mythen

Häufig vorgetragene Argumente gegen Testverfahren im Recruiting lauten:

▶ Vorurteil 1 Testverfahren funktionieren im Recruiting nicht.

Früher war das tatsächlich so – die psychologischen Modelle stammten aus der Kinderzeit der Psychologie, die statistischen Methoden waren nicht so ausgereift, die Programme weder besonders genau noch waren sie für den Bereich Arbeitsumfeld geeignet. Auch internationale Programme waren teilweise nur in die jeweils anderen Sprachen übersetzt, anstatt kulturell angepasst und neu geeicht zu sein. Hier hat sich im 21. Jahrhundert viel getan, mittlerweile gibt es Testverfahren, die alle Ansprüche des Recruiters oder Personalverantwortlichen erfüllen.

▶ Vorurteil 2 Der Markt für Testverfahren im Personalbereich ist völlig unübersichtlich, die tatsächliche Qualität der Produkte ist nur schwer erkennbar.

Das ist tatsächlich so – darauf gehe ich in diesem Kapitel ein und stelle auch ein Instrument vor, das nach meiner Überzeugung für unsere Aufgabenstellungen sehr gut geeignet ist.

▶ Vorurteil 3 Testverfahren bedeuten ein unberechtigtes Eindringen in die Privatsphäre des Kandidaten oder Mitarbeiters und die Möglichkeit von Missbrauch bzw. Weitergabe erhobener Daten

Hier müssen folgende Aspekte genau beachtet werden:

- die Fragen innerhalb der Tests müssen einen berufsbezogenen Kontext aufweisen,
- die Datensicherheit muss durch die beteiligten Unternehmen (Testhersteller, Personalberatung, einstellendes Unternehmen) gewährleistet sein.

▶ Vorurteil 4 Häufig wenig augenfälliger Bezug zum Arbeitsinhalt

Dieser Bezug ist bei vielen Testverfahren tatsächlich nicht gegeben, da viele davon für andere Einsatzbereiche entwickelt wurden. Tests auf Neurotizismus haben auch unter anderem Namen nichts im Recruiting-Prozess zu suchen.

▶ Vorurteil 5 Vortäuschen von Objektivität und Sicherheit, obwohl auch Testverfahren in Einzelfällen falsch sein können.

Eine absolute Sicherheit existiert in Personalentscheidungen nicht – man kann immer nur Wahrscheinlichkeiten vergrößern. Die geeigneten Testverfahren erhöhen die Wahrscheinlichkeit der richtigen Entscheidung im Auswahlprozess erheblich, ebenso wie ein strukturiertes Interview die Wahrscheinlichkeit gegenüber einer unstrukturierten Firmendarstellung mit eingestreuten Fragen erhöht.

▶ Vorurteil 6 Der Mensch ist nicht messbar

Das ist eine ideologische Begründung, psychologisch lässt sich mit modernen statistischen Verfahren eine ganze Menge an berufserfolgskritischen Faktoren messen, die auch zeitlich stabil sind. Auch ein Tier oder ein Stein ist nicht komplett messbar, aber man kann Eigenschaften messen, z. B. sein Gewicht, seine Länge, Breite und Höhe, die Gattung oder seine enthaltenen Mineralien. Genauso kann man berufsrelevante Eigenschaften auch bei einem Menschen messen. Wesentliche Eigenschaften wie Intelligenz, Integrität, Dominanz und Toleranz sind zudem zeitstabil.

▶ Vorurteil 7 Eine Personaleinstellung will ich nicht von einem anonymen Testverfahren entscheiden lassen

Das ist richtig, die Testverfahren sollten niemals das alleinige Kriterium für eine Einstellung sein, sondern nur ein wichtiger Baustein innerhalb einiger Elemente, wie Lebenslaufanalyse, (teilstrukturierte) Interviews, Referenzchecks und eben Eignungstests.

9.1.1 Wesentliche Argumente für Tests

Geeignete Testverfahren bieten ein wissenschaftlich gründlich fundiertes Element in der Entscheidungsfindung des Recruiting-Prozesses. Zudem bieten sie einen objektiven Ausgleich zur häufig wenig professionellen Handhabung von Interviews.

Es gab große wissenschaftliche Fortschritte in der Personalpsychologie seit 1998: Seit dem „Metaanalyseverfahren von Schmidt & Hunter" sind wesentliche Schritte durchlaufen worden. Sowohl die tatsächlich geeigneten psychometrisch fundierten deutschsprachigen Tests sind zahlreicher geworden, ebenso kann eine Vielzahl von relevanten Eigenschaften zuverlässig getestet werden. Dies ergibt aussagekräftige Tools, die ein umfassendes Bild der Persönlichkeitsmerkmale eines Menschen ermöglichen. Im Abgleich mit einem stellenspezifischen Anforderungsprofil lässt sich die Passung bzw. Eignung eines Menschen für diese Position erkennen.

9.1.2 Die Referenzrahmen von Testverfahren

Ipsative Bewertungen – die Betrachtung einer Person
Diese Form der Bewertung betrachtet ausschließlich die Person selbst, ohne Relationen zu absoluten Werten oder zu anderen Personen (-kreisen) herzustellen. Dadurch sind ipsative Bewertungen (und damit auch ipsative Methoden oder Instrumente) interessant für Selbst-

reflektion, Coaching, Personalentwicklung etc., aber nicht geeignet für die Eignungsdiagnostik im Bereich Job. Die gesamte Gruppe von Instrumenten, die nach dem DISG-Verfahren aufgebaut sind, eigetn sich daher nicht für die Personalauswahl, sondern eher für Personal- oder Organisationsentwicklung.

Normorientierte Bewertung (Benchmark): der Vergleich mit anderen – normative Tests
Bei diesen Verfahren wird die Testperson in Relation gesehen mit einer Referenzgruppe. Man kann nach allgemeinen oder absoluten Normen (alle Anderen) oder aber auch nach relativen oder spezifischen Normen eine Bewertung ansetzen. Die interindividuelle Vergleichbarkeit ist für Stellenbesetzungen notwendig und sinnvoller als eine nur auf die Person selbst bezogene Beurteilung (Ipsativ).

Eignung für Recruiting
Da der Erfolg auf einer Position aber von der Passung von Jobanforderungen und individuellen Eignungen abhängt, ist immer das „Soll"-Anforderungsprofil die Bewertungsnorm (erstellt durch Befragung, aus Mustern vergleichbarer Positionen oder – als Königsweg – über ein Benchmarking aus besonders erfolgreichen Stelleninhabern dieser Position). Die wenigsten Verfahren bieten hier professionelle Anforderungsprofile, die tatsächlich anhand berufs- und positionsrelevanter Merkmale erstellt werden.

Qualität der am häufigsten eingesetzten Testverfahren
Da Verfahren nur so gut sein können wie die zugrunde liegenden Modelle, hier ein Überblick, wie Fachleute vom „Berufsverband deutscher PsychologInnen" die häufig eingesetzten Verfahren beurteilen:

Viele der häufig eingesetzten Verfahren wie z. B. die *Master Person Analysis MPA*, *MBTI*, das *DISG Persönlichkeitsprofil* samt seinen vielen „Ablegern", *Insights Discovery*, *Thomas System* und *Insights MDI* basieren auf der Persönlichkeitstypologie von Carl Gustav Jung, manche auch auf der Theorie „Emotions of Normal People" von Marston. Diese Typologien sind über 80 Jahre alt sind und entsprechen nicht dem Stand der Forschung. Die Stellungnahme des Berufsverbands deutscher PsychologInnen in einem Gutachten über Insights MDI lautet, *„dass die Typenlehre nach C. G. Jung in Fachkreisen als „antiquiertes Modell ohne empirische Belege" gilt. Der Ansatz von Marston wird [...] als „typologischer Ansatz ohne empirische Forschung" bezeichnet"*. Die Empfehlung der Stellungnahme in Bezug auf Insights MDI lautet: *„ ... es basiert auf theoretisch veralteten und wissenschaftlich ungesicherten Modellen. Von seinem Einsatz bei Personalauswahl und -entwicklung, Coaching und Training muss daher abgeraten werden."*

Auch das *HDI* („Hirndominanzinstrument") und die *16-PF* berufen sich auf veraltete Theorien und machen falsche Annahmen. Von beiden Verfahren wird von der erwähnten Studie der Universität Zürich ebenfalls abgeraten. Nur eines der neun untersuchten meistverwendeten Verfahren, das Bochumer Inventar zur berufsbezogenen Persönlichkeitsbeschreibung (*BIP)*, gilt laut der Studie als zeitgemäß und wissenschaftlich fundiert.

Akzeptanz von Testverfahren in anderen Ländern

In den anglo-amerikanischen Ländern ist die Nutzung von Eignungsdiagnostik in den Recruiting-Prozessen alltäglich. Auch in den meisten europäischen und skandinavischen Ländern sind eignungsdiagnostische Verfahren deutlich weiter verbreitet als in Deutschland. Die Gründe für die geringe Bekanntheit, die niedrige Akzeptanz und den seltenen Einsatz sind vermutlich vielfältig. Der beinahe unüberschaubare Markt mehr oder weniger brauchbarer Verfahren, die große Masse an Testverfahren, die wissenschaftlichen Ansprüchen nicht genügen, die teilweise zu geringe Berufsbezogenheit von vielen Verfahren – all das dürften Ursachen sein für den Nachholbedarf in Deutschland. Ebenfalls könnte in manchen Fällen der Einspruch des Betriebsrates einen Einsatz verhindert haben.

Notwendige Anzahl von Fragen

Um eine sinnvolle Anzahl von Kriterien zuverlässig zu ermitteln, ist eine entsprechende Menge an Fragen/Antworten notwendig. Ein Test, der mittels 25 Fragen ein umfangreiches Bild der Persönlichkeit erstellen will und 20 Seiten Auswertung liefert, ist unbrauchbar. Das von mir präferierte Verfahren ProfileXT umfasst zum Beispiel über 300 Fragen. Alleine im Bereich Verhaltensmerkmale werden über 180 Fragen gestellt, bei 9 Skalen ergibt das jeweils ca. 20 Fragen pro einzelnes Merkmal.

9.2 Kriterien für die Ermittlung der Qualität von diagnostischen Methoden und Tests

Das Recruiting ist sowohl für Unternehmen als auch (potenzielle) Mitarbeiter ein großer Hebel. Hier geht es rasch um hohe Summen und/oder auch menschliche Schicksale. Daher unterliegt dieser Bereich einer hohen Verantwortung – eine sorgfältige Auswahl der verwendeten Testsysteme ist dabei unbedingt notwendig. Leider muss ich Ihnen jetzt einen kleinen Ausflug in die Mathematik bzw. Statistik zumuten, damit Sie zukünftig Testverfahren besser beurteilen können.

Die Gütekriterien für Testverfahren (bzw. Messinstrumente allgemein) bauen aufeinander auf; ohne Objektivität gibt es keine Reliabilität, ohne Reliabilität existiert auch keine Validität.

9.2.1 Reliabilität (Zuverlässigkeit oder Reproduzierbarkeit)

Reliabilität misst die **Zuverlässigkeit einer Messung bzw. die formale Genauigkeit**. Ist der Test bzw. die Messung so konstruiert, dass bei einem erneuten Versuch bzw. einer weiteren Befragung unter den gleichen Umständen stabil das gleiche Ergebnis erreicht wird?

Beispiel für Reliabilität Ein Beispiel für eine reliable Frage ist *"Wie viele Mitarbeiter hat Ihr Unternehmen?"* – die Antwort ist recht eindeutig zu ermitteln. Die Frage *"Wie* *viele teamfähige Mitarbeiter hat Ihr Unternehmen"* erreicht nur eine geringe Reliabilität, da "teamfähig" nicht eindeutig definiert ist. Daher kann es zu unterschiedlichen Einschätzungen kommen.

9.2.2 Validität (Gültigkeit)

Die **Validität** gibt die **Eignung einer Frage oder eines Messverfahrens bezüglich der Zielsetzung** an. Eine Messung ist valide, wenn die erhobenen Werte geeignete Kennzahlen für die zu untersuchende Fragestellung liefern.

Beispiel Validität Für die Messung vom Körpergewicht ist die Waage das geeignete Tool. Ein Thermometer ergibt bei einer Messung auch einen Wert, aber eben die Körpertemperatur und nicht das Gewicht. Auch wenn der Test mit dem Thermometer sehr oft durchgeführt wird und immer die gleichen Ergebnisse bringt, also eine hohe Reliabilität (Zuverlässigkeit) erreicht, wird ein falscher Wert ermittelt, somit erreicht dieser Test keine Validität.

Ein Bespiel für eine geringe Validität aus der Praxis ist der Basketballer-Test der NBL, der jahrelang eingesetzt wurde. Sie finden eine ausführlichere Beschreibung im nächsten Kapitel unter „Leistungstests".

9.2.3 Objektivität oder Beobachterübereinstimmung

Die **Objektivität** von Fragen oder Messverfahren ist gegeben, wenn die **Antworten bzw. Messwerte unabhängig vom Interviewer bzw. Prüfer** sind.

Beispiel Objektivität Die Messung von Körpergewicht durch eine geeichte Waage ist eine objektive Messung (wenn wir die Gravitationsunterschiede auf der Erde vernachlässigen).

Befragt ein Chef ausscheidende Mitarbeiter zu den Gründen ihres Ausscheidens, werden die Aussagen keine vergleichbare Aussagekraft aufweisen, sie werden sehr subjektiv und situationsabhängig ausfallen, so dass durch diese Methode keine hohe Objektivität erreichbar ist.

9.3 Test-Arten

Es existiert eine unüberschaubare Menge an psychologischen Tests, die in verschiedene Testgruppen klassifiziert werden können. Selbst die Anzahl der für die berufliche Diagnostik relevanten Tools ist noch enorm hoch. Unsere Übersicht (Tab. 9.1) stammt vom ZPID-Leibnitz Institut Psychologie Information und enthält nicht alle am Markt befindlichen Angebote (Stand Nov. 2011).

Tab. 9.1 Test Classification mit Häufigkeiten. (Quelle: www.zpid.de/psychologie/testklassifikation.php, Hervorhebungen durch den Autor)

Subject Heading	Häufigkeit
Entwicklungstests inklusive Schulreifetests und gerontologische Verfahren	573
Intelligenztests mit Lernfähigkeitstests und Gedächtnistests	**475**
Kreativitätstests	23
Leistungs-, Fähigkeits- und Eignungstests mit Musikalitätstests und Sporttests	654
Verfahren zur Erfassung sensomotorischer Fähigkeiten	213
Schulleistungstests	431
Einstellungstests inklusive verkehrspsychologischer Tests, berufsbezogener Einstellungstests sowie arbeitspsychologischen Verfahren	**1691**
Interessentests	67
Persönlichkeitstests	**1256**
Projektive Verfahren	152
Klinische Verfahren	2973
Verhaltensskalen	201
Sonstige Verfahren inklusive Verfahren zur Erfassung soziographischer Daten sowie Explorations- und Anamneseschemata	159

Es existieren Testverfahren für komplett unterschiedliche Anwendungssituationen, von klinischen Tests über Teambildung oder Personalentwicklung bis zur Personalauswahl. Leider wird auch mancher Test aus dem Bereich Personalentwicklung zur Personalauswahl angeboten, obwohl sie hierfür nicht geeignet sind (aber natürlich einen weiteren Markt bieten). Selbst aus dem Bereich klinische Testverfahren werden leicht abgewandelte Tools plötzlich für das Recruiting angeboten – hier ist äußerste Vorsicht anzuraten, denn selbst gute Instrumente sind in der falschen Aufgabenstellung unbrauchbar.

Wir betrachten jetzt natürlich die für unseren Zweck der Personalauswahl angebotenen Testverfahren.

▶ Wer als Werkzeug nur den Hammer kennt, für den ist jedes Problem ein Nagel.

9.3.1 Persönlichkeitstests

Persönlichkeitstests sind psychologische Testverfahren, um anhand von Persönlichkeitsmerkmalen emotionale und motivationale Aspekte beschreiben und vorhersagen zu können. Ein guter Persönlichkeitstest hat natürlich wenig Ähnlichkeit mit den „Tests" aus (Frauen-) Zeitschriften, sondern ist fundiert und aussagekräftig. Zum Einsatz kommen solche Tests sowohl in der klinischen Diagnostik (auch zur Aufdeckung von Persönlichkeitsstörungen) als auch in Personalauswahl oder -entwicklung.

Die meisten Persönlichkeitstests basieren auf Fragen zu Selbstbeurteilungen, Fremdbeurteilungen und/oder bewerten mehrdeutiges Reizmaterial (zum Beispiel die bekannten Tintenkleckbilder, der umstrittene Rorschachtest).

Psychometrische Tests nutzen meist Fragebögen, um die Persönlichkeitsmerkmale einer Testperson mit den durchschnittlichen Werten einer Normstichprobe zu vergleichen. Viele der weitverbreiteten Tests gehören in diese Gruppe, unter anderem diverse „Persönlichkeitsinventare" (Hamburger, Trierer u. a.), die häufig allerdings auf veralteten psychologischen Modellen aufbauen, wie dem Big-Five-Modell basierend auf C.G. Jung aus den Kindertagen der Psychologie. Den sehr weit verbreiteten DISG-Systemen (ca. 200 Tests basieren auf dieser Testvariante,u. a. auch die Insights-Varianten) liegt das über 80 Jahre alte psychologische Modell zugrunde, das heute in Fachkreisen als „antiquiertes Modell ohne empirische Belege"[1] gilt. Diese Tests sind meiner Meinung nach geeignet als „Quick-and-Dirty"-Instrument für kleinere Aufgaben wie Teambuilding oder Coaching, aber keinesfalls für Personalauswahl.

Einer der wenigen für das Recruiting geeigneten Tests, der meine Anforderungen an Wissenschaftlichkeit als auch Pragmatik in der Anwendung erfüllt, ist der Test ProfileXT bzw. dessen Sales-Variante Profile Sales Assessment. Dieser umfassende Test ist eine Kombination von Intelligenztest (berufsbezogene Aspekte), Persönlichkeitstest und Motivations- oder Interessentest. Als einziges mir bekanntes Verfahren werden diese drei Aspekte in einem einzigen Testdurchgang genutzt, was die Akzeptanz bei Testpersonen deutlich erhöht, denn wenige Leute hätten Zeit und Lust, drei separate Testverfahren zu durchlaufen. Grundlage dieses Verfahrens ist immer ein konkretes Anforderungsprofil für eine Vakanz, anhand dessen die Eignung oder Passung von Kandidaten ermittelt wird. Dieser Person-Job-Match ist der wichtigste Faktor bei der erfolgreichen Stellenbesetzung.

9.3.2 Leistungstest

Leistungstests messen konkret messbare Leistungen wie Intelligenz (Problemlösungskompetenz), Kraft, Konzentrationsvermögen, Ausdauer, Merkfähigkeit oder ähnliche Messgrößen.

Bei Leistungstests muss man exakt bestimmen, ob die Kriterien, die gemessen werden, auch wirklich für den Erfolg wichtige Parameter sind. Ein Bespiel: In den USA sind Basketballmannschaften für Universitäten ein enorm wichtiger Faktor – hier werden nicht nur die zukünftigen Topspieler entdeckt und entwickelt, sondern ein Teil der Einnahmen der Unis generiert und auch entsprechende Ausgaben getätigt. Für das Recruiting von Basketballspielern wurde jahrelang höchst professionell ein Leistungstest bei jungen Bewerbern eingesetzt, um die sportartbezogene Leistungsfähigkeit abzuprüfen: das Vermögen, aus

---

[1] Prof. Claudia Eckstaller, Prof. Dr. Erika Spieß und Dipl. Psych. R. M. Woschée: *Stellungnahme des Berufsverbands deutscher PsychologInnen (BDP) zu einem Gutachten von Prof. Dr. Jäger über Insights MDI,* 2005

Abb. 9.1 Beispiel aus einem Intelligenztest, erfordert nichtsprachliche Logik

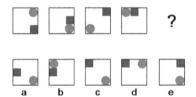

dem Stand hoch zu springen, auf den ersten Blick eine durchaus plausible Fähigkeit für einen Basketballspieler. Nachdem dieser Test einige Jahre durchgeführt wurde, erkannte jemand, dass von den Top-10 der Basketballspieler kaum einer in diesem Test bestanden hätte. Anscheinend existieren für gute Spieler ganz andere „kritische Erfolgsfaktoren". Der Auswahltest wurde konsequenterweise wieder abgeschafft – wie viele Fehler zweiter Ordnung durch diesen falschen Test entstanden, also wie viele geeignete Kandidaten dadurch fälschlicherweise als ungeeignet abgelehnt wurden, wird nie ermittelt werden können.

9.3.3 Kognitive Tests (spezieller Leistungstest)

Zu den kognitiven Fähigkeiten eines Menschen zählen zum Beispiel das Denken (Arbeitsgedächtnis), seine Aufmerksamkeit, die Lernfähigkeit sowie seine Erinnerung (Mittel- und Langzeitgedächtnis). Ebenso kann man Kreativität, Planen, Argumentation, den Willen darunter subsumieren. Zur Vereinfachung definieren wir jetzt kognitive Fähigkeiten als Intelligenz, allgemein ausgedrückt die Fähigkeit, Probleme zu lösen. Dementsprechend sind die Messungen in diesem Bereich Intelligenztests. Intelligenztests sind (unabhängig von Diskussionen zur genauen Definition und Umfänglichkeit von Intelligenz) seit vielen Jahren erforscht und (bei Auswahl von guten Tests) sehr aussagekräftig und zuverlässig. Zudem ist als Einzelaspekt die intellektuelle Leistungsfähigkeit nach wie vor der zuverlässigste Vorhersage-Indikator für beruflichen Erfolg.

Die (zur geforderten Aufgabenstellung passende) Intelligenz eines Kandidaten ist einer der wichtigen Aspekte für den Erfolg einer Besetzung. Hier kann nicht nur die offensichtliche Underperformance eines Kandidaten ein Problem darstellen (der Kandidat ist schlichtweg nicht intelligent genug für die Anforderungen dieser Position), sondern mittelfristig die kognitive Unterforderung (der Kandidat muss sein Potenzial nicht nutzen, er wird sich schnell langweilen oder eventuell seine Umgebung überfordern.). Die Passung der kognitiven Fähigkeiten hat also eine wichtige Funktion bei der Stellenbesetzung. Bei der Anwendung solcher Tests werden Sie vermutlich erstaunt sein, dass einige Menschen deutlich unter der von Ihnen vermuteten Leistungsfähigkeit liegen, andere dafür darüber.

Ein Beispiel für Aufgaben aus Intelligenztests zeigt Abb. 9.1.

(Die richtige Antwort finden Sie am Ende des Kapitels.)

9.3.4 Assessments in verschiedenen Varianten

Der Begriff Assessment (Beurteilung von fachlichen, persönlichen, sozialen und Führungs-Fähigkeiten von Fach- und Führungskräften) umfasst einige Ausprägungen, die wir kurz betrachten:

- **Assessment Center:** üblicherweise ein Gruppenverfahren (mehrere Kandidaten), bei dem die Teilnehmer unterschiedliche Aufgaben und Probleme lösen sollen. Dies reicht von bekannten Aufgaben wie Postkorbübung (Erkennen der Wichtigkeit und Dringlichkeit, Priorisieren, ggf. Delegieren und Verhalten unter Stress) bzw. modernere Varianten mit Emails, über Gruppendiskussionen zu vorgegebenen Problemen.
- **Einzel-Assessment**: vor allem für die erste und zweite Managementebene, hier werden Kandidaten einzeln „untersucht" und beurteilt.
- **Management-Audit**: ein bestehendes Management wird (von einer externen Beratung) bewertet. Anlässe sind Ist-Beurteilung des aktuellen Managements (z. B. beim Kauf eines Unternehmens) bis hin zur Planung von individuellen Entwicklungspfaden (Potenziale für Personalentwicklung).
- **Evaluations-Assessments**: Erfolgskontrolle von Qualifizierungsmaßnahmen
- **Online-Assessment**: Fragen und Aufgaben werden online beantwortet. Sehr einfache und preiswerte Durchführung.
- **Potenzial-Assessment**: Klärung von Stärken bei Schülern und Berufseinsteigern. Fähigkeiten und Potenziale werden unter dem Aspekt der beruflichen Orientierung betrachtet.

Üblicherweise werden innerhalb eines Assessment-Centers unterschiedliche Methoden angewendet, meist auch unter zusätzlichem Stress – in solchen Extremsituationen erhofft man sich aussagekräftige Prognosen. Die einzelnen Methoden, die verwendet werden, sind meist

- strukturierte Interviews
- Gruppendiskussionen
- Postkorb-Übung, teils auch mit anschließender Begründung der jeweiligen Entscheidungen
- Präsentationen
- Rollenspiele, in denen vor allem kritische Situationen durchgespielt werden
- Testverfahren (Intelligenztest, Persönlichkeitstest o.ä.)
- Manchmal ein gemeinschaftliches Essen (Gabeltest), bei dem neben den Tischmanieren auch das Verhalten gegenüber Servicepersonal beurteilt werden kann

Die Qualitätskriterien und den umfassenden Anforderungskatalog für Assessment Center, erstellt vom „Arbeitskreis Assessment-Center e.V.", finden Sie als pdf-Datei auf der Website zum Buch www.vertrieb-personal.de

Positive Aspekte des klassischen Assessment Center:

- Dauer der Beobachtung ist vergleichsweise länger als z. B. bei Interviews.
- Tatsächlich beobachtbares Verhalten wird als Beurteilungskriterium sichtbar versus geschildertem Verhalten wie in Interviews.
- Beurteilung anhand objektiver Skalen sowie durch mehrere Beobachter.

Negative Aspekte des klassischen Assessment Center:

- Die Situationen sind großenteils nicht wirklich praxisrelevant, sondern künstlich geschaffene „Testsituationen".
- Die zugrundeliegenden Kompetenzmodelle oder daraus resultierende Kriterien und Anforderungsprofile sind teilweise fragwürdig.
- Die Akzeptanz der Assessment Center ist bei (erfahrenen) Kandidaten nicht mehr so groß wie früher, insbesondere Führungskräfte setzen sich bei Unternehmenswechseln ungern einer solchen Situation aus.
- Ausgesprochen hoher Aufwand und entsprechend hohe Kosten aufgrund der unbedingt notwendigen Schulung der Beobachter, der großen Anzahl der Beobachter, der ausführlichen Vorbereitung von sinnvollen Szenarien, der Erstellung der Kriterien- und Auswertungskataloge sowie nicht zuletzt der Dauer der Durchführung.

Die Qualität und Vergleichbarkeit der Ergebnisse hängen stark von der Qualität der Beobachter ab. Das klassische Assessment Center erreicht eine durchschnittliche Validität zwischen 0.3 bis 0.4. Deutlich besser schneidet das Online-Assessment ProfileXT ab, es erreicht 0,7 im Mittel der Skalen.

Lösung zur Frage des Intelligenztests: d
Die verschiedenen Varianten der Assessments können entweder hausintern von der Personalabteilung erstellt und durchgeführt werden oder mit Unterstützung von externen Beratungsunternehmen Abb. 9.2.

Neben den genannten Schwierigkeiten und Einschränkungen bei der Nutzung von Assessment Centern sollte man auch wissen, dass mittlerweile neben Ratgeberbüchern auch Trainingsseminare zur Vorbereitung auf AC angeboten werden – pikanterweise teils von Unternehmen, die ihren Firmenkunden AC als Auswahlmethode anbieten. Hier stellt sich noch mehr die Frage, in wie weit ein „kurz angelerntes" Verhalten aus dem letzten AC-Training wirklich noch Aussagekraft hat für späteres Verhalten – und damit als Auswahlkriterium tauglich ist.

Meine Empfehlung sind Online-Assessments, da sie eine gute Aussagekraft mit einer einfachen Durchführung und geringen Kosten kombinieren. Ein Beispiel, das Profile XT, wird auf den nächsten Seiten vorgestellt.

9.3 Test-Arten

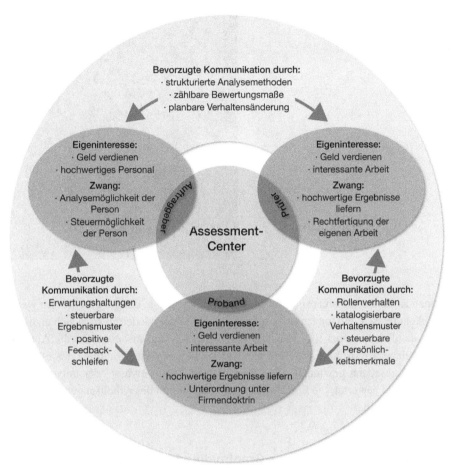

Abb. 9.2 Assessment-Center-Konflikte (Abb. angelehnt an Friedrich Graf, gefunden bei Wikipedia-Artikel „Assessmentcenter")

9.3.5 Arbeitsproben

Arbeitsproben können prinzipiell verschieden erstellt werden: ein Grafiker wird ausgewählte Arbeitsergebnisse der letzten Jahre präsentieren, ein Werbetexter ebenso z. B. Anzeigen präsentieren, die er textlich erstellt hat, ein Marketingspezialist vielleicht Kampagnen, die seine Arbeit von der Zielgruppenauswahl über Wahl der Sales-Channel bis zum Kommunikationskonzept aufzeigen. Aber wie kann ein Vertriebsmitarbeiter Arbeitsproben liefern? Umsatzzahlen aufführen? Daraus geht aber nicht das „Wie" des Arbeitsstils hervor – also wäre ein Tag „Probearbeiten" in der Abteilung eventuell eine sinnvolle Lösung: die Mitarbeiter und der Vorgesetzte bekommen einen besseren Eindruck vom zu-

Abb. 9.3 „Mit unserem neuen Recruiting Tool sehen wir sofort, ob Sie die Stelle bekommen"

künftigen Kollegen, anhand seiner Art und seiner Fragen kann einiges geschlossen werden zu Fachkenntnissen, Passung zum Team etc. Der Kandidat wiederum kann sich an diesem Tag ein deutlich besseres Bild machen, wie die Firma und insbesondere die Abteilung „tickt", welche Atmosphäre im Team herrscht, und einen ersten Eindruck des Führungsstils der Vorgesetzten gewinnen, alles Informationen, die, bewusst oder unbewusst aufgenommen und bewertet, die Entscheidung pro oder contra des Arbeitsangebotes auf eine breitere Basis stellt.

9.3.6 Sonstige Methoden wie Graphologische Gutachten, Sternenbefragung, Physiognomie-Diagnose …

Leider geistern auch in Deutschland immer noch obskure Möglichkeiten umher, wie angeblich eine Eignung oder eine Passung von Jobanforderung und Kandidaten zu ermitteln seien. Hier seien nur die graphologischen Methoden genannt, denen jede wissenschaftliche Untermauerung fehlt und die auch Mehrfach-Tests nicht bestehen. (Unterschiedliche „Tester" kommen bei der gleichen Schriftprobe zu unterschiedlichen Urteilen.) Ähnlich unwissenschaftlich und unzuverlässig funktionieren Beurteilungen aufgrund körperlicher Merkmale.

Astrologische Systeme oder sonstiges „Glaskugellesen" kommen tatsächlich noch ab und zu in der Praxis vor, ich behandle sie hier aber aus verständlichen Gründen nicht weiter (vgl. Abb. 9.3).

9.4 Online-Assessment am Beispiel von ProfileXT® [2]

Aus folgenden Gründen fiel nach jahrelanger Marktrecherche, welches Online-Assessment wir bei Consens Consult einsetzen und das an dieser Stelle vorgestellt wird, meine Wahl auf den Test ProfileXT bzw. seine Sales-Variante Profile Sales Assessment der Firma Profiles International:

- der einzige Test, der die drei Dimensionen kognitive Leistungsfähigkeit, Persönlichkeit und Interessen/Motivation in einem Test untersucht
- die guten wissenschaftlichen Fundamente und die hohe Testeignung (siehe Reliabilität, Validität etc.)
- die praktikable Durchführung, sowohl auf Papier als auch online, mit automatisierter sofortiger Auswertung durch das System
- der zeitliche Aufwand für die Durchführung des Verfahrens von 90 bis 120 min, der von Kandidaten akzeptiert wird
- die Internationalität, der Test kann in über dreißig Sprachen durchgeführt werden, eignet sich also auch für multinationale Unternehmen, die ein einheitliches Verfahren weltweit einsetzen wollen
- wirkliche kulturelle Anpassung an unterschiedliche geografische Regionen, samt Normgruppen etc., statt nur einer einfachen Übersetzung der Fragen
- unterschiedliche Möglichkeiten zur Erstellung eines Anforderungsprofils (Wunschprofil). Eine Möglichkeit ist ein unternehmensspezifisches Benchmarking der besonders erfolgreichen Vertriebsmitarbeiter eines Unternehmens – so wird die firmenindividuelle Top-Vertriebsmitarbeiter-„DNA" erkennbar und übersetzt in ein Anforderungsprofil, das für diverse Aufgaben genutzt werden kann.
- Dreizehn Auswertungen (Berichte und Grafiken) für unterschiedliche Aufgaben und Adressaten, vom Report für den Kandidaten über Auswertungen für das Interview samt Interviewfragen, Informationen für das Management, Auswertungen für Coaching bis hin zu rasch erfassbaren grafischen Aufbereitungen
- Die Variante Profile Sales Assessment ist noch spezifischer auf die Nutzung bei Verkaufs- und Vertriebsaufgaben zugeschnitten
- Zusatzinformationen für Vorgesetzte und die Personalentwicklung
- Möglichkeiten, ebenso interne wie externe Kandidaten zu testen als auch die bestehende Vertriebsmannschaft zu erfassen, um so Entwicklungspotenzial punktgenau feststellen zu können
- Ein dem Nutzen angemessenes Preis-Leistungs-Verhältnis

---

[2] Sowohl das Produkt als auch jeweils die Namen Profiles XT und Profiles Sales Assessment sind urheberrechtlich geschützt.

Spätestens seit den Untersuchungen von F. Schmidt und J. Hunter „The Validity and Utility of Selection Methods in Personnel Psychology" ist klar, welches die kritischen Erfolgsfaktoren bei einer neuen Position darstellen:

- kognitive Leistungsfähigkeit (**kann** jemand den Job durchführen?)
- Interessen und Motivation (**will** jemand den Job machen?)
- Persönlichkeit (**wie** wird jemand den Job machen?)
- Fachkenntnisse
- Ressourcen, die für die Lösung der Aufgaben zur Verfügung stehen

Der Faktor Fachkenntnisse lässt sich relativ leicht im Interview abfragen durch entsprechende Fragestellungen. Die der Position zugeteilten Ressourcen wie Zeit, Material, Budget, Mitarbeiter, Führung etc. sind dem Entscheider im Unternehmen bekannt – und normalerweise stellen diese Faktoren keine unnötige Limitierung des Erfolges dar. Am häufigsten wird es noch am Punkt Führungskraft hapern, dass diese nicht die notwendigen und sinnvollen Maßnahmen ergreift, um den Mitarbeiter erfolgreich werden zu lassen.

Die wesentlichen drei weiteren Faktoren für den Erfolg einer Person bei einer Aufgabe sind nicht zuverlässig erkennbar. Natürlich erhält ein Interviewer im Laufe der Gespräche einen Eindruck über die Intelligenz des Gegenübers – aber entsteht dieser Eindruck tatsächlich aufgrund der Intelligenz des Gesprächspartners? Oder täuscht eine hohe Kommunikationsfähigkeit gepaart mit dem Einsatz von Fremd- und Fachworten eine höhere geistige Leistungsfähigkeit vor als tatsächlich vorhanden? Sie kennen sicherlich aus Ihrer persönlichen Erfahrung Menschen, die Sie anfänglich für intelligenter hielten, als sie in Wirklichkeit sind – die aber längere Zeit diese „Täuschung" aufrecht erhalten konnten (ob willentlich oder unbewusst ist in diesem Zusammenhang unerheblich). Auf jeden Fall kann zum Beispiel ein guter Schauspieler für einige Gespräche eine Rolle spielen, die nicht seinem wahren Selbst entsprechend – nicht nur bezüglich intellektueller Leistungsfähigkeit, sondern noch deutlich mehr im Bereich Persönlichkeit. Hier ist ein objektivierender Test eine gute Hilfestellung, sei es um den persönlichen Eindruck zu bestätigen oder um Fehleinschätzungen zu minimieren.

Damit sind die drei Dimensionen klar, die mittels eines guten Tests erfassbar sind und die bei dem vorgestellten Profiles-Tests in einem einzigen zusammenhängenden Test abgefragt werden:

- Kognitive Fähigkeiten (bei ProfileXT „Denkmuster" genannt)
- Verhaltens/Persönlichkeit-Merkmale (Verhaltensmerkmale)
- Interessen (Berufsinteressen)

Die Ergebnisse aus über 300 Fragen aus den drei Bereichen werden ausgewertet und in zwanzig Skalen dargestellt. Beleuchten wir den Aufbau der Skalen genauer (Abb. 9.4) sowie anschließend auch einige der Skalen detaillierter.

Abb. 9.4 Die Skalen, die Werte und ihr normativer Rahmen

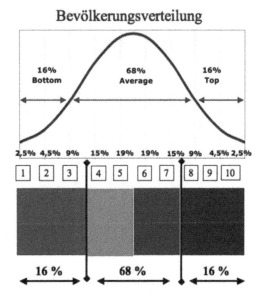

Die Verteilung der Ergebnisse anhand der Werte erfolgt für jedes Kriterium auf einer Skala von 1 bis 10 (STEN-Scale). Die Verteilung erfolgt gemäß einer Gaußschen Normalverteilung über die durchschnittliche arbeitende Bevölkerung.

In der Mitte, zwischen den Werten 4 bis 7, befindet sich also die breite Mehrheit der Durchschnittsbevölkerung (68 %). Diese Menschen verfügen über eine Kombination von beiden „Extrem"-Merkmalen in „normaler" Ausprägung. Je mehr die Ausprägung zu einer der beiden Seiten wandert, desto seltener ist sie und umso charakteristischer und deutlicher ausgeprägt sind die entsprechenden Eigenschaften.

9.4.1 Erste Dimension: kognitive Fähigkeiten, Intelligenz, Denkmuster

Beginnen wir mit den kognitiven Fähigkeiten, dem sogenannten Denkmuster, das die Teilbereiche der Intelligenz beleuchtet, die in den meisten beruflichen Umfeldern benötigt werden.

Die abgebildeten (Teil-)Bereiche der Kognition sind unterteilt in

- Lernindex
- Verbaler Ausdruck
- Verbales Denken
- Umgang mit Zahlen
- Numerisches Denken

Verbaler Ausdruck

Mitarbeiterbeschreibung - Kandidaten, die im üblichen Rahmen kommunizieren und auch schwierigere Sachverhalte wiedergeben können.

Niedriger Skalenwert
Kann langsam und nachdenklich in der Kommunikation sein

Die Kommunikation ist meist konkret und direkt

Hoher Skalenwert
Auch unter starkem Zeitdruck in der Lage, präzise zu kommunizieren

Kompetent darin, schriftliche und wörtliche Daten zu verstehen und anzuwenden

Skalenbeschreibung
Bewertung der Kommunikationsstärke mit Hilfe des verfügbaren Wortschatzes.

Abb. 9.5 Skala Verbaler Ausdruck

Betrachten wir jetzt beispielhaft zwei Skalen[3] genauer:

- **Verbaler Ausdruck – Verbale Ausdrucksfähigkeit aufgrund des zur Verfügung stehenden Wortschatzes:** Wie breit ist der Sprachschatz? Wie gut geht der/die Betreffende mit Wörtern um? Der verbale Ausdruck gibt Auskünfte über den Kommunikationsstil eines Mitarbeiters (Abb. 9.5).

Der Wert bemisst auch den zur Verfügung stehenden Wortschatz, allerdings nicht die völlig korrekte Verwendung aller Begrifflichkeiten.

Daher **Vorsicht**: HALO-Effekt (siehe auch im Kapitel „**Qualitäten eines guten Beurteilers** – Beurteilungsfehler beim Beurteiler")

- **Verbales Denken – Gebrauch von Wörtern als Grundlage für Denkprozesse und Problemlösungen:** Beschreibt die Fähigkeit, verbale Informationen zu verarbeiten, um zu neuen Schlussfolgerungen zu kommen. Je mehr Entscheidungen in einer Position getroffen werden müssen, desto eher dürfte die Fähigkeit erforderlich sein, komplexe Sachverhalte verbal darzustellen (Abb. 9.6).

Informationsaufnahme und Verarbeitung Dieser Wert beurteilt nicht ein (nicht) vorhandenes Fachvokabular, kann daher auch von allen (selbst branchenfremden) Testpersonen durchgeführt werden, umgekehrt sollte man in Gesprächen darauf achten, ob das übliche

---

[3] Die Grafiken der Skalen samt den integrierten Erläuterungen stammen von Profiles International, vielen Dank für die Abdruckgenehmigung.

Verbales Denken

Mitarbeiterbeschreibung - Kandidaten, die normale Kommunikationen mühelos verarbeiten und auch so manche komplexen Äußerungen analysieren und deuten können.

Niedriger Skalenwert
Könnte mehr Zeit benötigen, um neue schriftliche und mündliche Informationen zu bearbeiten

Könnte Herausforderungen in der Informationssammlung haben

Hoher Skalenwert
Starke Fähigkeiten, Informationen zu sammeln

Verarbeitet verbale Informationen schnell

Kann effektiver als andere aus sprachlichen Informationen Folgerungen abstrahieren.

Skalenbeschreibung
Anwendung von Wörtern als Grundlage für Überlegungen und Problemlösungen.

Abb. 9.6 Skala Verbales Denken

„Fachchinesisch" beherrscht wird, gegebenenfalls sollte der Interviewer nach dem Verständnis einzelner Begriffe fragen.

Anhand dieser beiden Skalen aus dem Bereich „Intelligenz" sieht man bereits die notwendige Differenzierung von oftmals als gleich oder ähnlich bewerteten Eigenschaften und Fähigkeiten. Wenn man beide Skalen undifferenziert gemeinsam beurteilt, zum Beispiel als „Sprachliche Kompetenz", geht viel Information verloren. Schlimmstenfalls wird ein wortgewandter Kandidat auf eine Position gebracht, die ihn in Punkto „Schlussfolgerung und Problemlösung" überfordert. Vergleichbar wäre es, wenn man die Fähigkeiten, mathematische Probleme zu lösen, also den Rechen- und Lösungsweg zu erkennen, gleichsetzen würde mit der Fähigkeit des Kopfrechnens. Fataler Fehler.

9.4.2 Zweite Dimension: Verhaltenstendenzen

- Energieebene
- Durchsetzungsstärke
- Soziale Ausrichtung
- Lenkbarkeit
- Grundeinstellung
- Entscheidungsstärke
- Kompromissbereitschaft
- Unabhängigkeit
- Objektivität

Energie-Ebene

Mitarbeiterbeschreibung - Kandidaten, die auch über lange Strecken hohen Anforderungen an Zeit und Energie entsprechen können, aber keinen Extrembelastungen ausgesetzt werden sollten.

Niedriger Skalenwert
Gut in methodischen Prozessen
Geduldig, gute Konzentration auf die Aufgabe

Hoher Skalenwert
Selbst-Starter, neigt zu Multi-tasking
Kann sich selbst motivieren

Skalenbeschreibung
Tendenz zur Ausdauer und Potenzial für Schnelligkeit.

Abb. 9.7 Skala Energie-Ebene

Und wieder betrachten wir einige Skalen etwas detaillierter:

- **Energie-Ebene – Tendenz zur Ausdauer und Potenzial für Schnelligkeit:** Bei dieser Skala (Abb. 9.7) geht es um Effizienz, Nutzung der Zeit und das Arbeitstempo. Stimmt der Energiewert des Mitarbeiters mit dem an seinem Arbeitsplatz erforderlichen Arbeitsrhythmus überein, so dürfte auch die Arbeitseffizienz entsprechend hoch sein.

Empfehlung: bei Positionen mit viel Druck (Zeit/Ergebnis/Sozialem Druck) empfiehlt Profiles International bei der Energieebene mindestens einen Wert von 5.

- **Durchsetzungsstärke – Gradmesser für allgemeine Selbstsicherheit und Durchsetzungsfähigkeit (Abb. 9.8):** Geht oft einher mit der Vorliebe, Einfluss auszuüben, die Kontrolle zu übernehmen und andere zu beeinflussen.

Dieser Aspekt ist in zweierlei Hinsicht interessant: ist der Kandidat im gewünschten Spektrum, um mit seinen Kunden zukünftig erfolgreich (und dauerhaft) Geschäfte machen zu können – ausreichend Führung in der Abschlussphase zu übernehmen, aber seine Kunden nicht zu überfahren oder unangenehm zu wirken? Auf der anderen Seite (firmenintern): passt dieser Wert in die Aufgabe (z. B. Außendienst mit langen Perioden ohne Kontakt zu Mitarbeitern oder Vorgesetzten) und in das Team, auch unter dem Stichwort Führung?

- **Entscheidungsstärke – Misst die Bereitschaft, Entscheidungen unter Risiko und/oder Zeitdruck zu treffen (Abb. 9.9):** Dabei geht es auch um die Bereitschaft, aus Zeitgründen einen möglichen Misserfolg oder eine Fehleinschätzung zu riskieren.

Durchsetzungsstärke

Mitarbeiterbeschreibung - Kandidaten, die gern Führungsaufgaben übernehmen, sich aber auch nicht weigern, wenn nötig, Anweisungen zu befolgen.

Niedriger Skalenwert
Akzeptiert bereitwillig Führung und verhält sich diplomatisch

Geringes Bedürfnis, andere zu kontrollieren

Hoher Skalenwert
Übernimmt gern die Führung, will sich behaupten

Ergebnisorientiert, wettbewerbsorientiert

Skalenbeschreibung
Tendenz, Menschen zu führen und Situationen zu kontrollieren.

Abb. 9.8 Skala Durchsetzungsstärke

Entscheidungsstärke

Mitarbeiterbeschreibung - Kandidaten, die Entscheidungen meist zeitnah und zügig treffen können.

Niedriger Skalenwert
Ist typischerweise nicht impulsiv

Bevorzugt eine methodische Herangehensweise

Analysiert, bevor entschieden wird

Hoher Skalenwert
Trifft schnelle Entscheidungen

Akzeptiert Risiko in den meisten Situationen

Skalenbeschreibung
Nutzt verfügbare Informationen für schnelle Entscheidungen.

Abb. 9.9 Skala Entscheidungsstärke

Ein zu geringer Wert (immer in Bezug zum zugrundeliegenden Anforderungsprofil) kann bedeuten, dass der Kandidat von seinen Entscheidungen selbst nicht sehr überzeugt ist und schnell schwanken kann.

Ein zu hoher Wert kann darauf hin deuten, dass der Kandidat anstehende Entscheidungen nicht gründlich genug vorbereitet und dadurch unnötige Risiken eingehen könnte.

Kompromissfähigkeit

Mitarbeiterbeschreibung - Kandidaten, die meist auf die Bedürfnisse von Kunden und Kollegen eingehen, aber dies unter schwierigen Verhältnissen nicht beständig durchhalten wollen, um ihre Leistung zu bringen.

Niedriger Skalenwert
Kann gelegentlich unbequem sein

Könnte zu standhaft wirken

Folgt der Gruppendynamik normalerweise nicht, um mit den anderen gut auszukommen

Hoher Skalenwert
Kooperativ, Harmonisch

Meidet Konflikte und folgt gerne der Gruppe

Skalenbeschreibung
Tendenz zur Freundlichkeit, Kooperation und Einvernehmlichkeit. Ein Team-Player.

Abb. 9.10 Skala Kompromissfähigkeit

- **Kompromissfähigkeit – Tendenz zur Kooperationsbereitschaft, Teamplayer (Abb. 9.10):** Kompromissfähigkeit geht mit der Fähigkeit einher, auf die Belange einer Gruppe einzugehen, also bereit zu sein, die Bedürfnisse der Gruppenmitglieder zu berücksichtigen und ein "Team Player" zu sein.

Ein sehr geringer Wert in Bezug zum Anforderungsprofil kann zu mangelnder Geduld für die Meinungen und Gefühle von Kunden bedeuten. Die Kooperation mit dem Verkaufsteam könnte leiden. Ein zu hoher Wert kann darauf hindeuten, dass der Kandidat mit dem Verkaufsabschluss Schwierigkeiten hat, er zu sehr nur die Bedürfnisse des Kunden im Fokus hat.

9.4.3 Dritte Dimension: Berufsinteressen

- Unternehmergeist
- Finanzen/Verwaltung
- Dienst am Menschen
- Technologie/Wissenschaft
- Mechanik

Tab. 9.2 Unternehmergeist

Niedrige Ausprägung	Mittlere Ausprägung	Hohe Ausprägung
Im Allgemeinen wenig Interesse an Unternehmensfragen	**Interesse an Beschäftigungen, die Überzeugungskraft und wettbewerbsorientiertes Handeln erfordern**	Interesse an: - Unternehmensfragen - Verkaufsstrategien - Gewinnorientierung - andere zu überzeugen - Initiative zu entwickeln
Tut sich schwer mit Verkaufsstrategien und Verhandlungen	Unternehmensfragen stehen für solche Menschen oft im Vordergrund	Tendiert dazu, die Führung zu übernehmen

Dieser Bereich ist strukturell etwas anders aufgebaut, hier wird nach der Rangfolge von Motivationen und Interessen bei der jeweiligen Person gesucht, unabhängig von einer Referenzgruppe wie bei den anderen Bereichen (Denkmuster und Verhaltensmerkmale). Oder in Fachchinesisch ausgedrückt: der Bereich Berufsinteressen wird nicht wie die beiden anderen Bereich normativ, sondern ipsativ beurteilt. Daher wird dort auch auf eine exakte Skala verzichtet, um keine Scheingenauigkeit zu vermitteln.

Betrachten wir eine der fünf Berufsinteressen, beispielhaft den **Unternehmergeist** (Tab. 9.2).

Das Kriterium, das bei Profiles Unternehmergeist genannt wird, umfasst auch das „Verkaufen wollen", Gesprächspartner überzeugen zu wollen, ist also ein wirklich essentieller Part für Vertriebsmitarbeiter. Ein ausschließlich lösungsorientierter Verkäufer ohne Gewinnorientierung hilft seinen Kunden, koste es sein Unternehmen, was es wolle.

9.4.4 Aussagen bei Kombination von mehreren Faktoren

Neben den Informationen aus den einzelnen Skalen, die sehr aufschlussreich sind, können auch mehrere Skalen gemeinsam beurteilt werden, um weitere Informationen, teils konkret zu beruflichen Aufgaben, zu erhalten.

So ist zum Beispiel bei der Beurteilung der Eignung für klassische Vertriebsaufgaben (mit hohem Anteil Kaltakquise) besonders wichtig, dass folgende Kriterien gleichzeitig zutreffen:

- Energieebene hoch (je mehr Kaltakquise, desto höher)
- Durchsetzungsstärke hoch (wichtig für die Verkaufsabschlüsse)
- Entscheidungsstärke mittel bis hoch
- Kompromissfähigkeit niedrig bis mittelhoch, je nach Produkt
- Unabhängigkeit (je nach Arbeitssituation, sollte bei freien Handelsvertretern z. B. sehr hoch sein)

9.5 Anwendungsvorteile

9.5.1 Anforderungsprofile erstellen

Um die Anforderungsprofile zu erstellen, bieten sich drei Möglichkeiten an:

- **Interview:** In einem kurzen Interview werden Fragen zur Häufigkeit von konkreten Aufgaben gestellt, die zum Beispiel ein Vorgesetzter, ein Kollege mit gleichem Aufgabengebiet oder ein „Amtsvorgänger" beantworten kann. (Bei Personen, die die gleichen Aufgaben bearbeiten, ist häufig etwas „Überhöhung" zu beobachten, da kann man die Ergebnisse manchmal ein bisschen nach unten korrigieren.)
- **Datenbank:** Es existiert eine Datenbank mit vielen Musterprofilen für diverse Positionen, aus denen man praxisnahe Anforderungsprofile nutzen kann – und sie, falls gewünscht, noch weiter an konkrete Erfordernisse anpassen kann.
- **Benchmarking:** Der Königsweg zur Erstellung eines Anforderungsprofils läuft über eine Analyse der (besonders erfolgreichen) Mitarbeiter in diesem Bereich. Für eine Vertriebsposition kann man zum Beispiel die zehn Prozent der erfolgreichsten Vertriebsmitarbeiter und einige Low-Performer dagegen testen (um die tatsächlichen erfolgskritischen Skalen zu identifizieren). So erhält man ein sehr individuelles Anforderungsprofil „Vertriebsmitarbeiter" für eine spezifische Firma mit ihren Angeboten, ihrer individuellen Kultur und Vertriebsstrategie, für Mitarbeiter, die im bearbeiteten Kundensegment geprüft erfolgreich sind. So wird die „gemeinsame DNS" der erfolgreichen Vertriebsmitarbeiter in diesem Unternehmen sichtbar, verständlich und messbar. Diese Methode funktioniert allerdings nur bei Unternehmen, die eine kritische Menge an Vertriebsmitarbeitern beschäftigt.

Nehmen wir uns zwei konkrete Positionen vor und betrachten wir, inwieweit die Anforderungsprofile sich unterscheiden (Abb. 9.11 und 9.12).

Wir sehen wieder auf den ersten Blick, dass sich die Profile selbstverständlich deutlich voneinander unterscheiden. Die intellektuellen Herausforderungen sind beim Key Account Manager etwas anspruchsvoller. Bei den Persönlichkeitsmerkmalen differieren die Anforderungen ebenfalls – wird einerseits ein schnelleres, kurzfristiges Geschäft mit dem Arzt durchgeführt, sind die Verkaufsphasen bei großen Investitionen in Krankenhäusern deutlich länger, es müssen diverse Fachbereiche und Personen überzeugt werden, die Kundenverbindung wird auch nach dem Kauf durch Serviceleistungen bestehen. Auf den Sport übertragen, wäre der eine ein Sprinter, der andere ein Marathonläufer. Ebenso wenig wie eine dieser Sportdisziplinen per se besser oder schlechter ist als die andere, so wenig kann man den einen als „besseren Sportler" oder „besseren Vertriebsmitarbeiter" einstufen als den anderen. Es kommt immer auf die Passung von jeweiliger Aufgabe und entsprechender Person an, das kann ich nicht oft genug wiederholen. Die Rahmenbedingungen, innerhalb derer die beiden Positionen arbeiten, differieren auch – lange Phasen des Außendienstes ohne oder nur mit wenig Kontakt zum Unternehmen erfordern andere

9.5 Anwendungsvorteile

Grafischer Überblick

Die markierten Boxen repräsentieren das ADM Pharma Medizintechnik [14042] Anforderungsprofil

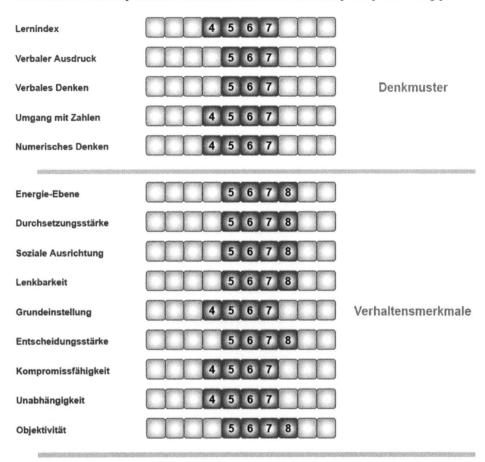

Der Vergleichsprozess für Interessen beschäftigt sich mit den drei Hauptinteressen eines Anforderungsprofils und wie genau die Übereinstimmung mit den drei Hauptinteressen eines Kandidaten ist. Die drei Hauptinteressen für dieses Profil werden der Bewertung nach von oben nach unten aufgelistet.

Abb. 9.11 Beispiel eines Anforderungsprofils für Außendienstmitarbeiter im Sektor Medizintechnik

Grafischer Überblick

Die markierten Boxen repräsentieren das Key Account Manager [Handel] Anforderungsprofil

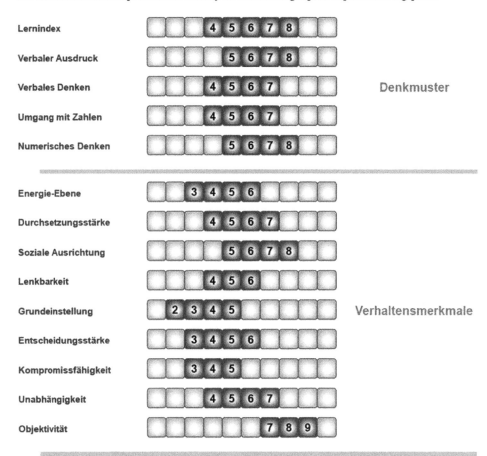

Der Vergleichsprozess für Interessen beschäftigt sich mit den drei Hauptinteressen eines Anforderungsprofils und wie genau die Übereinstimmung mit den drei Hauptinteressen eines Kandidaten ist. Die drei Hauptinteressen für dieses Profil werden der Bewertung nach von oben nach unten aufgelistet.

Abb. 9.12 Anforderungsprofil eines Key Account Managers in der Medizintechnik

psychische Voraussetzungen als eine Teamarbeit innerhalb eines Unternehmens mit gelegentlichem Kundenkontakt.

9.5.2 Durchführung

Ein Testverfahren muss nicht nur die wissenschaftlichen Qualitätskriterien erfüllen, sondern muss in der Praxis gut durchführbar sein, das heißt der Aufwand sowohl für das Unternehmen als auch für die Kandidaten muss in akzeptablen Rahmen bleiben. Ein Verfahren, das zum Beispiel zu zeitaufwendig ist, so dass es von Kandidaten abgelehnt wird, hilft dem Unternehmen nicht. Profiles International bietet hier praxisorientierte Lösungen an:

Elektronisch – das Profiling kann vor Ort im Unternehmen durchgeführt werden, genauso können die Kandidaten es aber auch daheim vor dem PC durchführen.

Auch eine Durchführung des Profilings in Papierform ist möglich, so dass ein Unternehmen zum Beispiel zeitgleich eine größere Gruppe von Kandidaten (oder Mitarbeitern) das Assessment durchführen kann.

Welche Ausführung für Ihren Zweck die sinnvollere ist, sollte dann bei der konkreten Aufgabenstellung diskutiert werden.

9.5.3 Berichte

ProfileXT und Sales Assessment bieten 13 Auswertungen, die als Berichte oder Grafiken für unterschiedliche Zwecke und/oder Empfänger gedacht sind. Eine detaillierte Übersicht über die Berichte finden Sie einige Seiten weiter.

Die speziell für das Recruiting wichtigste Auswertung ist der Interviewbericht und seine Derivate sowie für die erfahrenen User der grafische Überblick.

Betrachten wir jetzt konkret die Ergebnisse von zwei Kandidaten anhand von Grafiken, die sich für die Position „Vertrieb Medizintechnik Radiologie" bewerben. Das Anforderungsprofil haben wir im letzten Kapitel kennen gelernt. Die Auswertungen der beiden Kandidaten lassen in der grafischen Übersicht sofort die Passung zum Sollprofil erkennen.

Auswertungsbeispiel für unterschiedliche Eignung für eine Position (Job-Match) (Abb. 9.13)

Die Dimensionen, bei denen der Kandidat nicht mehr innerhalb der Sollbandbreite liegt, sind im Bericht farblich hervorgehoben und sofort erkennbar. Bei Abweichungen muss man bedenken: wie groß ist die Abweichung (ist sie nur gering und der Kandidat wird eingestellt, sollte man bei diesem Aspekt bei der Führung gegebenenfalls besonderes Augenmerk widmen) – und noch wichtiger: Ist diese Dimension tatsächlich erfolgskritisch für diese konkrete Position oder dient sie in diesem Falle eher der Einschätzung und der Information, z. B. für den Vorgesetzten, der bei einem „Bauchmenschen" anders kommunizieren sollte als bei einem Mitarbeiter mit hoher Objektivität? Abb. 9.14 zeigt

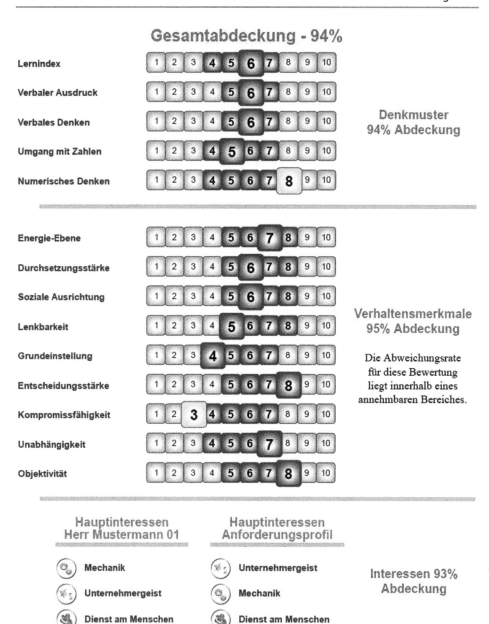

Abb. 9.13 A-Kandidat für das Anforderungsprofil Außendienst Medizintechnik

9.5 Anwendungsvorteile

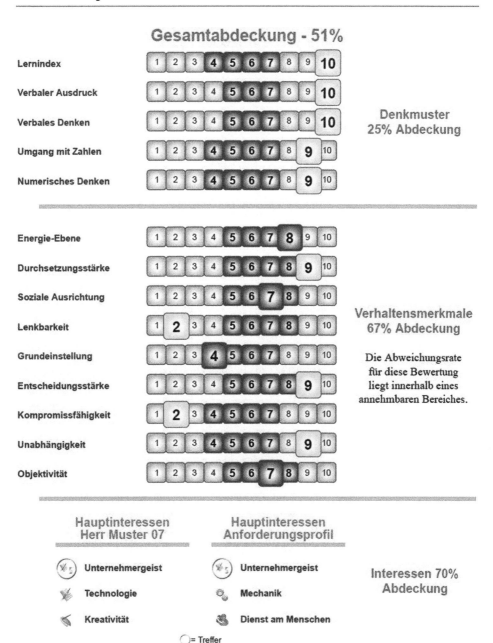

Abb. 9.14 C-Kandidat (Mario Muster07) mit schlechter Passung zum Anforderungsprofil Außendienst Medizintechnik

Verbales Denken

Anwendung von Wörtern als Grundlage für Überlegungen und Problemlösungen.

Betrachtung der Ergebnismerkmale

Beim verbalen Denken liegt Herr Muster 07 über dem angestrebten Wert des Anforderungsprofils für die Verkaufsposition. Seine Fähigkeit, verbale Probleme zu lösen, liegt oberhalb dessen, was für die Position normalerweise erforderlich wäre. Mangelnde Gelegenheit, seine Fähigkeit einzusetzen, könnte ihn zuweilen frustrieren. Finden Sie im Gespräch heraus, ob die Position ihn auch ausreichend motivieren würde, um optimale Leistungsbereitschaft zu ermöglichen.

Interview-Fragen

- Kommt es schon mal vor, dass Ihre Verkaufsinteressenten mal verwirrt sind und nicht alles verstanden haben, nachdem Sie Ihr Produkt oder Ihre Dienstleistung vorgestellt haben?
  Notizen

- Kommt es vor, dass, wenn Sie E-Mails, Notizen oder Memos verfassen, andere Ihnen vorschlagen, sich klarer auszudrücken und den Inhalt unmissverständlicher zu sagen? Haben Sie ein Beispiel parat?
  Notizen

- Welche Techniken nutzen Sie, wenn Sie es mit jemandem zu tun haben, der Ihnen sprachlich nicht gewachsen zu sein scheint? Wie machen Sie sich ihm verständlich?
  Notizen

- Wenn Sie sich mit Personen unterhalten, kommt es da gelegentlich vor, dass Ihr Gegenüber Ihren Gedankengang nicht ganz folgen kann? Woher wissen Sie, wenn Ihre Gesprächspartner den Faden verloren haben? Und wie gelingt es Ihnen, sich dennoch verständlich zu machen?
  Notizen

Abb. 9.15 Vorschläge für Interviewfragen zum Verbalen Denken

einen C-Kandidaten mit schlechter Passung zum Anforderungsprofil Außendienst Medizintechnik.

Anmerkungen zur Auswertung des C-Kandidaten: Gravierende Unterschiede finden wir im Bereich Denkmuster sowie bei den Persönlichkeitsmerkmalen, das ist aus der Grafik auf einen Blick zu lesen. Welche Hilfestellungen bietet das System dem Anwender, um die Ergebnisse besser zu bewerten und festzustellen, wie der Kandidat mit diesen Aspekten umgeht? Abb. 9.15 zeigt Beispiele der Hinweise und Vorschläge für Interviewfragen direkt aus dem Interview-Leitfaden für unseren C-Kandidaten.

Lenkbarkeit

Tendenz, Vorschriften zu beachten, externe Kontrolle zu akzeptieren und Regeln einzuhalten.

Betrachtung der Ergebnismerkmale

Bei der Lenkbarkeitsskala liegt Herr Muster 07 unter dem angestrebten Wert der Verkaufsposition. Seine Bereitschaft, sich an Regeln zu halten, ist geringer, als dies die in Frage kommende Position normalerweise erfordert. Insofern könnte es in diesem Bereich zu Problemen kommen. Im Gespräch mit ihm sollten Sie herausfinden, wie bereit er sein kann, sich an die Zwänge einer Verkaufsorganisation zu halten.

Abb. 9.16 Interviewvorschläge zum Thema Lenkbarkeit

Kompromissfähigkeit

Tendenz zur Freundlichkeit, Kooperation und Einvernehmlichkeit. Ein Team-Player.

Betrachtung der Ergebnismerkmale

In Bezug auf seine Kompromissfähigkeit liegt Herr Muster 07 unter dem angestrebten Wert des Anforderungsprofils. Seine Geduld in Bezug auf die Meinung und Gefühle von Kunden und Interessenten könnte im Vergleich zu den gewünschten Anforderungen eventuell zu gering sein.

Abb. 9.17 Skala Kompromissfähigkeit

Eine weitere große Abweichung finden wir beim Thema Lenkbarkeit, ein gerade auch im Außendienst wichtiger Bereich (vgl. Abb. 9.16).

Abb. 9.17 zeigt die Skala Kompromissfähigkeit.

Eine Besonderheit beim Verfahren Profiles Sales Assessment ist der besondere Schwerpunkt auf dem Aspekt der Vertriebsaufgaben. Hierfür werden im Interviewleitfaden noch gesonderte Hinweise auf erfolgskritische Faktoren gegeben, Abb. 9.18 gibt ein Beispiel.

9.5.4 Überblick über die verschiedenen Auswertungen und Berichte

Bei ProfileXT und Profile Sales Assessment stehen bis zu 13 detaillierte und informative Berichte und Grafiken zur Verfügung. Diese Anzahl gewährleistet, dass moderne Unternehmen, die innovative Instrumente gerne für unterschiedliche Einsatzbereiche einsetzen, immer geeignete Auswertungen zur Verfügung haben. Mit anderen Worten: vielfältige Berichte für vielfältige Einsatzmöglichkeiten.

Kritische Verkaufsdisposition

Dieser Bereich beschreibt die Charakteristika von Herrn Muster 07 in Bezug auf sieben kritische Verkaufsdispositionen. Die Beschreibung in diesem Bereich basiert nur auf seinen Verhaltensmerkmalen und berücksichtigt nicht seine Übereinstimmung in den Bereichen Denkmuster oder Berufsinteressen.

Dies sind Verkaufsdispositionen, die von den meisten Menschen mit ähnlichen Ergebnissen in den Verhaltensmerkmalen geteilt werden. Es ist jedoch wichtig, sich daran zu erinnern, dass es große Unterschiede zwischen den Verkaufspersonen und der einzelnen Verkaufsposition geben kann. Abhängig von Faktoren wie: Art der Verkaufsorganisation, der verkauften Produkte oder Dienste, geografische Region, etc. Diese Unterschiede werden durch die große Vielfalt von verschiedenen Anforderungsprofilen, die man in der Verkaufsindustrie finden kann, bewiesen. Aus diesen Gründen sollten Sie seine Übereinstimmung mit dieser spezifischen Position in Ihren Entscheidungsprozess mit einfließen lassen.

Prospecting
Herr Muster 07 folgt in der Regel Interessenten so lange, bis sie zum Kauf qualifiziert sind. Herr Muster 07 investiert viel Energie in den Vorgang. Er genießt es, mit großer Selbstständigkeit und Flexibilität, eigenständig eine Liste von Interessenten zu erstellen.

Verkaufsabschluss
Herr Muster 07 bewegt sich in der Regel von Beginn einer Präsentation an auf den Verkaufsabschluss zu. Sein Selbstvertrauen und seine Wettbewerbsfähigkeit sind ziemlich hoch. Er sollte konstant die Motivation haben, die angebotenen Leistungen in den besten Perspektiven zu präsentieren, damit der Interessent Bedarf entwickeln kann. Herr Muster 07 ist gewillt, seinen Ansatz, einen Verkauf abzuschließen, der Situation anzupassen und zeigt eine gute Beharrlichkeit dabei.

Anrufhemmnis
Normalerweise sind für Herrn Muster 07 Anrufhemmungen kein wirkliches Problem. Seine hohe Motivation führt eher dazu, dass er schnell handelt, als dass er darauf wartet, dass etwas geschieht. Durch seine Resistenz gegen Ablehnung wird Herr Muster 07 wenig mit Unsicherheiten in Bezug auf seine Ziele zu kämpfen haben. Er sollte gewillt sein, den Verkaufsprozess bis zum Abschluss zu verfolgen. Seine hohe Verkaufsmotivation hilft ihm, etwaige Zweifel während des Prozesses zu überwinden.

Abb. 9.18 Aussagen zu erfolgskritischen Aspekten im Vertrieb

9.5 Anwendungsvorteile

Eigeninitiative

Normalerweise akzeptiert Herr Muster 07 es mit Interesse, wenn die Gelegenheit gegeben ist, in seine täglichen Abläufe Reize einzubauen. Der Rummel und Stress eines schnellen Berufs sind sehr motivierend für ihn. Sehr motiviert und aktiv sollte Herr Muster 07 sich als Person beweisen können, die auch in schlechten Zeiten Inititive ergreifen kann und weiß, wie Ressourcen effektiv zu nutzen sind. Herr Muster 07 arbeitet selbstständig die Details aus, wie Aufgaben zu bewältigen sind und akzeptiert gerne weitere Herausforderungen, um seine Energie auszulasten. Seine Selbstständigkeit und Individualität sind höher als die von vielen anderen, was zu einzigartigen Zielsetzungen und Leistungen führt. Herr Muster 07 ist aus sich selbst heraus motiviert und kann gelegentlich die Führung übernehmen, um andere zu fördern. Er könnte größere Herausforderungen benötigen, um Initiative und Erfüllung in seiner Aufgabe zu finden.

Zusammenarbeit im Team

Es fällt Herr Muster 07 leicht, andere anzuleiten und die Richtung vorzugeben. Wenn ein Konkurrenzkampf ansteht, ist Herr Muster 07 bereit, sich dem zu stellen und ist vielleicht daran interessiert, andere zu herausfordernden Zielen zu führen. Seine Selbstständigkeit und Individualität sind höher als die der meisten anderen und zeigen seine hohe Wettbewerbsfähigkeit und Unabhängigkeit; das mag seine Bereitschaft, gemeinsame Team-Bemühungen zu fördern, überschatten. Herr Muster 07 könnte es eher bevorzugen, eigene Ziele zu verfolgen und eigene Methoden zu etablieren, als sich dem allgemeinen Konsens anzupassen. Herr Muster 07 ist aus sich selbst heraus motiviert und übernimmt die Führung als Quelle des Antriebs für andere.

Beziehungen aufbauen und halten

Mit hoher Selbstständigkeit ergänzt Herr Muster 07 die Konsequenz von Aufbau und Pflege von Kontakten. Das Tempo, mit dem er Kontaktanbahnende Aufgaben übernimmt, könnte manche überfordern. Ermutigen Sie ihn deswegen, auf die Reaktionen während der ersten Kommunikation zu achten. So kann er seine Fähigkeiten ausbauen, engere Kontakte mit Kunden herzustellen und sich dabei selbstständig beobachten, was seinem Bedarf nach Unabhängigkeit entgegenkommt. Herr Muster 07 ist normalerweise auch gewillt, über die regulären Arbeitszeiten hinaus zu arbeiten.

Kompensations-Disposition

Wenn ein Wettbewerb ansteht, ist Herr Muster 07 meist bereit, sich dem zu stellen. Herr Muster 07 ist hauptsächlich durch den Gewinn und die Jagd, die in einem erfolgreichen Verkauf endet, motiviert. Er hat eine hoch entwickelte Verkaufsmotivation und ist darauf fokussiert, Ergebnisse zu erzielen. Er hat ein starkes Selbstvertrauen, das zu seiner Motivation und seinem Kompensationsbedürfnis beitragen wird. Herr Muster 07 ist aus sich selbst heraus motiviert und kann gelegentlich die Führung übernehmen, um andere zu ermutigen. Auch wenn der Service, den er Kunden bietet, essentiell für ihn ist, ist der Aspekt des erfolgreichen Verkaufs in der Regel die größte Belohnung für ihn.

Abb. 9.18 (Fortsetzung)

Zum Anforderungsprofil

- **Anforderungsprofil-Analyse**: Dieser Bericht ist eine detaillierte und profunde Informationsquelle für eine ausgesuchte Position. Die Anforderungsprofil-Analyse beschreibt zum einen eine Position und zum anderen eine Person, die sich mit ihren Ergebnissen innerhalb des Anforderungsprofils befindet. Wenn in der Folge eine solche Person gefunden wird, kann man von optimalem Job-Fit sprechen. In diesen Berichten sind die Kriterien des Anforderungsprofils so zusammengefasst und erläutert, dass auch Vorgesetzte, Kollegen oder andere Nicht-Profiling-Experten die Kriterien verstehen und deren Richtigkeit bestätigen oder korrigieren können
- **Anforderungsprofil-Beschreibung**: Komprimierter Bericht im Vergleich zur Anforderungsprofil-Analyse – beschreibt Wunschkandidaten, die optimal auf das Profil passen würden.
- **Anforderungsprofil-Grafik**: Diese Grafik zeigt eine übersichtliche Zusammenfassung einer ausgewählten Position. Alle Skalen reichen von 1 bis 10 und zeigen innerhalb der Skalierung die angestrebte Bandbreite des Anforderungsprofils.

Für Kandidaten

- **Persönlicher Bericht**: Die Verhaltensforschung hat bewiesen, dass die erfolgreichsten Menschen die sind, die sich selbst gut kennen. Dieser Bericht ist ein direkter Feedback-Bericht für den Kandidaten und beschreibt den Kandidaten auf Basis der abgefragten Dimensionen.
- **Persönliche Grafik**: Die Persönliche Grafik zeigt dem Kandidaten die individuellen Ergebnisse übersichtlich auf einer Seite. Diese Grafik skaliert die Ergebnisse in allen abgefragten Skalen von 1 bis 10 und gibt dem Kandidaten eine Grundlage zur persönlichen Standortbestimmung.

Für Interviewer und Recruiting-Aufgaben

- **Interview-Leitfaden**: Das Interview ist ein wichtiger Teil des Auswahlprozesses; Untersuchungen zeigen jedoch, dass die meisten Interviews in der Praxis leider nicht optimal durchgeführt werden. Dieser Leitfaden enthält auf 20 bis 25 Seiten Vorschläge für individuelle Fragen, die im Interview genutzt werden können, damit ein möglichst aussagefähiger Eindruck über einen Kandidaten entsteht.
- **Interview-Leitfaden – Abweichungsbereiche**: In diesem Bericht sind – wie im Management-Kurzbericht – die umfassenden und detaillierten Informationen so fokussiert, dass das Augenmerk ausschließlich auf den Bereichen liegt, in denen Personen-Profil und Stellen-Profil voneinander abweichen.
- **Grafischer Überblick**: Diese übersichtliche grafische Darstellung enthält alle wesentlichen Informationen über einen Job-Match auf einen Blick.
- **Kandidatenvergleich**: Ähnlich wie mit dem Stellenvergleich kann man hiermit einen Multi-Match durchführen. Mit diesem Bericht vergleicht man viele Kandidaten mit einem Stellenprofil.

Für Vorgesetzte und Management und zur Personalentwicklung

- **Management-Bericht**: Jede Person wird auf einige Positionen besser passen als auf andere. Dieser umfangreiche Bericht liefert Informationen zu der Frage, wie eine Person mit den Anforderungen einer bestimmten Position innerhalb eines Unternehmens übereinstimmt. Zudem werden dem Management tiefergehende Überlegungen dargelegt, die dazu beitragen können, Personalentscheidungen zu optimieren.
- **Management-Kurzbericht**: Dieser Bericht enthält eine komprimierte Darstellung des Profil-abgleiches von Person und Position.
- **Stellenvergleich**: Die erfolgreiche Entwicklung von Mitarbeitern erfordert die Etablierung von strategischen Maßnahmen. Mit diesem Bericht kann die Passung einer Person mit vielen Positionen verglichen werden. So erhält man wichtige Informationen, für welche Positionen die Person – in Ihrem Unternehmen oder auch generell – geeignet ist. Diese Methode eignet sich auch besonders für Talent- und Trainee-Programme.
- **Benchmark-Übersicht**: Die Benchmark-Übersicht ist in ihrer Form ein einzigartiges Instrument. Mit diesem Bericht kann man die Ergebnisse einer ausgewählten Gruppe von Kandidaten und/oder Mitarbeitern zusammenführen und exakt vergleichen, was sie gemeinsam haben oder worin sie sich deutlich unterscheiden. Dieser Bericht ist eine hilfreiche und fundierte Informationsquelle für die Erstellung eines Anforderungsprofils und für den daraus resultierenden Job-Match.
- **Besonderheiten bei Profiles Sales Assessment**: Hier werden in etlichen Auswertungen, insbesondere die Auswirkungen auf Vertriebsaufgaben, betrachtet. Auch erfolgskritische Verkaufsdispositionen werden explizit beurteilt.

9.5.5 Sonstige Anwendungen

Benchmarking
Oftmals ist der Vertriebsleitung nicht ganz klar, warum der Mitarbeiter A zu den Top-Performern gehört und Mitarbeiter B, der ihm doch so ähnlich scheint, nicht mal die durchschnittlichen Ergebnisse abliefert. Was macht A anders als B, oder wie ist A anders als B? Die erfolgskritischen Aspekte für den Vertriebserfolg für eine spezielle Firma in einem speziellen Markt mit spezifischen Kunden sind oft nicht klar erkennbar – und selbst wenn sie erkennbar sind, steht man oft vor dem Problem der Vergleichbarkeit und Messbarkeit bei unterschiedlichen Menschen, ob Mitarbeiter oder Kandidaten. Hier hilft ein firmeninternes Benchmarking enorm, den gemeinsamen Fingerabdruck der erfolgreichen Mitarbeiter zu erkennen, als Anforderungsprofil zu formulieren und weitere Mitarbeiter oder Kandidaten mit diesem Sollprofil zu vergleichen.

Vertriebsmanagement
Für Führungskräfte ist eine gute Kenntnis ihrer Mitarbeiter sehr wichtig, damit Führung individuell gut funktioniert, jeder Mitarbeiter den Umfang an Unterstützung erhält, den er braucht (nicht: den er will), und die Kommunikation mit den Mitarbeitern auch auf deren

„Kanal" stattfinden kann. Insbesondere für Vertriebsleiter ist das eine schwierige Aufgabe, da seine Mitarbeiter zum Teil einen beträchtlichen Anteil der Arbeitszeit im Außendienst verbringen. Hier können die Informationen über Persönlichkeitsmerkmale der Mitarbeiter sehr hilfreich sein und eine Einschätzung der Kollegen ermöglichen, die in dieser Tiefe ohne das Hilfsmittel ProfileXT meist nicht einmal nach jahrelanger Zusammenarbeit möglich ist.

Personalentwicklung im Vertrieb
Ein Vergleich von Mitarbeiterprofil und Anforderungsprofil lässt sofort erkennen, wie die Mitarbeiter gezielt gefördert werden können – per Schulung, Training oder Coaching. Dadurch kann man gezielt an notwendigen Punkten ansetzen, statt per Gießkannenprinzip alle Mitarbeiter in die gleiche Maßnahme zu entsenden. Neben der höheren Effektivität lassen sich so auch erhebliche Kosten einsparen, nicht nur Fortbildungskosten, sondern auch die Opportunitätskosten durch eine verringerte Anzahl von Trainingstagen sinken.

Interne Nachfolge für Führungspositionen
Die rechtzeitige und richtig durchgeführte Nachfolgeplanung wird seit Jahren zu einem immer dringlicheren Thema für viele Unternehmen. Hier werden wesentliche Weichen gestellt für die zukünftige Entwicklung eines Unternehmens – bis hin zum worst case, dass ein Unternehmen nicht mehr überlebensfähig ist, wenn der führende Kopf aussteigt. Es besteht bei einer schlechten Nachfolgeplanung die Gefahr, dass wichtige Informationen und Geschäftskontakte verloren gehen. Eigentlich müsste in der Aufgabenbeschreibung von Führungskräften auch die erfolgreiche Übergabe an einen Nachfolger enthalten sein. Tatsächlich führen manche Chefs ihre Nachfolger so in Unternehmen und Aufgaben ein, dass ein Scheitern fast zwangsläufig ist – oder sie suchen sogar schwache Nachfolger aus. (Vermutlich meinen sie, dass dadurch ihre Leistung auch noch länger im Unternehmen glanzvoll geehrt wird.)

Jim Collins schreibt in seinem Buch "Good to Great: Why Some Companies Make the Leap … And Others Don't"[4] (2001) über eine Studie, dass genau das bei drei Viertel der von ihm befragten Firmen herausgefunden wurde. Nach Collins war es entweder das große Ego der ausscheidenden Bosse oder das von ihm so genannte „Big Dog Syndrome", das für die schlechte Nachfolgeplanung verantwortlich war. (Siehe auch das Thema Führungskräfte und narzisstische Persönlichkeit in diesem Buch).

Um dieser Falle zu entgehen, sollten potenzielle interne Nachfolger im Unternehmen bezüglich ihrer Karriereplanung als auch der Eignung und Passung zum entsprechenden Profil im Auge behalten werden. Hierfür eignet sich wiederum das Instrument ProfileXT als „Total Person Profiling", in dem mehrere der wichtigen Dimensionen untersucht werden können.

---

[4] Jim Collins: Good to Great: Why Some Companies Make the Leap… And Others Don't, New York 2001

> **Fazit**
>
> Dieser Einblick in die Möglichkeiten moderner und wissenschaftlich fundierter Tools zeigt, dass man mit überschaubarem Aufwand von einer bisher unbekannten Person, einem Kandidaten im Recruiting-Prozess, einen umfassenden Eindruck erlangen kann. Viele Vertriebsleiter könnten vermutlich auch nach Jahren ihre eigenen Teammitglieder nicht so genau und tiefgehend beschreiben, wie es die Instrumente von Profiles International können. Ich hoffe, dass Sie jetzt nachvollziehen können, warum ich mich vor Jahren für die Anwendung dieser Tools entschlossen habe. Die Ergebnisse bestätigen, dass die Entscheidung richtig war. Vielleicht hat der Einblick in Möglichkeiten und Vorteile von Profiling Tools Ihre Hemmschwelle gesenkt, selbst solche Verfahren im Recruiting oder in der Personalentwicklung einzusetzen.

9.6 Entscheidungsfindung

Nach den bisher geleisteten Arbeiten liegen uns jetzt etliche Erkenntnisse über die jeweiligen Kandidaten vor. Der nächste Schritt ist, aus den vorliegenden Kandidaten den am besten geeigneten für die vakante Position zu finden. Ob dieser dann ein Vertragsangebot auch annimmt, ist eine zweite Sache. Daher ist es sinnvoll, wenn wir die Top-3-Kandidaten im Prozess halten. Anhand der vorgeschlagenen Bewertungen erkennt man rasch, welche Kandidaten in diesen Kreis gehören.

Bei der Festlegung auf die Top-3-Kandidaten und der Endauswahl sollte man weitere Aspekte im Hinterkopf behalten, insbesondere bei Prozessen, in denen mehrere Entscheider beteiligt sind und bei denen diese Auswahl nicht anhand der konsequent geführten Bewertungslisten getroffen wird. Alle Beteiligten sollten sich bewusst sein, dass die Entscheidungsprozesse nicht in jedem Fall eindeutig objektiv durchgeführt werden (können oder wollen):

9.6.1 Vorgesetzter will keine zu guten oder starken Mitarbeiter

Es kommt immer wieder vor, dass Führungskräfte Angst vor Kompetenz „unter sich" haben – wer Mitarbeiter in seine Abteilung holt, die in (Teil-) Bereichen kompetenter sind als der Vorgesetzte, gefährdet die Machtstellung und sägt mittelfristig vielleicht sogar am Stuhl des Chefs. Dem kann man im Denksystem dieses Menschen am besten entgegenwirken, indem man nur Mitarbeiter einstellt, die weniger kompetent und leistungsfähig sind als man selbst. Dies führt dazu, dass nur „kleinere" Mitarbeiter in die Abteilungen kommen. Wenn ein Unternehmen so denkt, führt das zu einem Matrjoschka-Puppen-Effekt – jede Puppe ist kleiner als die vorherige. Es existieren dann keine Mitarbeiter mehr, die als Nachwuchs auch nur die Aufgabe des direkten Vorgesetzten meistern können geschweige denn eine Führungskarriere durchlaufen. Solch ein Unternehmen (oder Bereich oder Abteilung) ist bei jeder Veränderung im jeweiligen Führungslevel auf externe Kapazitäten angewiesen, auf frisches Blut, externe Kandidaten, da intern keine Potenziale vorhanden sind. Dass durch solch ein Verhalten aber auch die Leistungsfähigkeit und Innovationskraft einer Abteilung deutlich unter ihren Möglichkeiten bleibt, ist offensichtlich. Entscheidungen für Kandidaten, die die eigene Position nicht gefährden können, sind sträfliche Schädigungen des Unternehmens zum vermeintlichen Vorteil der eigenen Sicherheit.

9.6.2 Subjektivität und die Verzerrung der Maßstäbe

Nicht nur im Bereich des ersten Kennenlernens und im Interview kommt es zu subjektiven Wahrnehmungen (wie in Kap. „8.3 Beurteilungsfehler beim Beurteiler" erwähnt), zum Beispiel Gleichheits- oder Ungleichheitsverzerrungen), sondern auch bei der späteren Bewertung und Auswertung der Eignung für die betreffende Vakanz. Dies geschieht ebenso unbewusst und kann nur durch Aufmerksamkeit und Kenntnis der „Fallen" der eigenen Psyche korrigiert werden – nur dann können wir manchen Fallstrick, den wir uns psycho(un)logisch selbst spannen, locker überspringen.

9.7 Der Arbeitsvertrag – notwendig und häufig übel

Der Arbeitsvertrag regelt wichtige Aspekte der Zusammenarbeit und ist zweifellos wichtig. Allerdings sind Arbeitsverträge meist von Juristen verfasst (Surprise!) – und damit oftmals in einer Ausdrucksweise und Diktion geschrieben, die vielen Menschen die Nackenhaare aufstellt. Der Kandidat war in der Interviewphase vom Unternehmen (und ggf. auch vom Headhunter) umsorgt und umworben worden, konnte in mehreren Gesprächen eine hohe Übereinstimmung, vielleicht sogar Sympathie zu den neuen Kollegen und zu seinem neuen Unternehmen aufbauen. Er freut sich auf eine gute Arbeitsatmosphäre und auf den großen Verantwortungsbereich, der ihm anvertraut wird. Es ist ganz offensichtlich gegenseitiges Vertrauen aufgebaut worden. Dann wird dem Kandidaten ein Schriftstück vorgelegt, das ihm in seinen Augen alle Schlechtigkeit der Welt unterstellt: er muss diese – und zwar sofort ... darf nicht dieses und jenes... muss bei Nichtantritt eine Vertragsstrafe zahlen ... und das alles in Juristendeutsch. Viele Kandidaten empfinden solche Verträge, selbst als Vertragsentwurf vorgelegt, als Ohrfeige. Ich habe bereits mehrere Fälle erlebt, wo die dadurch ausgelösten Irritationen zum Abbruch der Bewerbung geführt haben. Das ist nicht notwendig und kann vermieden werden, wenn man in Zusammenarbeit mit einem Juristen die Arbeitsverträge zwar inhaltlich vertragsfest formuliert, aber in einem „freundlichen" und verständlichen Deutsch geschrieben. Auch ein (Arbeits-/HR-) Psychologe kann sehr hilfreich sein bei der Formulierung des Vertrages. Drohparagraphen kann man sich ebenfalls sparen. Zum Beispiel greift bei einem Nichtantritt zwar eine Strafzahlung, ein cleverer Mitarbeiter, der nicht antreten will, würde am ersten Tag erscheinen und sofort kündigen und um Freistellung nachfragen. Somit hilft diese aufgebaute Drohkulisse nicht gegen Trickser oder Wechselfälle des Lebens, baut aber sehr wohl eine Front des Misstrauens auf gegenüber den wohlwollenden, motivierten und engagierten zukünftigen Mitarbeitern.

9.8 Onboarding – der oft unterschätzte Start

Nun haben wir (hoffentlich den Wunsch-) Kandidaten neu an Bord. Dann können wir den Recruiting-Prozess als erfolgreich abhaken und zum „business as usual" zurückkehren, oder?

Wenn da nicht folgende Fakten wären: Über 50 % der Mitarbeiter, die neu bei einem Unternehmen starten, sind innerhalb der ersten zwei Wochen so enttäuscht, dass sie an ihrer Entscheidung für das Unternehmen zweifeln. Sie beginnen hoch motiviert, voller Erwartungen und Hoffnungen, die sich dann sehr schnell in Luft auflösen. Wie kommt es dazu? Die meisten neuen Mitarbeiter werden „ins kalte Wasser" geworfen, es erfolgt eine minimalistische Einführung ins Unternehmen, in das oder die Teams, in der Hoffnung, „der schafft das schon". Das Notwendigste wird vom Vorgesetzten gezeigt, zumindest das, das ihm gerade einfällt. Falls der Vorgesetzte an diesem Tag im Haus ist – und sich die Zeit nimmt. Ansonsten bekommt der neue Kollege einige Prospekte in die Hand gedrückt.

Natürlich fehlt nicht der Hinweis, dass der Vorgesetzte immer ein offenes Ohr hat für „den Neuen". Aber ist das ausreichend für einen erfolgreichen Start in einem neuen Unternehmen? Wenn das so wäre, gäbe es nicht so viele Enttäuschungen bereits in den ersten Wochen – und auch über alle Hierarchieebenen. Da läuft doch was nicht optimal? Sinnvollerweise werden neue Mitarbeiter systematisch ins Unternehmen eingeführt – mit einem klaren Einarbeitungsplan, der die wichtige Einarbeitungszeit sinnvoller und sowohl für das Unternehmen als auch den neuen Mitarbeiter erfolgreicher macht. Erstellen Sie, falls nicht vorhanden, einmalig einen Einarbeitungsplan, in dem folgende Fragestellungen geklärt werden:

Fragen für den Einarbeitungsplan
- Wie werden neue Mitarbeiter richtig eingearbeitet? Welche Inhalte werden durch welche Mitarbeiter bis wann vermittelt?
- Wie werden neue Mitarbeiter in das bestehende Team integriert?
- Was passiert am ersten Tag, in der ersten Woche, innerhalb des ersten Monats?
- Welche Maßnahmen sind für den neuen Mitarbeiter sinnvoll bei Coaching, Trainings, Schulungen, Training on the Job?
- Gibt es einen persönlichen „Mentor" für jeden neuen Mitarbeiter, der bei allen Fragen und Unklarheiten kontaktiert werden kann?
- Enthält der Einarbeitungsplan eine Checkliste zum Abhaken, inklusive Verantwortlichen und genauem Zeitplan?
- Ist für die ersten Wochen ein wöchentliches persönliches (Coaching-) Gespräch mit dem Vorgesetzten eingeplant?

Der neue Kollege sollte baldmöglichst mit an „die Front", den Vertriebsleiter oder den besten Vertriebsmitarbeiter zum Kunden begleiten, Akquise-Telefonate demonstriert bekommen und so einen raschen, praxisnahen Start erleben können.

Der Einarbeitungsplan ist der erste Schritt zum Halten von guten Mitarbeitern im Unternehmen. Eine strukturierte, gründliche und praxisnahe Einarbeitung wird die Fluktuation spürbar senken, die neuen Mitarbeiter können früher und produktiver Leistung erbringen und ihre Motivation wird nicht zerstört (siehe auch Kap. 11.1).

Teil IV
Weitere Aspekte

Viele praktisch orientierte Menschen meinen, dass Theorie der Praxis im Wege steht und dass das Theoretisieren insgesamt eine Zeitverschwendung darstellt. Doch diese Denkweise hat einen großen Fehler. Praxis ist nie theoriefrei, denn sie ist immer von Vorstellungen dessen geleitet, was wir zu tun beabsichtigen. Das eigentliche Problem ist: Sind wir uns über die Theorie im Klaren, die unser Handeln leitet?

Gareth Morgan, in „Bilder der Organisation", Klett Cotta Verlag, Stuttgart 1997

10 Vorsicht Falle!?

Wenn man in die falsche Richtung läuft, hat es keinen Zweck, das Tempo zu erhöhen.
Birgit Breuel (*1937), dt. Politikerin u. Managerin, b. 1994 Präs. Treuhandanstalt, s. 1994 Generalkommissarin Expo 2000, Hannover

10.1 Diskriminierung durch Alter, Geschlecht etc. (AGG) – Gesetz und Realität

Das Allgemeine Gleichbehandlungsgesetz (AGG), auch Antidiskriminierungsgesetz genannt, soll Benachteiligungen aus Gründen der Rasse (also der ethnischen Herkunft), des Geschlechtes, der Religion und Weltanschauung, des Alters, der sexuellen Identität, oder einer Behinderung verhindern oder beseitigen. Zur Durchsetzung dieses Gesetzes erhalten Personen Rechtsansprüche, wenn sie von Arbeitgebern oder Privaten diesem Gesetz entgegen diskriminiert werden. Das AGG schränkt durch seine Anwendung in den Privatrechtsverkehr (anders als das Diskriminierungsverbot des Staates) die Privatautonomie ein, zumal es tatsächlich in allen gesellschaftlichen und rechtlichen Bereichen Anwendung findet.

Für unseren Bereich relevante sachliche Anwendungsgebiete nach § 2 Abs. 1 AGG sind

- die Bedingungen für den Zugang zu Erwerbstätigkeit sowie für den beruflichen Aufstieg, einschließlich Auswahlkriterien und Einstellungsbedingungen,
- die Beschäftigungs- und Arbeitsbedingungen einschließlich Arbeitsentgelt und Entlassungsbedingungen
- den Zugang zu Berufsberatung, Berufsbildung, Berufsausbildung, beruflicher Weiterbildung sowie Umschulung und praktischer Berufserfahrung
- Mitgliedschaft und Mitwirkung in Gewerkschaften und Arbeitgebervereinigungen und Vereinigungen, deren Mitglieder einer bestimmten Berufsgruppe angehören.

Relevante Formen der Benachteiligung für unseren Bereich Personalauswahl (zitiert nach Wikipedia):
„Folgende Formen der Ungleichbehandlung sind zu unterscheiden:

- unmittelbare Benachteiligung (§ 3 Abs. 1 AGG): weniger günstige Behandlung einer Person gegenüber einer anderen in einer vergleichbaren Situation
- mittelbare Benachteiligung (§ 3 Abs. 2 AGG): Benachteiligung durch scheinbar neutrale Vorschriften, Maßnahmen, Kriterien oder Verfahren, die sich faktisch diskriminierend auswirken
- Belästigung (§ 3 Abs. 3 AGG): Verletzung der Würde der Person, insbesondere durch Schaffung eines von Einschüchterungen, Anfeindungen, Erniedrigungen, Entwürdigungen oder Beleidigungen gekennzeichneten Umfelds
- sexuelle Belästigung (§ 3 Abs. 4 AGG)
- die Anweisung zu einer dieser Verhaltensweisen (§ 3 Abs. 5 AGG)

Der Sache nach geht es darum, Verfahren als Diskriminierung zu ahnden, die bestimmte Gruppen von Personen benachteiligen und dabei zwar eine ausdrückliche Benennung der verbotenen Diskriminierungsmerkmale vermeiden, aber durch die Wahl der scheinbar neutralen Kriterien darauf angelegt sind, gerade solche Personen zu benachteiligen, die eines oder mehrere der vom AGG verbotenen Merkmale aufweisen.

10.1.1 Gerechtfertigte Ungleichbehandlung

Gewisse Arten von Ungleichbehandlung können im Einzelfall gerechtfertigt sein:

- Tendenzbetriebe: Unternehmen im kirchlichen Feld dürfen weiterhin ihre Religionszugehörigkeit von ihren Mitarbeitern fordern. Ein katholischer Kindergarten muss keine muslimische Kindergärtnerin einstellen.
- Geschlecht: das Geschlecht kann eine unverzichtbare Voraussetzung für Tätigkeiten darstellen. Eine Balletttänzerin kann einfach kein Mann sein. Im Bereich Vertrieb ist mir allerdings keine vergleichbare Tätigkeit bekannt, bei der das Geschlecht eine unverzichtbare Voraussetzung sein könnte. Daher ist auf diesen Bereich sicherlich großen Wert zu legen, z. B. Stellenausschreibungen immer für beide Geschlechter zu formulieren, zumindest bei englischen Begriffen ein (m/w) dahinter zu setzen.
- Alter: Ungleichbehandlung kann dann zulässig sein, wenn sie objektiv angemessen ist und ein legitimes Ziel verfolgt, beispielsweise ein Mindestalter für eine Einstellung.
- Weitere Fälle: Wenn für eine Position zwingend gute Deutschkenntnisse notwendig sind, dann ist es zulässig, Bewerber mit mangelhaften Deutschkenntnissen abzulehnen – auch wenn das dann vor allem Menschen fremder Ethnien betrifft. Hauptmotiv für die Ungleichbehandlung in diesem Falle wäre aber nicht die Diskriminierung von Ethnien, sondern die Notwendigkeit der guten Deutschkenntnisse."

Es folgen weitere Zitate aus Wikipedia.de „Allgemeines Gleichbehandlungsgesetz":

> Im Arbeitsverhältnis sind Vereinbarungen, die gegen Diskriminierungsverbote verstoßen, unwirksam (§ 7 Abs. 2 AGG).
> Der Arbeitgeber kann jedoch einwenden, dass die Ungleichbehandlung im Einzelfall gerechtfertigt ist (§§ 5, § 8 bis § 10 AGG). So kann eine unterschiedliche Behandlung gerechtfertigt sein, wenn dadurch auf angemessene Weise eine bestehende Diskriminierung beseitigt wird. Ein absoluter Vorrang der geschützten Gruppe ist dabei jedoch ausgeschlossen.
> Eine unterschiedliche Behandlung, z. B. wegen des Geschlechts, ist nur zulässig, wenn das Geschlecht wegen der Art der auszuübenden Tätigkeit oder der Bedingungen ihrer Ausübung eine unverzichtbare Voraussetzung für die Tätigkeit ist, z. B. Einstellung einer Balletttänzerin (§ 8 Abs. 1 AGG). Für diesen Einwand trägt der Arbeitgeber im Prozess die Darlegungs- und Beweislast (§ 22 AGG). Er wird also den Prozess verlieren, wenn er unzureichend vorträgt oder der Beweis misslingt.
> [...]
> Altersbedingte Ungleichbehandlungen können gerechtfertigt sein, wenn sie objektiv angemessen sind und ein legitimes Ziel verfolgen, z. B. Mindest- oder Höchstalter für eine Einstellung oder Mindestalter für die Inanspruchnahme von Ansprüchen aus betrieblichen Alterssicherungssystemen (§ 10 AGG).
> Ungleichbehandlungen sind generell dann erlaubt, wenn ein geächtetes Kriterium nicht das Hauptmotiv für die Ungleichbehandlung bildet. So stellte das Arbeitsgericht Berlin fest, dass es zulässig sei, Bewerber wegen mangelnder Deutschkenntnisse nicht einzustellen, obwohl von solchen Praktiken vorwiegend Menschen fremder ethnischer Herkunft betroffen seien.
> Auch die tarifvertraglich vorgesehene automatische Beendigung des Arbeitsvertrags aus Altersgründen, wie sie im Rahmentarifvertrag für die gewerblichen Beschäftigten in der Gebäudereinigung vorgesehen ist, ist mit der dem AGG zugrundeliegenden Richtlinie 2000/78 vereinbar.

10.1.2 Welche Folgen drohen bei unerlaubter Ungleichbehandlung?

Mitarbeiter und Kandidaten haben ein Beschwerderecht, wenn eine unerlaubte Ungleichbehandlung vorliegt. Der Arbeitgeber muss dann geeignete und angemessene Maßnahmen ergreifen, um diese Benachteiligung zu unterbinden. Dies kann von der Abmahnung bis zur Kündigung des Verursachers reichen.

Schadenersatz: Von unerlaubter Ungleichbehandlung Betroffene haben Anrecht auf einen Schadenersatz, der vom Verschulden des Arbeitgebers unabhängig ist. Selbst bei nicht vorhandenen Vermögensschäden sieht das Gesetz einen angemessenen Geldausgleich vor. Diese Entschädigung kann von einem Monatsgehalt über drei Monatsgehälter (bei Nichteinstellung aufgrund der Diskriminierung) reichen. In besonders schweren Fällen kann diese Drei-Monatsgehälter-Grenze auch überschritten werden.

Klagerecht von Betriebsräten bzw. im Unternehmen vertretenen Gewerkschaften besteht bei groben Verstößen des Arbeitgebers, auch ohne Zustimmung des Betroffenen.

Unternehmen müssen sich über Pflichten, Haftungsrisiken und Entschädigungsansprüche informieren und dann Maßnahmen ergreifen. Für den Bereich Recruiting sind das zum Beispiel Neuregelungen für Stellenausschreibungen (selbst „junges Team" ist einem

Unternehmen zum Verhängnis geworden), Auswahlverfahren, Einstellungsverfahren, Formulierung von Absagen, eventuell neue Arbeitsverträge, Kündigungen, Arbeitszeugnisse sowie Maßstäbe für Sozialauswahl.

Betroffenen gibt das Gesetz eine Reihe von Möglichkeiten an die Hand, unberechtigte Ungleichbehandlungen zu dokumentieren. Beispiel: Ein Kandidat hat den Verdacht, dass er aufgrund seiner Herkunft aus Namibia nicht zu einem Vorstellungsgespräch eingeladen wird. Er nutzt ein Testing-Verfahren, in dem er dem Arbeitgeber die Unterlagen einer fiktiven Person zukommen lässt, die vergleichbare Qualifikationen und Erfahrungen aufbringt. Wird dieser fiktive Kandidat zum Interview eingeladen, gilt das als Indiz gem. § 22 AGG, um eine Beweislastumkehr zu erreichen – der Arbeitgeber muss nun beweisen, dass er nicht gegen das AGG verstoßen hat.

Bei der Einführung dieses Gesetzes 2006 bestand die Befürchtung, dass es zu einer Häufung von Klagen gegen Arbeitgeber kommen würde, um sich die schadenunabhängige Strafzahlung zu ertricksen. Es gab zwar einige Spezialisten, die sich daraus eine neue Einnahmequelle erschließen wollten, es kam aber (bisher) nicht zu einer Klagewelle.

10.2 Typische Fehler beim Rekruiting

10.2.1 Behandlung von „Bewerbern" – Imageschaden

„Unsere Mitarbeiter sind unser größtes Kapital." Diesen oder einen ähnlichen Satz findet man in fast jeder Unternehmensbroschüre. Wenn dieser Satz ernst gemeint ist, sollte man diesen Respekt und die Wertschätzung der Mitarbeiter ausdehnen auf „zukünftige" oder „eventuelle" Mitarbeiter, also auch auf Kandidaten. Wenn man diesen Satz nicht ernst meint, sollte man zumindest zur Vermeidung eines schlechten Rufes und eines negativen Arbeitgeberimages auch Kandidaten gut behandeln. Im Marketing gilt die Faustregel: ein sehr zufriedener Kunde redet später mit einer weiteren Person über das Unternehmen – ein unzufriedener Kunde teilt seinen schlechten Eindruck durchschnittlich acht Menschen mit!

Da nicht nur umworbene Kandidaten in einem Bewerbungsprozess einen emotional bedeutenden Eindruck von ihrem Unternehmen erhalten, sondern eben auch abgelehnte Bewerber, ist ein entsprechend anständiger und respektvoller Umgang mit ALLEN Kandidaten eigentlich selbstverständlich, die Realität sieht aber leider anders aus.

Das gilt für Unternehmen, die das Recruiting inhouse selbst durchführen als auch für beauftragte Personalberatungen. Letztendlich hat auch das beauftragende Unternehmen den Schaden, wenn Kandidaten sich schlecht behandelt fühlen. Es dürfte wie bei Kunden sein: ein zufriedener Kandidat wird mit ein bis zwei Personen über diese Erfahrung sprechen, ein Kandidat, der sich schlecht behandelt fühlt, wird ca. acht Personen diese Erlebnisse mitteilen.

Betrachten wir einige Kontaktpunkte zu Kandidaten – und welche Fehler dabei vermieden werden sollten:

10.2 Typische Fehler beim Rekruiting

Abb. 10.1 Eignungstest für weibliche Führungskräfte

- Personalberater sollten unter anderem anhand ihres Umganges mit Kandidaten ausgewählt werden. Dies ist in der Praxis sehr schwierig, da sich schlecht behandelte Kandidaten seltenst dem Unternehmen mitteilen. Leider ist ein leicht arrogantes Verhalten den Kandidaten gegenüber bei manchen Personalberatern immer noch anzutreffen – im Internet finden sich sogar Horrorstories, in denen Kandidaten berichten, dass sie als dumm beschimpft wurden, als sie ein Jobangebot nach längerem Gespräch ausschlugen. Ein Umschlagen in der Art der Kommunikation scheint der Moment zu sein, wenn Kandidaten von der Liste fallen, also für die konkrete Vakanz nicht mehr in Frage kommen. Leider haben sich auch bei Personalberatern noch nicht flächendeckend Höflichkeit, Respekt und Anstand durchgesetzt.
- Auch in Personalabteilungen werden immer noch Kandidaten teilweise wie Bittsteller behandelt statt als zukünftige Kollegen. Das beginnt mit Stellenausschreibungen auch für gehobene Level, bei denen kein Ansprechpartner für Fragen genannt wird. Es geht weiter über Internetformulare, in die jede einzelne berufliche Station umständlich in Formularkästchen eingegeben werden muss, anstatt dass ein angehängter Lebenslauf ausreichend ist. Es folgen teilweise Interviewheinladungen, in denen Kandidaten ohne Rücksicht auf Anreisewege und Zeiten Termine „vorgeknallt" gekommen – ein Telefonat zur Terminabstimmung wäre nicht nur ein Zeichen von Wertschätzung, sondern würde auch manche Unannehmlichkeit für Kandidaten verringern. Auf den Missbrauch von Interviews zu Firmenpräsentationen und Selbstdarstellungen habe ich an anderer Stelle bereits hingewiesen. Zum „Test" in Abb. 10.1): auch weibliche Führungskräfte

sollten entsprechende Wertschätzung genießen und in Unternehmen eingegliedert sein (oder werden). Das gelingt mit gönnerhaftem Verhalten oder abwertender Behandlung eher selten.

10.2.2 Sabotage! Effektive Strategien zur Vermeidung von Erfolg!

Regelmäßig veröffentliche Studien, zum Beispiel von Gallup Institut, belegen, dass ein großer Anteil der Mitarbeiter in Unternehmen nicht mehr engagiert arbeiten, sich im Zustand der inneren Kündigung befindet oder sogar schon im destruktiven Bereich der Sabotage.

Sollten Sie sich auch in diesem Zustand befinden, befolgen Sie ganz einfach die folgenden Ratschläge, die eine optimale Stellenbesetzung verhindern. Da diese Ansätze in der Praxis so weit verbreitet sind, wird Ihnen niemand vorsätzliche Sabotage oder Schlechtleistung nachweisen können.

Sollten Sie allerdings das beste Resultat für die Besetzungsfragen wünschen, verstehen Sie die folgenden Tipps einfach als **Ironie**.

10.2.3 Der „Beste" so schnell und so billig wie möglich …

Der Chef will nur die Besten. Und wir haben auch nur die Besten verdient. Eigentlich dürfen hier nur die Allerbesten überhaupt arbeiten. Überqualifiziert? Alles Einbildung. Der Kandidat wäre zu weltläufig für einen kleinen Mittelständler? Papperlapapp. Die Region hier hat auch ganz viel zu bieten. Ein Macher und Entscheider aus einem kleineren Unternehmen soll nicht in unseren renommierten Weltkonzern passen, weil er an der Bürokratie verzweifeln wird? Der kann doch froh sein, wenn wir das Landei überhaupt nehmen! Denn WIR sind nur mit den Besten zufrieden.

Eile ist wichtiger als Qualität. Eine Position muss so schnell wie möglich neu besetzt werden, da ansonsten der Vorgänger weiteren Schaden anrichtet oder die Kollegen in der Abteilung Mehrleistungen erbringen müssen. Das ist absolut nicht akzeptabel, auch nicht als Übergangslösung. Hier ist definitiv eine schnelle Besetzung wichtig – und so richtig schlechte Mitarbeiter erkennt man ja schon in der Bewerbungsphase.

Wir stehen vor der Entscheidung zwischen zwei geeigneten Kandidaten – der eine scheint deutlich besser zur Aufgabe und unseren Kunden und unserem Team zu passen als der andere. Aber der andere kostet uns pro Jahr 5000 € weniger! Da ist die Entscheidung doch klar. Heutzutage müssen schließlich alle sparen. Und dass diese Mehrkosten mit nur einem einzigen Mehrauftrag pro Jahr locker kompensiert werden, kann er ja nicht beweisen. Und wir lassen ihn das auch nicht beweisen. Denn auch Kleinvieh macht Mist beim Sparen.

Und wir können auch noch an anderer Stelle sparen: Personalberatern wahre Unmengen an Honorar zahlen? Kommt nicht in Frage. Wir müssen sparen. Wenn wir ein Rechtsproblem haben, fragen wir ja auch keinen Fachanwalt. Wenn der Chef einen Herzinfarkt bekommt, geht er auch zu seinem Hausarzt. So groß sind die Unterschiede heute nicht mehr. Und schließlich ist unsere Personalabteilung ja auch sehr qualifiziert.

10.2.4 Zuweisungen von Verantwortung zwischen Personal- und Fachabteilung

Warum sollen wir als Vertriebsabteilung uns um das Recruiting kümmern? Dafür gibt es doch die Personalabteilung. Die haben mehr Zeit, die haben noch die alten Stellenanzeigen des letzten Jahrzehnts in den Schubladen. Warum wollen die schon wieder Informationen von uns? Unnötige Zeitvergeudung. Und dass die Vorauswahl der Bewerbungsunterlagen bei uns so lange dauert, liegt doch daran, dass die Personaler nicht genau genug vorselektieren.

Wie sollen wir als Personalabteilung die richtigen Kandidaten suchen und erkennen, wenn wir nicht genug Einblick und Informationen in die Aufgaben und Anforderungen und die Vertriebsabteilung erhalten? Wenn Kandidaten verärgert sind, weil sie zwar aktiv vom Headhunter angesprochen wurden, ihre Unterlagen dann aber drei Wochen in der Fachabteilung liegen bleiben? Das ist kein Werben um gute Mitarbeiter sondern eher Abschrecken von begehrten Kandidaten. Wie sollen wir die Persönlichkeitsmerkmale beurteilen, was schon an sich eine schwierige Aufgabe darstellt, aber unmöglich wird, wenn wir nicht erfahren,, welche Menschen bei uns im Vertrieb erfolgreich sein können?

10.2.5 Bisherige Erfolge weiterrechnen – bis zur Erreichung der persönlichen Unfähigkeit (Peter-Prinzip)

Beispiel: Wer wird der neue Vertriebsleiter – natürlich der beste Vertriebsmitarbeiter. Eine klassische, aber gern getroffene Fehlentscheidung. Da die Aufgaben zwischen Vertriebsmitarbeiter und Vertriebsleitung deutlich differieren, muss auf Grund eines neuen Anforderungsprofiles der passende Kandidat gesucht werden. Das kann, muss aber nicht der beste Vertriebsmann sein – häufig ist es sinnvoller, das beste Pferd im Stall weiterhin am Kunden arbeiten zu lassen und jemand als Leiter einzusetzen, der sich mehr um Planung, Controlling, Personalführung, Struktur, Verwaltungsaufgaben etc. kümmert und dort seine Stärken hat.

10.2.6 Nicht klären, welche Kompetenzen für die Vakanz notwendig sind

Kompetenzen im Vertrieb? Das ist doch klar wie Kloßbrühe. Was sollen wir da lange diskutieren oder Auflistungen machen? Kennen wir doch alle. Und einen guten Vertriebsmitarbeiter erkennt unser Vertriebsleiter schon bei der Begrüßung.

10.2.7 Konkrete Anforderungen an die Aufgaben nicht gegenseitig ausreichend klären

Ein gutes Gespräch zum Kennenlernen sollte nicht mit zu kleinlichen Details ruiniert werden. Erstens wollen wir ja keinen zu genauen Einblick in die Abteilung gewähren (wo da was nicht stimmt, merkt der Kandidat dann schon früh genug), und auch die Aufgabenstellungen sind doch eigentlich klar – schließlich funktioniert der Vertrieb bei uns ja schon seit vielen Jahren so. Das wird der Kandidat schon wissen, er kommt ja auch aus dem Vertrieb. Und ein guter, ein geborener Vertriebsmitarbeiter kann eh alles verkaufen, sogar Kühlschränke an Eskimos … oder wohnen die mittlerweile in Häusern?

10.2.8 Interview zur Firmenpräsentation nutzen

Wir sind ein tolles Unternehmen – was unsere Produkte alles können! Und wie der Wettbewerb dagegen verliert! Wie begeistert unsere Kunden sind! Und was unser Chef schon alles geleistet hat! Also wenn das einen Kandidaten nicht überzeugt, dass es die beste Entscheidung seines Lebens sein wird, bei uns arbeiten zu dürfen, dann ist es auch nicht der Richtige.

10.2.9 Beurteilungsgrundlagen in den Bauch verlagern

Den richtigen Vertriebsmitarbeiter erkennt man am Bauchgefühl. Das hat mich noch nie getäuscht. Naja, fast nie. Selten. Aber beim nächsten Mal bin ich mir wieder sicher, erkenne ich es – auf psychologische Fallen falle ich nicht rein, dazu habe ich schon zu viele Interviews geführt. Objektive Anforderungsprofile, Persönlichkeitsprofiling und das alles ist nur neumodischer Quatsch, früher ging es auch ohne diesen Aufwand. Ist mir ein Bewerber sympathisch und habe ich ein gutes Gefühl, dann stell ich ihn ein.

10.2.10 Mit Stärken und Schwächen falsch umgehen

Konnten Sie es trotz der vorstehenden Tipps nicht vermeiden, dass ein potenziell guter Mitarbeiter in Ihre Abteilung kommt, bleiben Ihnen immer noch Möglichkeiten, seinen Erfolg zu verhindern oder zumindest zu minimieren.

Wenn Sie seine Stärken kennen, ignorieren Sie diese. Machen Sie den neuen Mitarbeiter auf seine Schwächen aufmerksam, egal ob sie für das Unternehmen relevant sind oder nicht. Setzen Sie ihn dort ein, wo diese regelmäßig relevant werden. Lenken Sie Ihr Bewusstsein,, das des neuen Mitarbeiters und der Abteilung auf diese Schwächen und bieten Sie an, dass er diese Schwächen verbessern lernt. So wird er langsam seine Stärken nicht mehr nutzen und immer mehr auf den Ausgleich seiner Schwächen Wert legen – er wird im grauen Mittelmaß enden und es droht keine Gefahr mehr von ihm.

10.2.11 Verzögerungen und mangelnde Transparenz

Ein Recruiting-Verfahren sollte in angemessener Zeit durchführbar sein – das hängt natürlich ab von der Unternehmensgröße, dem Level der Position und Terminmöglichkeiten für Interviews und Abstimmungsgesprächen. Eine Dauer von der Vorstellung eines Kandidaten bis zum Vertragsangebot von fast neun Monaten ist aber auch für einen internationalen Konzern zu lange – und trotzdem kommen solche Fälle vor. Noch wichtiger als Schnelligkeit ist insbesondere in solchen lang andauernden Fällen die Transparenz des Verfahrens dem Kandidaten gegenüber – wenn ein Kandidat weiß, welche Entscheidungen bis wann fallen, wer und wann das nächste Interview führen wird, fällt das Warten leichter. Kandidaten haben nachvollziehbarer Weise oft nicht nur ein „Eisen im Feuer" – und wählen dann auch mal das schnellere Unternehmen, da sie das auch als Wertschätzung und Interesse ihnen gegenüber interpretieren.

Gute Mitarbeiter halten 11

Meine wichtigste Erfahrung als Manager ist die Erkenntnis, daß die Mitarbeiter das wertvollste Gut eines Unternehmens sind und damit auch das wichtigste Erfolgskapital. Es sind nie Computer, Roboter, technische Einrichtungen, die zu einem Ziel führen, sondern immer Menschen, die Konzepte zustande bringen.
Werner Niefer (1928–93), dt. Topmanager, 1989–93 Vorstandsvorsitzender Mercedes Benz AG

Jetzt ist es soweit: Sie konnten einen guten Mitarbeiter finden und an Bord holen. Jetzt wird es wichtig, dass dieser Leistungsträger auch längere Zeit in Ihrem Unternehmen bleibt. Sie als Führungskraft haben großen Einfluss, ob der Mitarbeiter kürzer oder länger verweilt (vgl. Abb. 11.1). Betrachten wir die Gründe, die zu einem Firmenwechsel von Mitarbeitern führen.

11.1 Die Einarbeitung – eine kritische Phase

Statistiken belegen, dass eine hohe Zahl an Führungskräften innerhalb der ersten Monate scheitert und das Unternehmen wieder verlässt. Neben der bereits beschriebenen Fehlbesetzung durch nicht passende Kandidaten kann auch eine mangelnde Unterstützung in der Einarbeitungsphase die Ursache sein. Hier sollten in Unternehmen entsprechende Strukturen und Prozesse geschaffen und gelebt werden, die eine rasche, gründliche und möglichst reibungsfreie Einarbeitung und Teamintegration fördern. So ist ein Mentorenmodell eine Möglichkeit: hier bekommt ein neuer Mitarbeiter einen Mentor zugeteilt (oder er kann ihn sich suchen), der nicht in seiner direkten Hierarchieleiter steht und ihm auch informelle Informationen geben kann (siehe auch Kap. 9.7).

Abb. 11.1 Das Leben vieler Menschen besteht aus mehr als Arbeit (Zeichnung: Axel Gruner)

11.2 Hauptgründe für das Wechseln von Arbeitgebern

Eine gewisse Fluktuation in Unternehmen ist normal. Menschen klettern oft durch häufigeren Firmenwechsel die Karriere- und Einkommensleiter schneller hinauf als bei einer überdurchschnittlichen Verweildauer in einem Unternehmen. Leider ist die Einsicht, gute Mitarbeiter auch über Jahre hinweg marktgerecht zu bezahlen, bei mancher Unternehmensleitung nicht sehr ausgeprägt. Ich habe Fälle erlebt, in denen wichtige Know-how- und Leistungsträger über zehn Jahre in einem Unternehmen deutlich unter Marktwert entlohnt wurden. Sie sind zu einem normalen Gehalt eingestiegen und dann pro Jahr mit jeweils einigen Prozentpunkten Aufschlag bedacht worden. Dies führt aber nach einigen Jahren zu einem teils deutlichen Nachteil gegenüber Kollegen, die in dieser Zeit vielleicht drei neue Positionen angetreten haben mit jeweils einem hohen Gehaltssprung. In solchen Fällen darf nicht die jährliche prozentuale Gehaltssteigerung der Maßstab sein, sondern der „Marktwert" von vergleichbaren Kollegen.

Ein Anschlussfehler wäre es, dieses aus historischen Gründen niedrige Gehalt dann für den nächsten Kandidaten beibehalten zu wollen – die Probleme bei der Besetzung dieser unterbezahlten Vakanz sind offensichtlich.

▶ People don't leave companies, people leave managers.

An diesem Sprichwort wird sichtbar, dass das soziale Umfeld im Unternehmen, also Kollegen und Vorgesetzte, einen starken Einfluss auf die Bindung von Mitarbeitern an das Unternehmen hat. Schon mancher Mitarbeiter ist in einem Unternehmen geblieben, obwohl die Aufgaben nicht (mehr) ideal zu ihm gepasst haben, aber eine starke Bindung zwischen Mitarbeitern entstanden ist. Diese kann zwischen Kollegen entstehen, aber auch zwischen Mitarbeitern und Führungskraft. Für eine gute (berechenbare, faire) und beliebte

Führungskraft gehen viele Mitarbeiter durchs Feuer – und bleiben auch mal in Phasen der Unzufriedenheit oder stehen Unternehmenskrisen durch.

In den meisten Fällen hat die Führungskraft einen großen Einfluss auf das Klima in ihrer Abteilung, und das ist ein ganz entscheidender Punkt für die Zufriedenheit mit einem Arbeitsplatz. Oder noch drastischer formuliert: eine angenehme Arbeitsumgebung mit einem wertschätzenden Umgang untereinander ist die Voraussetzung für die meisten Menschen, ihre Leistungsfähigkeit wirklich ausschöpfen zu können und zu wollen. Umgekehrt kann eine schlechte Führungskraft nicht nur die Stimmung verschlechtern, was meist auch mittelfristig zu einer Ergebnisverschlechterung führt, sondern direkt zu einer erhöhten Kündigungsrate. Wenn in einer Abteilung überdurchschnittlich viele Mitarbeiter oder aber besonders gute Mitarbeiter kündigen, sollte man auch den Vorgesetzten kritisch begutachten. Umgekehrt kann eine gute Führungskraft auch in schwierigen Unternehmenssituationen ein Team motiviert zusammen halten.

- **Unterforderung – der zu kleine Job:** Häufig sind Jobs „zu klein" designed, um längere Zeit auch eine Herausforderung darzustellen. Viele Leistungsträger wollen Aufgaben, die sie fordern, in denen sie ihre Leistungsfähigkeit anwenden können. Möglichst in vielen Bereichen, so dass neben der Abwechslung auch eine „ganzheitliche" Entwicklung der Person folgt, und die passiert im Berufsleben nur da, wo sie auch durch die gestellten Aufgaben gefordert wird – ganz nach dem alten Sprichwort: Der Mensch wächst mit seinen Aufgaben. Frustration und mangelnde Produktivität sind ansonsten das Resultat, was mittelfristig meist zu Kündigungen führt. Unterforderung ist genauso schlimm wie Überforderung – aber vermutlich sogar noch häufiger. Problematisch ist dieser Fehler im Jobdesign, weil er nur schwer erkennbar ist.
- **Überforderung – der zu große Job (auch zu frühe Beförderung):** Auch ein für eine individuelle Person zu großer Aufgabenbereich ist gefährlich – aber relativ leicht erkennbar und korrigierbar. Eine Lösung ist die Veränderung der konkreten Aufgabenbereiche (Verkleinerung) oder aber eine Neubesetzung der Position, wenn sich das Jobdesign und die konkreten Inhalte des Jobs (Assignment) bewährt haben.
- **Zu viele Köche für die Aufgaben:** Vor allem in Matrix-Organisationen können viele Aufgaben nicht alleine gelöst werden, weil man permanent auf Kooperation und Koordination von einem halben Dutzend Kollegen angewiesen ist. Diese andauernd notwendigen Sitzungen und Abstimmungen können nur durch eine sehr hohe Disziplin aller Beteiligten in vernünftigen Zeiträumen erledigt werden, was aber selten gelingt und dann zu Frustration führt. Eine Aufgabe sollte im Idealfall durch eine Person samt ihrer direkten Organisationseinheit erledigt werden können, ansonsten sinkt die Wirksamkeit von Mitarbeitern und die Frustration steigt.
- **Killer-Job:** Kennen Sie ein Unternehmen, das in 5 Jahren von vier Geschäftsführern geleitet wurde? Bei dem die Anforderungen an die Position, nämlich den Kurs des Unternehmens zu verändern, von den Gesellschaftern so hoch gesetzt sind, dabei aber dem einzelnen Geschäftsführer nicht die Zeit zugestanden wird, dass sinnvolle Maß-

Abb. 11.2 Geld ist nicht alles (Zeichnung: Axel Gruner)

nahmen auch wirksam werden können? Solche Positionen sind von Anfang an Schleudersitze, hier kann kein noch so guter Mitarbeiter die falsch geschneiderten Anforderungen erfüllen. Zu den Parametern, ob ein Mensch in einer Aufgabe erfolgreich ist, gehört auch der Punkt „Ressourcen" – damit ist neben Budget, Manpower und Material auch der Faktor Zeit gemeint. Sollten in einem Job in kurzer Zeit mehrere gut ausgebildete und qualifiziert ausgewählte Mitarbeiter „verschlissen" worden sein, überlegen Sie auch mal, ob diese Aufgabe in dieser Form überhaupt lösbar ist – oder vielleicht nur durch Superman?

- **Nicht marktgerechte Gehälter:** Die meisten Unternehmen zahlen bei Neueinsteigern marktübliche Gehälter. Allerdings kann sich bei treuen Mitarbeitern, die viele Jahre beim gleichen Unternehmen arbeiten, eine Unterzahlung ergeben. Üblicherweise sind bei Firmenwechseln entsprechende Gehaltssprünge normal – wenn ein Mitarbeiter aber die letzten 12 Jahre nur jeweils seine paar Prozent Gehaltserhöhung bekommen hat, sein Kollege, zeitgleich mit gleichem Gehalt gestartet, aber durch seine drei Firmenwechsel mittlerweile deutlich besser verdient, bewirkt dies ein lang anhaltendes Gefühl der Ungerechtigkeit – das dann sogar der Treue dieses Mitarbeiters ein Ende bereitet. (Vgl. hierzu auch Abb. 11.2.)
- **Innere Kündigung:** Manchmal sind Mitarbeiter so genervt oder enttäuscht, aber gleichzeitig auf diesen Job (subjektiv) angewiesen, dass sie den Weg der inneren Kündigung wählen. Die Auswirkungen können von fehlender Motivation mit entsprechend mittelmäßigen Arbeitsergebnissen über „Dienst nach Vorschrift" bis zu Diebstahl und Betrug oder auch Sabotage gehen. Bei Mitarbeitern, deren Arbeitsergebnisse deutlich nachlassen (plötzlich oder schleichend), sollten die Ursachen dafür geklärt werden.

Eine schwere Zeit in der Familie oder eine Krankheit sind anders zu beurteilende Ursachen als die innere Kündigung. Letztere kann auch als Indikator gesehen werden, dass eventuell Strukturen, Führungskräfte oder das Arbeitsklima kritisch betrachtet werden sollten.

Die Suche nach Sündenböcken ist von allen Jagdarten die einfachste.
Dwight D. Eisenhower (1890–1969), amerik. General u. Politiker, 34. Präs. d. USA (1953–61)

Anhang

Alles hat ein Ende, nur die Wurst hat zwei …Song von Stephan Remmler

Adressen, Tipps zur Vertiefung und Buchempfehlungen

www.Personal-vertrieb.de: Die Website zu diesem Buch bietet Ihnen weitere Arbeitshilfen, z. B. Interviewfragen, Arbeitsbögen etc., ebenso weitere Hinweise, Direktlinks zu interessanten Informationen.

Consens Consult Unternehmens- und Personalberatung: 1999 vom Autor gegründete, inhabergeführte und unabhängige Personalberatung, www.consens-consult.de. Neben der Suche und Auswahl von Spezialisten und Führungskräften wird auch Unterstützung bei der Optimierung der Recruiting-Prozesse in Unternehmen angeboten. Consens Consult ist seit 2006 zertifizierter Partner von Profiles International.

Tools für diverse Profilingaufgaben bietet Profiles International an. www.profilesinternational.de.

Ein praxisnahes Buch: Nilgün Aygen: Die Besten für den Vertrieb. Die Prinzipien des Verkaufs für die Mitarbeiter-Rekrutierung nutzen, Wiesbaden 2012.

Informationen über die Biostrukturanalyse finden Sie unter www.structogram.de sowie entsprechende Trainings bei www.ottmar-achenbach.de.

Erkenntnisse im Bereich Personalauswahl und Diagnostik veröffentlicht Prof. Dr. Martin Kersting unter www.kersting-internet.de.

Artikel zu Führungsthemen liefert Ulrich Grannemann von auf www.leadion.de.

Eines der Standardwerke des Managementvordenkers Professor Fredmund Malik: Führen, Leisten, Leben. Wirksames Management für eine neue Zeit, Frankfurt a. M. 2006, auch als Hörbuch erhältlich.

Trotz des reißerischen Titel eine interessante Quelle: Gierige Chefs – warum kein Manager zwanzig Millionen wert ist, Zürich 2005, auch als Hörbuch erhältlich.

Gute Einführungen in das Thema des Konstruktivismus findet man bei Paul Watzlawick, zum Beispiel die „Anleitung zum Unglücklichsein", eine pointierte und kurzweilige Lektüre. Weitere Stichworte bei fortführender Lektüre können sein: Selbsterfüllende Prophezeiungen, Ursachendenken, ideologische Wirklichkeiten.

Philipp Rosenzweig: Der Halo-Effekt Wie Manager sich täuschen lassen, Offenbach 2008, eine sehr interessante Lektüre über falsche Annahmen, logische Irrtümer und Fehleinschätzungen über Unternehmensperformance, die im Wirtschaftsleben weit verbreitet sind.

Gerhard Dammann: Narzissten, Egomanen, Psychopathen in der Führungsetage, Bern, Stuttgart, Wien 2007, S. 10 – trotz des reißerischen Titels eine differenzierte und substanzielle Betrachtung des Themas, das zur weiteren Vertiefung geeignet ist.

Infos zum Thema Din33430: Karl Westhoff (Hg.): Grundwissen für die berufsbezogene Eignungsbeurteilung nach DIN 33430, 3. Aufl. Lengerich 2010.

Zu Thema Glücksforschung bringt eine Scobel-Sendung ein Interview mit Bruno S. Frex, einem der führenden Köpfe in der Glücksökonomie: http://www.3sat.de/mediathek/?mode=play&obj=16239.

Glossar

(Online) Active Sourcing: „Nutzung von Suchmaschinen, Sozialen Netzwerken und Netzgemeinschaften, für Zwecke der kurz- und mittelfristigen Stellenbesetzung".

Agenturen: Vermittlung von Mitarbeitern auf niedrigeren Leveln, auch Blue Collar. Oft als Dienstleistung bei Zeitarbeitsunternehmen angeboten.

Auswahl: Deckt im Recruiting-Prozess die Phasen von der Personalbeurteilung bis zur Auswahl/Einstellung des Kandidaten ab.

Charisma: Charismatische Führungskräfte schaffen und unterstützen eine Arbeitsumgebung, in der sich Menschen emotional und intellektuell voll für die Unternehmensziele einsetzen. Sie bauen eine energiegeladene und positive Einstellung in Anderen und inspirieren sie, das Allerbeste zu geben. Dabei schaffen sie eine gemeinsame Zielvorstellung, so dass die Menschen geneigter sind, mehr eigene Energie und sogar etwas ihrer eigenen Zeit in ihre Arbeit zu investieren.

Definition „Eignung": „Eine Person ist für einen Beruf, eine berufliche Tätigkeit oder eine berufliche Position geeignet, wenn sie über diejenigen Merkmale verfügt, die Voraussetzung für die jeweils geforderte berufliche Leistungshöhe sind" (DIN 33430, S. 4).

Der psychologischer Vertrag: Der Begriff Metavereinbarung oder auch psychologischer Vertrag beschreibt die gegenseitigen Erwartungen und Angebote von Arbeitnehmer und -geber, die als nichtschriftlicher Bestandteil der Arbeitsbeziehung vereinbart werden. Es handelt sich dabei um „mehr oder weniger implizite Erwartungen und Angebote", die über den (schriftlichen) Arbeitsvertrag hinausgehen.

Diagnostik: Methoden und Tools, um die Eignung von Personen für eine Position ermitteln zu können, z. B. Assessment-Center, Profiling, Eignungstests, Management-Audits etc.

Direct Search oder Direktansprache: Diskrete Ansprache von potenziellen Kandidaten in anderen Unternehmen. Dadurch erreicht die Personalberatung sehr gute Kandidaten, die aktuell nicht aktiv auf der Suche nach neuen Positionen sind.

Direktansprache: Allgemein: Verfahren des Recruitings, bei dem zuvor identifizierte, potenzielle Kandidaten durch den Personalberater diskret direkt kontaktiert werden.

Konkret: Direkte Kontaktaufnahme eines Personalberaters mit einem potenziellen Kandidaten.

Eignung: Die möglichste deckungsgleiche Passung von Anforderungen eines konkreten Jobs mit den spezifischen und allgemeinen Leistungsvoraussetzungen einer Person wie Fähigkeiten (Voraussetzung für Fertigkeiten), Fertigkeiten (erlernte oder erworbene Verhalten), Motivation, Wissen, Persönlichkeitseigenschaften etc.

Employer Branding-Definition der Deutschen Employer Branding Akademie: „Employer Branding ist die identitätsbasierte, intern wie extern wirksame Entwicklung und Positionierung eines Unternehmens als glaubwürdiger und attraktiver Arbeitgeber. Kern des Employer Brandings ist immer eine die Unternehmensmarke spezifizierende oder adaptierende Arbeitgebermarkenstrategie. Entwicklung, Umsetzung und Messung dieser Strategie zielen unmittelbar auf die nachhaltige Optimierung von Mitarbeitergewinnung, Mitarbeiterbindung, Leistungsbereitschaft und Unternehmenskultur sowie die Verbesserung des Unternehmensimages. Mittelbar steigert Employer Branding außerdem Geschäftsergebnis sowie Markenwert." In anderen Worten: Employer Branding ist der Aufbau und die Pflege einer Arbeitgeber-Marke, analog zu anderen Marken. Ziel ist, das Unternehmen als positiven Arbeitgeber darzustellen und in den Köpfen zu verankern. Dies soll wiederum die Rekrutierung vereinfachen und die Mitarbeiterloyalität und Motivation steigern.

Executive Search: Besetzung der obersten Führungsebenen, meist ausschließlich über Direktansprache (Direct Search).

Fehler erster Art: Als Alpha-Fehler (Fehler erster Art oder erster Ordnung) bezeichnet man irrtümlich positive Ergebnisse: ein falscher (für diese Position nicht geeigneter) Kandidat wird ausgewählt.

Fehler zweiter Art: Als Beta-Fehler (Fehler zweiter Art) bezeichnet man irrtümlich negative Ergebnisse, ein eigentlich passender Kandidat wird abgelehnt.

Headhunting: Amerikanischer Begriff, unter dem meist die Personalsuche von Führungskräften per Direktansprache verstanden wird.

Ident: Geeignete Kandidaten in den selektierten Unternehmen identifizieren, z. B. wie der stellvertretende Vertriebsleiter heißt, und Ermittlung der Kontaktdaten.

Kurz zusammengefasst: Der Vertriebsmitarbeiter muss auch die Selektion, Qualifizierung und Gewinnung von Neukunden durchführen, zum Verkäufer kommen dagegen interessierte potenzielle Kunden, die er „nur" noch ggf. beraten muss und denen er das passende Produkt oder die passende Dienstleistung verkauft. Anders formuliert: Ein Verkäufer kennt eventuell wichtige Bereiche des Vertriebs nicht.

Longlist: Von der Personalberatung zusammengestellte Liste mit möglichen Kandidaten.

Low-Performer: Leistet im Vergleich zu anderen und zu den Vorgaben zu wenig – Gründe dafür können vielfältig sein – siehe Middle-Performer. Dieser Gruppe gehören oft bis zu 20 % der Mitarbeiter an. Ein Low-Performer ist nicht zu verwechseln oder in einen Topf zu werfen mit dem.

Middle-Performer: Durchschnittliche Leistung, ohne Aussage zum Grund (Überforderung, Unterforderung, zwischenmenschliche Probleme, zu wenig Fleiß – gerade im

Vertrieb auch ein wichtiger Aspekt), mangelnde Unterstützung oder fehlende Ressourcen, falsche Position. Diese Gruppe umfasst meist ca. 60 % der Mitarbeiter.

Mobile Recruiting: Ist eine besondere Variante, die darauf abzielt, auf mobilen Geräten wie Smartphone oder Tablet zu funktionieren. Eine Anpassung an die sich immer weiter verbreitenden Tablets erscheint mir sinnvoll, auch da der Anpassungsaufwand von Websites eher gering ist. Mobile Recruiting per Smartphone wird meiner Meinung nach überschätzt, ebenso wie Twitter als Recruiting-Kanal.

No-touch oder Off-Limits: Unternehmen, bei denen vom Personalberater keine potenziellen Kandidaten angesprochen werden sollen, z. B. wichtige Kundenunternehmen.

Personalberatung: Überbegriff, der eine Vielzahl von unterschiedlichen Bereichen abdeckt. Die klassische Suche und Auswahl von Mitarbeitern für die unterschiedlichen Level fällt darunter, aber ebenso Leistungen bei Kunden wie Management Appraisal (Audit), Leistungen bei der Personalentwicklung, Vergütungsberatung oder Personalmarketing. Die meisten Personalberatungen haben sich auf einen oder mehrere Bereiche spezialisiert.

Personalmarketing: Eine Querschnittfunktion, die auf alle Instrumente und Inhalte der personalwirtschaftlichen Funktionen zugreift und versucht, die Voraussetzungen zu schaffen, dass ein Unternehmen auch mittel- und langfristig mit einer ausreichenden Anzahl von qualifizierten und motivierten Mitarbeitern versorgt wird. Hierunter fallen Karriereprogramme, Vergabe von Praktika und Abschlussarbeiten, Präsenz auf Messen und an Hochschulen, PR-Artikel, Bewerbertage, Qualitätslabel für Arbeitgeberqualität und viele weitere Maßnahmen.

Personalvermittlung/Arbeitsvermittlung: Meist wird darunter die Vermittlung durch die „Bundesagentur für Arbeit" verstanden oder Vermittlung auf reiner Provisionsbasis. Manchmal wird noch differenziert nach Auftraggeber, beim Personalvermittler das Unternehmen, beim Arbeitsvermittler die Arbeitskräfte.

Recruiting: Der komplette, mehrstufige Prozess, der zur Einstellung von neuen Mitarbeitern führt. Beginnt je nach Definition bei Positionsbeschreibung oder auch erst bei den Methoden der Ansprache von potenziellen Kandidaten (Anzeigen, Direktansprache etc.).

Search: Suche nach geeigneten Kandidaten durch einen Personalberater, oft basierend auf der Zielfirmenliste.

Shortlist: Von der Personalberatung ermittelte engere Auswahl, Liste mit den am besten geeigneten Kandidaten, mit denen auch persönliche Interviews geführt werden. Aus diesen werden dann die wenigen Kandidaten selektiert, die dem Kunden präsentiert werden.

Social Recruiting Ist ein Begriff, der eine auf sozialen Netzwerken basierende Methode der Personalbeschaffung beschreibt. Social Recruiting wird auch als **Social Media Recruitment**, **Social Hiring** oder **Social Recruitment** bezeichnet.

Top-Performer: Gehört mit seinen Leistungen zur Spitze der Pyramide. Entspricht oft den oberen 20 % der Leistungsträger.

Under-Achiever: Jeder, der mehr erreichen könnte – unter anderen Umständen und/oder mit mehr Einsatz. Somit kann auch ein Top-Performer noch ein Under-Achiever sein, wenn er Potenzial für noch mehr Erfolg besitzt. Ein Under-Achiever kann auf Grund seiner Fähigkeiten mehr erreichen als die aktuellen Ergebnisse. Vielleicht will er dies aber nicht oder es fehlen Tools/Kenntnisse/Fähigkeiten, um das Potenzial auf den Boden zu bringen und richtig Gas zu geben – hier helfen manchmal Schulung, Training, Coaching, manchmal auch ein besser passender Job.

Vertrieb und Verkauf: Vertrieb wird in diesem Buchinhalt als die dem Marketingmix eingegliederte Aufgabe (personell oder strukturell beziehungsweise organisatorisch) verstanden, die sich mit dem Absatz von Waren oder Dienstleistungen an Kunden beschäftigt. Der persönliche **Verkauf** ist eine Sonderform des Vertriebs (sowie Bestandteil des Kommunikationsmixes und der Distributionspolitik). Definieren wir Verkauf als Situation, in der ein potenzieller Kunde mit zumindest latent vorhandenem Interesse an Produkt oder Dienstleistung zu einem Verkäufer kommt. Dieser eigene Antrieb des besuchenden Kunden erleichtert dem Verkäufer das Leben sehr, da er nicht die gesamte Phase der Kundenkalt-akquise oder Neukundengewinnung durchlaufen muss. Im normalen Vertrieb muss eine Selektion von Interessenten zu Nichtinteressenten bei der anvisierten Zielgruppe durchgeführt werden. Der klassische Vertriebsmitarbeiter greift zum Telefon, besucht gegebenenfalls kalt potenzielle Kunden oder nutzt die Methoden des Direktmarketing. Direktmarketing ist übrigens keine weitere Form der Werbung, sondern ersetzt die ersten Schritte im Dialog zwischen Vertreter/Vertriebsmitarbeiter und potenziellen Kunden.

Zielfirmen: Unternehmen, in denen der zukünftige Stelleninhaber heute arbeiten könnte – wichtig bei Direktansprache.

Quellenverzeichnis

Brickwedde, Wolfgang. Institute for Competitive Recruiting. Heidelberg http://competitiverecruiting.de/Recruiter20.html.
Brinkmann, Ralf D., und Kurt H. Stapf. 2005. *Stress, Mobbing und Burn-out am Arbeitsplatz* (S. 162), Hrsg. Sven Max Litzcke, Horst Schuh (2007). Berlin.
Collins, Jim. 2001. *Good to great: Why some companies make the leap... and others don't.* New York: HarperBusiness.
Dammann, Gerhard. 2007. *Narzissten, Egomanen, Psychopathen in der Führungsetage.* Bern: Haupt.
Drexler, Helene. Vortrag „Manager des Jahres, Stardirigenten, Kultfiguren – Und die Kehrseite der Medaille?" Wien.
Drucker, Peter F. 1970. *Die Praxis des Management. Ein Leitfaden für die Führungsaufgabe in der modernen Wirtschaft.* München: Econ-Verlag.
Dunning, David. 2010. Interview in der New York Times, 20. Juni 2010.
Eckstaller, Claudia, Erika Spieß, und R. M. Woschée. 2005. Stellungnahme des Berufsverbands deutscher PsychologInnen (BDP) zu einem Gutachten von Prof. Dr. Jäger über Insights MDI.
Fredmund, Malik. 2006. *Führen, Leisten, Leben. Wirksames Management für eine neue Zeit.* Frankfurt a. M.: Campus.
Frey, Bruno S. Interview in „Scobel", 3sat. http://www.3sat.de/mediathek/?mode=play&obj=16239.
Gloger, Axel. 2002. *Auf der Jagd nach Spitzenkräften – Die besten Mitarbeiter gewinnen, begeistern und behalten.* Frankfurt a. M.: Ueberreuter Wirtschaftsverlag.
Greenberg, Numert M., und Jeanne Greenberg. Job matching for better sales performance. *Harvard Business Review* 58 (5)
Haney, Bud, Jim Sirbasku, und Deirec McCann. 2011. *Leadership Charisma.* Waco: S & H Publishing Company LLC.
Hofmann, Eberhard. 2002. *Einstellungsgespräche führen: Bewerber aus der Reserve locken.* Neuwied: Hermann Luchterhand.
Hunter, John E., und Ronda F. Hunter. 1984. Validity and utility of alternative predictors of job performance. *Psychological Bulletin* 96 (1): 72–98.
Kahlke, Edith, und Viktor Schmidt. 2004. *Handbuch Personalauswahl.* Heidelberg: medhochzwei.
Kersting, Martin. Optimierung der Interviewtechnik – Auswahlgespräche noch zielgerichteter führen. BDU-Berater-Workshop.
Kersting, Martin. www.kersting-internet.de.
Kruger, Justin, und David Dunning. 1999. Unskilled and unaware of it: How difficulties in recognizing one's own incompetence lead to inflated self-assessments. *Journal of Personality and Social Psychology* 77 (6): 1121–1134.

Logik-Studie. *„Longitudinalstudie zur Genese individueller Kompetenzen" (Logik-Studie) des Münchner*. München: Max-Plank-Institut.
Löhner, Michael. 2009. *Manager Magazin*. Mai 2009.
Lünendonk Whitepaper. 2013. Mehr Transparenz in der Personalbeschaffung. www.luenendonk.de.
Morgan, Gareth. 1997. *Bilder der Organisation*. Stuttgart: Klett Cotta.
Peter, Laurence J., und Raymund Hull. 1972. *Das Peter-Prinzip oder die Hierarchie der Unfähigen*. Reinbek: Rowohlt.
Rosenzweig, Philipp. 2008. *Der Halo-Effekt. Wie Manager sich täuschen lassen*. Offenbach: GABAL.
Rust, Holger. 2002. Lob der Eitelkeit. *Manager-Magazin* 12:184–197.
Schmidt, F., und J. Hunter. The validity and utility of selection methods in personnel psychology.
Schuler, Heinz. 2002. *Das Einstellungsinterview*. Göttingen: Hogrefe-Verlag.
Schuler, Heinz, und Klaus Moser, Hrsg. 2007. *Lehrbuch Organisationspsychologie*, 301, 4. Aufl. Bern: Verlag Hans Huber.
Stracke, Friedemann. 2013. *Menschen verstehen – Potenziale erkennen: Die Systematik professioneller Bewerberauswahl und Mitarbeiterbeurteilung*. Frankfurt a. M. (2006) und Leonberg (2009): Rosenberger Fachverlag.
Striegl, Sonja. 2011 .(Redaktion): „Maßloses Ego – wenn Selbstliebe zur Krankheit wird". Hörfunksendung SWR2 Wissen vom 13.07.2011.
Tett, Robert P., Douglas N. Jackson, und Mitchell Rothstein. 1991. Personality measures as predictors of job performance: A meta-analytical review. Personnel psychology. Winter 1991, S. 703. Michigan State University's School of Business.
von Rosenstiel, Lutz. 2003. *Führung von Mitarbeitern: Handbuch für erfolgreiches Personalmanagement*. 5., überarb. Aufl., 211–214. Stuttgart: Schäffer-Poeschel.
Westhoff, Karl, Hrsg. 2010. *Grundwissen für die berufsbezogene Eignungsbeurteilung nach DIN33430*. 3. Aufl. Lengerich: PABST Science Publishers.
Wikipedia.de. „Allgemeines Gleichbehandlungsgesetz". http://de.wikipedia.org/wiki/Allgemeines_ Gleichbehandlungsgesetz.
ZPID. Leibniz-Zentrum für Psychologische Information und Dokumentation. www.zpid.de/psychologie/testklassifikation.php.